JN302608

家族生活の支援

―理論と実践―

(一社) 日本家政学会家政教育部会　編

建帛社
KENPAKUSHA

はじめに

　今日，個人・家族・地域社会の生活が大きく変貌する中，家族生活に関わる問題が多発してきています。こうした現代社会において，教育の場で，家族生活問題の発生を未然に防ぐ力を付けるとともに，問題が発生した場合，問題解決に適切に対応する力を付けることが求められています。さらに，個人や家族だけで，予防，解決が困難な場合は，専門家による支援が期待されています。

　家政学の社会貢献については，シンポジウム（（社）日本家政学会家政学原論部会セミナー，1972）での議論に始まり，日本家政学会創立60周年には，フォーラム「家政学のさらなる社会貢献に向けて」（2008）が行われるなど，近年さらに注目されるようになってきています。一方，アメリカ家政学会の中興の祖，マージョリー・ブラウンは，すでに，家政学の対人サービス専門としての使命の重要性に注目しており（1980），このことがわが国で紹介されるやいなや（（社）日本家政学会家政学原論部会翻訳・監修『家政学未来への挑戦』，2002），わが国でも，家政学の対人サービス専門としての使命への注目が高まってまいりました。

　このような家政学の流れの中で，（一社）日本家政学会家政教育部会では，家政学の対人サービス専門としての役割の1つとして，家族生活を支援する（仮称）家族生活アドバイザーの資格化が必要ではないかと考え，科学研究費補助金を得て，そのための研究を進めてまいりました。ついでその成果を，育児や介護に携わっている人々，家庭生活の問題を抱えている人々，家庭科教員などを対象に，家族支援能力育成のためのパイロット講座を続け，2011（平成23）年に報告書にまとめました（編集委員：中間美砂子（委員長），鈴木真由子（副委員長），倉元綾子，正保正惠，山下いづみ）。さらに，この報告書を用いて，パイロット講座を重ね，内容の修正を試みてきました。

　このたび，この報告書を基盤に，さらに内容の検討を進め，家庭科教員（主に中学校・高等学校）および介護福祉士や保育士の参考書として，本書を刊行することになりました。また，その養成課程におけるテキストとして活用されることも目指しています。これらの養成課程では，必修とされている家庭科教員養成課程の【家庭経営学（家族関係学及び家庭経済学を含む）】（教育職員免許法），介護福祉士養成課程の【生活支援技術】（国家試験対応必修科目），保育士養成課程の【家庭支援論】（国家試験対応必修科目）などに対応しています。さらに，行政やNPOなどの関連組織における家族問題に関わる相談業務担当者の参考書および研修におけるテキストとしても大いに活用できると考えています。また，現在，育児や介護に携わっている人々，家族生活において問題を抱えている人々を対象とした講座のテキストとして活用されることも期待しています。

　本書の執筆者は，（一社）日本家政学会家政教育部会の会員を中心とする家政教育学，家族関係学，家庭経営学，保育学などの研究・教育に携わっている者で，総勢28人です。それぞ

れの専門についての造詣の深さはもちろんですが，家族・家庭生活を包括的に捉える"ジェネラリスト"としての視点をもつところに特徴があります。

　本書の内容構成は，家族生活を支援するうえでの基本事項と方法に関する第Ⅰ部，現代の家族が抱える問題と発達課題に関する第Ⅱ部に加え，家族生活と生活資源（衣食住・時間・経済・情報）のマネジメントに関わる第Ⅲ部からなり，全8章，23節で構成されています。各節は，基礎的な理論と現代的課題をつなぐとともに，ワークショップを導入した実践編からなっています。ワークショップ（参加型アクション志向学習）では，実践問題についてグループで問題解決的に学ぶことにより，問題解決能力を育成することができます。ほぼすべてのワークショップは，すでに，パイロット講座において実践済みで，効果が確認されたものです。このような構成の本書は，理論と実践をつなぐという点に特色があり，今後，各方面で，大いに活用していただけると考えます。

　2014年4月

著者一同

目　次

第Ⅰ部　家族生活支援とは

第1章　家族生活支援の基本　1

1．家族生活支援はなぜ必要か … 1
- （1）家族生活の変化と家族生活問題の発生 … 1
- （2）家族生活問題発生の予防教育 … 2
- （3）社会的ネットワークによる支援 … 3
- （4）対人サービス専門としての家政学の役割 … 4

2．家族生活支援に必要な力とは … 5
- （1）家族生活問題発生の現状の把握 … 5
- （2）家族生活問題解決に必要な批判的思考力 … 5
- （3）参加型アクション志向学習の導入 … 5
- （4）相談に必要な傾聴スキル … 6

第2章　家族生活を支援する方法　7

1．関係づくりのためのコミュニケーションスキル … 7
- （1）人間関係とコミュニケーション … 7
- ワークショップ　アサーショントレーニング … 10

2．意思決定スキル … 13
- （1）価値判断と意思決定 … 13
- （2）意思決定能力育成と意思決定プロセス … 13
- （3）食生活と意思決定能力の育成 … 15
- （4）意思決定能力を培うことは脳機能の活性化を導く … 17

3．生活のマネジメントスキル … 18
- （1）マネジメントの対象 … 18
- （2）生活資源の活用 … 19
- （3）生活リスクのマネジメント … 20
- （4）生活のマネジメントに必要なスキル … 21

第Ⅱ部　現代の家族問題と発達課題

第3章　家族について理解する　23

1．地域・社会と家族 … 23
- （1）社会の変化と家族 … 23

（2）家族機能の変化と現代的課題 …………………………………… 25
　（3）地域・社会の国際化と家族 …………………………………… 27
　ワークショップ　希薄化する地域のつながりと家族 …………………………………… 29
2．ライフサイクルと家族生活の課題 …………………………………… *31*
　（1）人の生涯の発達区分 …………………………………… 31
　（2）ライフサイクルと周期段階 …………………………………… 32
　（3）ライフイベントとライフコース …………………………………… 33
　（4）異なる世代で同時に起こる発達危機に対応するために …………………………………… 34
　ワークショップ　自分年表（タイムライン） …………………………………… 35
3．家族生活と法・政策 …………………………………… *38*
　（1）生活保障と生活政策 …………………………………… 38
　（2）妻と夫の財産 …………………………………… 40
　（3）子どもの権利と親 …………………………………… 40
　（4）高齢者の自己決定権と相続 …………………………………… 42
　ワークショップ　1　遺言を書いてみよう …………………………………… 43
　ワークショップ　2　遺産分割相続の調停を経験してみよう …………………………………… 44

第4章　パートナーシップを築く　　46

1．家族生活とジェンダー …………………………………… *46*
　（1）日本におけるジェンダー平等をめぐる状況 …………………………………… 46
　（2）ジェンダー平等の基礎 …………………………………… 46
　（3）ジェンダー平等のための課題 …………………………………… 47
　（4）ジェンダー平等な未来に向けて …………………………………… 51
　ワークショップ　1　メディアとジェンダー …………………………………… 52
　ワークショップ　2　デートDV，友達を助ける …………………………………… 53
2．セクシュアリティ …………………………………… *54*
　（1）セクシュアリティとは …………………………………… 54
　（2）さまざまなセクシュアル・マイノリティ …………………………………… 55
　（3）まとめにかえて――私たちにできること …………………………………… 58
　ワークショップ　セクシュアリティ・目からうろこクイズ …………………………………… 60
3．パートナーの選択 …………………………………… *61*
　（1）青年期の主題 …………………………………… 61
　（2）恋愛とパートナー関係 …………………………………… 62
　（3）結婚とパートナー関係 …………………………………… 63
4．親になる準備 …………………………………… *67*
　（1）親になる準備とは …………………………………… 67
　（2）「育む」とは成長を励ますということ …………………………………… 70
　（3）「親になる準備」のための学び …………………………………… 71
　（4）ひとり親で子どもを育てる …………………………………… 71
　ワークショップ　未熟な親（スキット） …………………………………… 73

第5章 子育て・子育ち　　　　　　　　　　　　　　　　　　　77

1．乳幼児期の子どもと家族 …………………………………………………… 77
　（1）乳幼児期の子どもをもつ家族の生活 ……………………………………… 77
　（2）乳幼児期の理解 …………………………………………………………… 78
　（3）乳幼児期の子育てと社会的支援 ………………………………………… 81
　 ワークショップ 　子育て支援機関リレーゲーム ……………………………… 83

2．子育てと子ども虐待 ………………………………………………………… 84
　（1）子ども虐待問題を捉える視点と取り組みの流れ ………………………… 84
　（2）子ども虐待の定義と現状 ………………………………………………… 85
　（3）子ども虐待はなぜ起こるのか ──子ども虐待の起こる背景 …………… 86
　（4）子ども虐待による発育・発達への影響 ………………………………… 87
　（5）子どもと保護者への支援 ………………………………………………… 88
　（6）子ども虐待に関するワークショップの理解を深めるために …………… 90

3．学齢期の子どもと家族 ……………………………………………………… 91
　（1）学齢期の子ども …………………………………………………………… 91
　（2）学齢期の子どもにおける学校教育の役割 ……………………………… 91
　（3）学齢期の学校教育における問題状況 …………………………………… 92
　（4）学齢期の子どもと学校・家庭の関わり，危機理解・解決の方途 ……… 95
　 ワークショップ 　子どもが「家事参加」することの意義を考えよう ………… 96

4．キャリアデザイン …………………………………………………………… 97
　（1）キャリアとは ……………………………………………………………… 97
　（2）キャリアデザインに関わる現状と課題 ………………………………… 99
　（3）日本におけるキャリア教育の取り組み ………………………………… 102
　 ワークショップ 　あなたのライフ・キャリア・レインボーを作成してみよう …… 105

第6章 最期まで自分らしく生きる　　　　　　　　　　　　　　　　108

1．高齢者と家族生活 …………………………………………………………… 108
　（1）今日の時代的背景と高齢者 ……………………………………………… 108
　（2）高齢者の介護と家族 ……………………………………………………… 110
　（3）老化概念の変化と高齢者のウエル・ビーイング ………………………… 111
　（4）高齢者に対する家族・社会の生活支援 ………………………………… 113
　 ワークショップ 　1　高齢者との対話能力を高める ………………………… 115
　 ワークショップ 　2　ケアプランの自己作成 ………………………………… 115
　 ワークショップ 　3　聞き書きによる「思い出の記」を届けよう ………… 115

2．人生の終わり方 ……………………………………………………………… 116
　（1）どこで死にたい？ ………………………………………………………… 116
　（2）死生観と教育 ……………………………………………………………… 117
　（3）死ぬ前までになすべきこと ……………………………………………… 118
　 ワークショップ 　擬似喪失体験 ……………………………………………… 120

第Ⅲ部　家族生活と生活資源

第7章　生活のベーシックスキル　　123

1．食生活のベーシックスキル　　123
（1）食生活の現状と課題　　123
（2）食生活における選択　　125
ワークショップ　和食の特徴について考えてみよう　　127

2．衣・住生活のベーシックスキル　　129
（1）衣生活のベーシックスキル　　129
（2）住生活のベーシックスキル　　130
ワークショップ　1　家族の衣服の購入を考えてみよう　　133
ワークショップ　2　住まいの設計例をチェックしてみよう　　134

第8章　生活資源のマネジメント　　136

1．生活時間のマネジメント　　136
（1）生活時間とは何か　　136
（2）個人と家族の生活時間配分　　137
（3）生活時間にみる家庭生活とその課題　　137
（4）生活時間とワーク・ライフ・バランス　　139
ワークショップ　1　家族の生活時間と問題解決　　141
ワークショップ　2　多様なライフスタイルを実現するための社会システム　　142

2．生活経済のマネジメント　　143
（1）経済生活の変化とマネジメント　　143
（2）短期の経済管理　　143
（3）中期の経済管理　　144
（4）長期の経済管理　　146
ワークショップ　中期の経済計画　　149

3．生活情報のマネジメント　　150
（1）生活における情報の意味　　150
（2）高度情報化社会における通信利用の実態　　150
（3）高度情報化社会の影響　　151
（4）消費生活における生活情報のマネジメント　　152
ワークショップ　インターネットの利用状況について把握しよう　　153

索　引　　155

第Ⅰ部　家族生活支援とは

第1章　家族生活支援の基本

1．家族生活支援はなぜ必要か

（1）家族生活の変化と家族生活問題の発生

　産業化とともに都市化が進み，家族生活の態様も大きく変わってきたといわれている。総務省統計局の「国勢調査」によると，1950（昭和25）年に37.3％であった市部の人口は，2005（平成17）年には86.3％となっており，たしかに都市化が進んできていることがわかる。家族類型の変化についてみると，表1-1のとおり，「単独世帯」が増加する一方で，「夫婦と子」，三世代同居などの「その他」の世帯は減少してきている。また，平均世帯人員も，1960（昭和35）年に4.47人であったものが，1990（平成2）年には2.99人となり，2030年には2.27人になると予測されている。

表1-1　家族類型別一般世帯と平均世帯人員の推移　　　　　　　　　　　　　　　　　　（単位：％）

年	夫婦のみ	夫婦と子	ひとり親と子	単独	その他	世帯数	（参考）平均世帯人員（人）
1960	8.3	43.4	8.5	4.7	35.1	19,571	4.47
1965	9.9	45.4	7.3	7.8	29.6	22,879	4.05
1970	11.0	46.1	6.4	10.8	25.7	26,856	3.69
1975	12.4	45.8	5.8	13.5	22.5	31,310	3.45
1980	12.5	42.1	5.7	19.8	19.9	35,823	3.22
1985	13.7	40.0	6.3	20.8	19.2	37,981	3.14
1990	15.5	37.3	6.8	23.1	17.3	40,672	2.99
1995	17.4	34.2	7.1	25.6	15.7	43,899	2.82
2000	18.9	31.9	7.6	27.6	14.0	46,782	2.67
2005	19.6	29.9	8.4	29.5	12.6	49,064	2.56
2010	20.1	27.9	9.0	31.2	11.8	50,287	2.47
2015	20.1	26.2	9.5	32.7	11.5	50,600	2.42
2020	19.9	24.6	9.9	34.4	11.2	50,411	2.36
2025	19.6	23.1	10.2	36.0	11.1	49,837	2.31
2030	19.2	21.9	10.3	37.4	11.2	48,801	2.27

出典）国立社会保障・人口問題研究所：日本の世帯数の将来推計（全国推計）（2008年3月推計）
注）集計の出発点となる基準人口は，総務省統計局「国勢調査」（2005）に調整を加えて得たものである。

このような家族類型の変化とともに、家族生活問題が多発するようになってきた。日本学術会議の家政学研究連絡委員会でも、家族問題を引き起こす遠因となっている社会変動として、家族規模の縮小、高齢化、少子化などの家族形態の著しい変化を挙げている[1]。しかし、家庭生活問題については、プライバシーの点からも把握しにくく、統計的に実証するのはなかなか困難である。

　果たして、家族生活問題の発生は増加しているのだろうか。統計的に把握されている高齢者虐待状況の例を通してみていくこととする。厚生労働省の調査では、高齢者虐待の相談・通報件数、虐待判断件数とも明らかに増加してきている（図1-1）。虐待判断件数について、家庭での養護者によるものと養護施設従事者によるものを比較してみると、2011（平成23）年の調査では、前者16,599件に対して、後者151件で、家庭における養護者によるものがはるかに多いことがわかる。しかも、その内実をみると、同居している場合の比率が84.2％と最も高い。まさに、家族生活問題そのものといえる。この一例をみても、家族生活問題が増加してきていることがわかる。

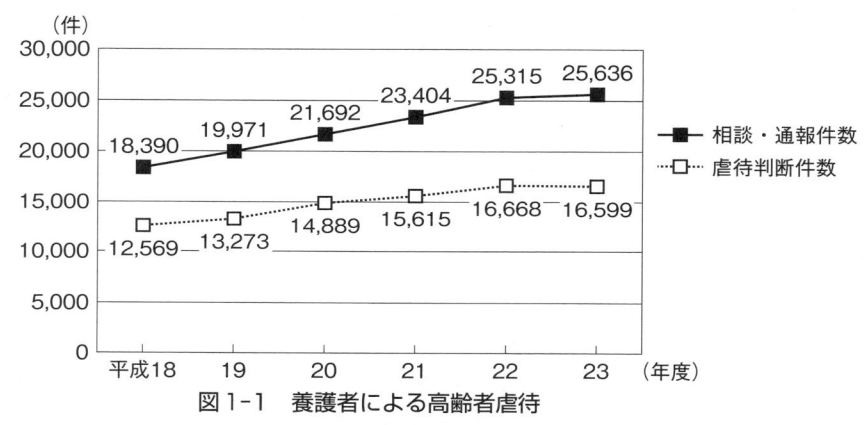

図1-1　養護者による高齢者虐待

年度	相談・通報件数	虐待判断件数
平成18	18,390	12,569
19	19,971	13,273
20	21,692	14,889
21	23,404	15,615
22	25,315	16,668
23	25,636	16,599

出典）厚生労働省老健局高齢者支援課（2012）：平成23年度 高齢者虐待の防止、高齢者の養護者に対する支援等に関する法律に基づく〈対応状況等に関する調査結果〉

（2）家族生活問題発生の予防教育

　前述の例をみても、家族生活問題発生の予防に対して、個人や家族の力には限界があることがわかる。このことへはどのように対処すればよいのであろうか。

　医学においても、近年、予防医学としての保健教育の強化が試みられるようになってきている。家族生活問題についても、その予防教育が重要である。予防教育としては、まず、子どものときからの教育が注目されなければならない。

　学校教育としては、小・中・高等学校を通しての家庭科教育が挙げられる。家庭科教育関係者は、家庭科の充実のために数々の努力を重ねてきているが、問題点は、授業時間数が減少してきたことである。この時間数を増大させることが、今日的課題である。

　大学における一般教育としての家政教育も重要と考えられるが、それに類する教育を行っている大学はまことに少ない。このこともこれからの課題といえよう。

成人を対象とした社会教育は，各自治体や，民間の各団体で行われているが，成人学習者は，それぞれ，年齢，生活歴，能力，ニーズなどが異なるという特色があり，このことを把握する必要がある。

　成人教育学理論を提唱したクノールは，成人学習者の特色として，①成人は，なぜ学ぶのかを知る必要がある，②成人は経験的に学ぶ必要がある，③成人は問題解決的学習に取り組む，④成人は主題に直接的価値がある場合に最もよく学習する，の4つを挙げている[2]。したがって，学校教育以上に，実践的学習，問題解決的学習の導入が必要となってくる。

（3）社会的ネットワークによる支援

　家族生活問題の予防には，個人・家族自身の力についで，社会的ネットワークの範囲と質が大きく影響する。社会的ネットワークとは，個人や家族をめぐって張り巡らされる人的ネットワークである。

　社会的ネットワークの単位をリンケージというが，リンケージには，家族リンケージと個人リンケージがある[3]。リンケージの種類を挙げると図1-2のようになる。質の高いリンケージを単位とした適切なネットワークを形成することができれば，このネットワークを通して，情報交換や援助などを相互交換することにより，家族問題の発生を防ぐことができる。

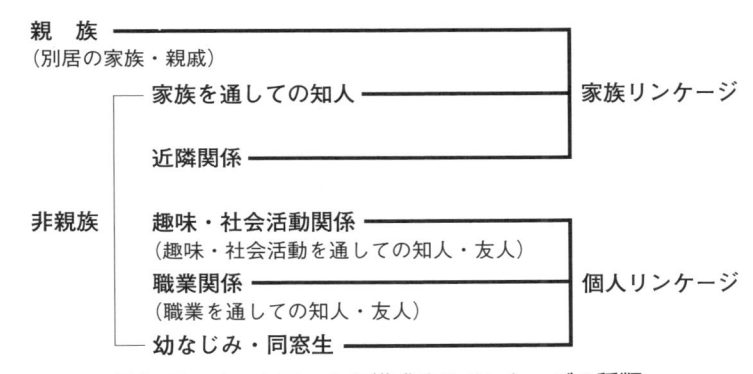

```
親　族 ─────────────────┐
  （別居の家族・親戚）          │
　　　家族を通しての知人 ───┤ 家族リンケージ
　　　近隣関係 ─────────┘
非親族
　　　趣味・社会活動関係 ──┐
　　  （趣味・社会活動を通しての知人・友人）
　　　職業関係 ──────────┤ 個人リンケージ
　　  （職業を通しての知人・友人）
　　　幼なじみ・同窓生 ───┘
```

図1-2　ネットワークを構成するリンケージの種類

出典）中間美砂子ほか（1994）：中国・四国地域の社会的ネットワークの現状と課題　第1報
　　　──個人・家族リンケージ活性化への影響要因──，日本家政学会誌，45（1）

　かつて，共同体は近代の反対概念として，ネガティヴな価値を与えられていた。ところが，近年，孤立核家族や単身者家族が増加するにつれ，伝統的地域共同体は崩壊し，血縁・地縁による家族リンケージは，希薄化する傾向になり，地域社会はアノミー現象を生じるようになってきた。そこで，また新たな地域共同体の再生が求められるようになってきたのである。

　ちなみに，近所付き合いがどのように変化してきたかをみると，表1-2のとおりで，次第に減少してきている。大都市と町村を比較すると，大都市のほうが，近所付き合いが，はるかに希薄であることがわかる。

表1-2　近所付き合いの程度の変化　　　　　　　　　　　　　　　　　　　　　（単位：％）

都市規模	調査年	よく付き合っている	ある程度付き合っている	あまり付き合っていない	全く付き合っていない	わからない
大都市	2011年	15.0	47.8	29.1	8.0	0.2
	2004年	14.4	47.5	26.6	10.9	0.7
	2002年	14.7	41.2	31.5	12.2	0.4
	1997年	31.1	36.3	23.3	9.1	0.2
	1986年	39.1	33.7	19.7	7.0	0.4
	1975年	35.9	41.1	19.0	3.7	0.3
町村	2011年	23.8	52.4	18.4	5.4	0.0
	2004年	34.8	49.0	13.6	2.2	0.4
	2002年	28.8	49.7	17.6	3.6	0.3
	1997年	57.8	29.7	10.5	1.4	0.5
	1986年	64.2	26.1	8.3	1.1	0.3
	1975年	68.3	24.5	5.5	0.4	1.3

出典）内閣府「社会意識に関する世論調査」より厚生労働省政策統括官付政策評価官室作成
注）1986年の「大都市」は「11大市」，1975年の「大都市」は「10大市」。

　ネットワークは，相互依存関係にあってこそ成り立つものである。そのためには，お互いにサポートスキルをもつことが必要である。サポートスキルの内容として，ハウスは，①感情的関わり（情緒的サポート），②手段的援助（手段的サポート），③情報的援助（情報的サポート），④評価的援助（評価的サポート）を挙げている[4]。地域社会の再生により，サポートによる相互依存関係が形成されれば，家族問題発生の予防も可能となるであろう。

（4）対人サービス専門としての家政学の役割

　複雑な家庭生活問題については，ネットワークを通しても予防することが困難な場合がある。ここに，対人サービス専門としての家政学が登場することとなる。

　家政学とは，社会に対して何らかのサービスを提供する方向を目指す専門であるとしたのは，ブラウンである。ブラウンは，「対人サービス専門とは，サービスを受ける人々に変化をもたらす職務を自分自身に設定している。対人サービス専門としての医学，教育，家政学などは，パーソナリティに変化をもたらす職務の1つである。」「家政学者の職務は，クライアントが問題状況を分析すること，解決法を探すこと，提供された解決法が望ましいことを，クライアントに告げ説得することなどによって，かれらが問題を明確化するための専門的知識をもたらすことを必要とする。」[5]などと言っている。

　従来，わが国の家政学においては，対人サービス使命についての認識は希薄であったが，最近ようやく家政学の社会貢献を重視するようになってきた。家族生活問題が多発してきている今日，対人サービス使命の役割を改めて認識する必要がある。

　アメリカでは今日，家族生活教育師（Certified Family Life Educator）が活躍しているが，わが国においても「（仮称）家族生活アドバイザー」の資格化による家族生活支援システムの開発が期待される。

2. 家族生活支援に必要な力とは

(1) 家族生活問題発生の現状の把握

　家族生活支援にあたっては，まず，現代社会における家族生活問題発生の現状を把握することが必要である。そのためには，マスコミより情報を得るだけでなく，クライアントの住む地域社会を調査する必要がある。地域社会を歩き回ることで，現実的で具体的な情報を得ることができ，そこで生活している人々の生活様式を把握することができる。

(2) 家族生活問題解決に必要な批判的思考力

　家族生活支援にあたる家政学専攻者は，家族生活問題を客観的に把握し，批判的思考力で，発生予防の方策を考える能力が必要である。とともに，クライアントに批判的思考力を付けさせ，自ら問題を解決する能力を発揮させるようにすることも必要である。

　そのためには，実践問題アプローチを用いるのが効果的である。ブラウンやラスターの理論を参考に，実践問題アプローチと家族生活問題解決能力との関係の図式化を試みたものが図1-3である。

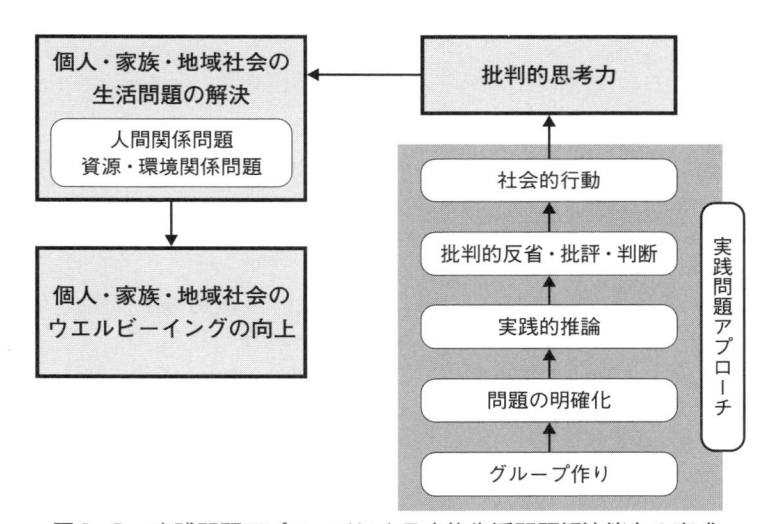

図1-3　実践問題アプローチによる家族生活問題解決能力の育成

出典）中間美砂子（2011）：家庭科で育成したい能力．中学校・高等学校 家庭科指導法（中間美砂子・多々納道子編著），建帛社
注）ブラウンやラスターの理論を参考に筆者作成

(3) 参加型アクション志向学習の導入

　実践的アプローチにおいて批判的思考力を養うためには，実践的推論の機会をもたせることのできる参加型アクション志向学習[6]の導入が効果的である。アクション志向学習とは，実践的・体験的学習および問題解決学習を取り入れた学習方法で，最終的には行動に結び付くこ

とをねらうものである。この学習方法は，個人学習形態でも用いることができるが，グループ学習形態を導入した参加型学習方法がより効果的である。この学習方法は，社会教育において多く用いられているいわゆるワークショップと同義である。

　この学習方法には，①共同思考学習（バズセッション，ブレーンストーミング，アサーティブトレーニング，KJ法，イメージマップ，新聞分析など），②想定事例による問題解決学習（ディベート，ソシオドラマ，シミュレーションゲーム，ケーススタディ，疑似体験など），③現実課題についての問題解決学習（ホームプロジェクト，フィールドワークなど）などがある。

（4）相談に必要な傾聴スキル

　相談・支援にあたっては，傾聴スキルを欠くことができない。傾聴を可能にするために必要な態度として，諏訪茂樹は，次の6つを挙げている[7]。①無防備＝構えや飾りのない態度，②共感＝相手の感情に付き添う態度，③受容＝相手を受け入れる態度，④熱意＝熱心な態度，⑤間＝余裕のある態度，⑥距離＝なれなれしくも冷たくもない態度。

　傾聴することで，クライアントを理解することができるようになり，クライアントは，自分が受け入れられたと感じ，自分自身で，予防法を見いだし，解決法を考えることができるようになる。

●引用文献

1) 中間美砂子（1997）：現代の家族とこれからの「家族」教育の問題．日本学術会議家政学研究連絡委員会：家政学研究連絡委員会報告「現代における家族の問題と家族に関する教育」，p.78
2) ウイリアム・A・ドレイス，三浦清一郎／末崎ふじみ訳（1990）：成人指導の方法，全日本社会教育連合会，p.33
3) 中間美砂子ほか（1994）：中国・四国地域の社会的ネットワークの現状と課題　第1報―個人・家族リンケージ活性化への影響要因―，日本家政学会誌，**45**(1)
4) 稲葉昭英ほか（1987）：「ソーシャルサポート」研究の現状と課題，哲学，**85**，pp.114-115
5) マージョリー・ブラウン（2002）：ホーム・エコノミックス教育とは何か．日本家政学会家政学原論部会翻訳・監修：家政学未来への挑戦，建帛社，pp.156-180
6) 中間美砂子編著（2006）：家庭科への参加型アクション志向学習の導入，大修館，pp.18-24
7) 諏訪茂樹（2010）：援助者のためのコミュニケーションと人間関係，建帛社，pp.2-62

第2章 家族生活を支援する方法

1．関係づくりのためのコミュニケーションスキル

（1）人間関係とコミュニケーション

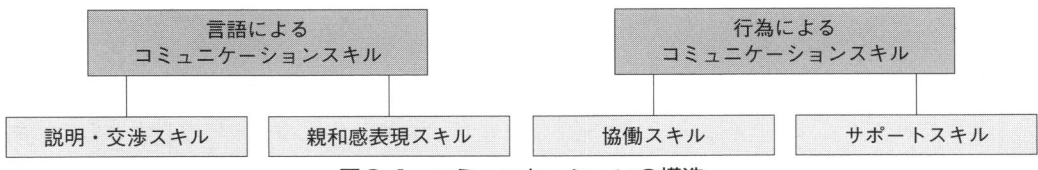

1）コミュニケーションの共有性

　コミュニケーションという語には，伝達，連絡，報道，通信，交信，意思疎通，交際，情報，ニュース，通知，文書，伝言などさまざまな側面がある。その語源は，ラテン語の共有という意味のcommunicare（コミュニカーレ）からきており，語源を同じくする語としては，common（コモン：共通の，共有の，共同の），community（コミュニティ：地域社会，地域，共同体）などがある。コミュニケーションとは，このように，単なる伝達の手段ではなく，人と人が何かを共有するという意味が強い。

　人間関係を形成するには，コミュニケーションを欠くことができない。そのコミュニケーションが成り立つためには，相手を尊重し，理解する気持ちが根底に必要である。自分の主観と同様，他者にも主観があり，主観と主観の間に生まれる相互関係の世界があるということ（すなわち相互主観性）の認識が基盤となる。

2）コミュニケーションの構造

　コミュニケーションの目的・場面・手段の関係を図式化すると図2-1のようになる。

```
         言語による                    行為による
      コミュニケーションスキル       コミュニケーションスキル
         ／      ＼                    ／      ＼
   説明・交渉スキル  親和感表現スキル    協働スキル   サポートスキル
```

図2-1　コミュニケーションの構造

出典）中間美砂子（2002）：協働・共生のための人間関係スキル．生活を創るライフスキル（中間美砂子ほか著），建帛社，p.46　一部修正

　このように，コミュニケーションの目的には，伝達，説明，説得，交渉などの手段的なものと，楽しませる，愛情・親和感の表現などの表出的なものがあり，行われる場面には散歩，買い物，ドライブ，ピクニックなど一緒に行動する共同行動，料理，掃除，DIY（Do It Yourself），ガーデニングなど一緒に仕事をする協働，育児，見舞い，介護など世話をする支援行動などが

ある。手段としては，声や文字による言語コミュニケーションだけでなく，表情・視線・身振りなどによる身体による非言語コミュニケーションがある。これら，さまざまな側面が統合されて，日々のコミュニケーションは進められ，人間関係が形成されていく。

3）コミュニケーションのプロセス

D.V.ジョンソンは，コミュニケーションは，「①情報の送り手が，考え，気持ちなどを記号化し，②メッセージとして伝える。③受け手は，その記号を読み解き，④気付いたという応答メッセージを送り手に与える。」のプロセスをたどり，このようなプロセスを，今度は，受け手が送り手となり，送り手が受け手となり，同様のメッセージのやり取りを繰り返すものとして捉え，**図2-2**のように図式化している。

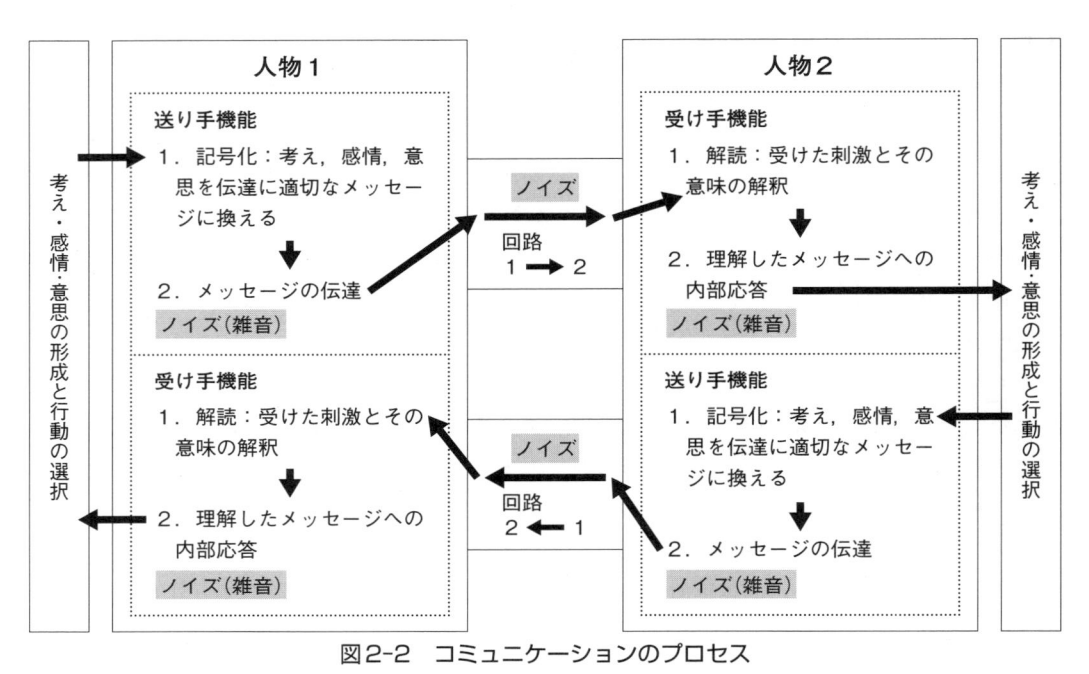

図2-2 コミュニケーションのプロセス

出典）D.V.Johnson（2000）：*Reaching Out—Interpersonal Effectiveness and Self-Actualization—*, Allyn and Bacon

このように，コミュニケーションは，送り手と受け手の相互作用のうえに成り立つものである。この相互作用を阻害するものとして，ノイズがある。ノイズは，実際の音の場合もあるが，心理的ノイズの場合もある。考え事や，他のことに熱中しているため，相手のメッセージが正しく伝わらず，誤解が生じ，さまざまなトラブルが発生することも多い。コミュニケーション不全を防ぐには，このノイズを除く努力が必要である。

4）家族員間のコミュニケーション

家族関係の状況には，コミュニケーションのあり方が大きく影響する。家族コミュニケーションについて考える場合，チャンネル数と，発達段階による変化に注目する必要がある。

チャンネル数は，家族員が増えるにしたがって，幾何級数的に増加する[1]。すなわち，2人

家族の場合は1であるが，3人家族の場合は3，5人家族の場合は10となる。チャンネル数が多くなるにつれて，関係性は複雑となり，トラブルも生じやすい。しかし，さまざまな価値観に触れることができるという面や，特定の相手と緊張関係になった場合でも，他の家族員とのコミュニケーションによる緩衝作用が働き，緊張関係がほぐれやすくなる傾向もある。家族員数が少なくなってきた現在，家族員間のコミュニケーションが緊張感をもたらす場合も多くなり，家族生活問題の発生も多くなる傾向がある。

家族の発達段階とコミュニケーションの関係をみると，子どもが成長するにつれ，家族の適応性（リーダーシップ，規律，話し合い，まとまり，価値観など）は，構造的なものから柔軟性のあるものに，凝集性・統合性（親密性，援助，決断，共有制，統一性など）は，結合的なものから分離的なものへと移行するという特色がある[2]。親離れ，子離れが適切に進められるためには，このことをよく理解する必要がある。

5）ネットワークにおけるコミュニケーション

家族の規模が小さくなってきた今日，ネットワークによる支え合いの必要性が高くなってきている。近隣を中心としたネットワークを通して，情報を得たり，サポートし合ったりしなければ生活できなくなってきている。近隣を中心とした地縁だけでなく，職縁，学縁，趣味縁などがあるが，これらの関係づくりには，コミュニケーション能力を欠くことができない。

6）コミュニケーションの技術としてのアサーション

辞書でアサーション（assertion）を引くと，「主張・断言」とあるが，自己主張より広い「自己表現」，自分も相手も大切にするさわやかな自己表現と捉えられている。アサーションすることは選択であって，義務ではなく，アサーションしない権利もある。

アサーションは1960年代のアメリカで発祥し，1970年代にアサーションのトレーニングが盛んに行われた。背景には，1960～1970年代の基本的人権をめぐる社会的・文化的変革（公民権運動）の動き，特に人種差別撤廃運動，女性の権利拡張運動などがあり，社会的に弱者に位置づけられがちであった人々が自己表現という基本的人権を認識するための理論として注目された。日本の場合は，①子ども・若者の人間形成能力育成，②対人援助職者にとっての必要性（教員・医師・福祉職・介護職他），特にセルフケア，対人援助養成力ということで広まった。現在，日本では再び人権を大事にしようとする認識が高まってきており，人間関係調整能力，コミュニケーション能力の育成が，社会においても大きな課題となっている。

ワークショップ　アサーショントレーニング

【概要】

概　　要	アサーションの概念を把握し，日常生活に起こる事例をもとに，グループによるディスカッションやロールプレイなどを通して，アサーティブなコミュニケーションの方法を実践的に理解する。
目　　的	アサーショントレーニングを通して自らのコミュニケーションのあり方を振り返り，よりよい対人関係を築くために必要なコミュニケーションスキルを身に付ける。
対象者	全世代対象
所要時間	30～60分（時間・人数に応じて内容の変更可）
方　　法	ケーススタディ・ロールプレイ・ディスカッション・個人・グループ（5人程度）・全体
準備物	ワークシート

【ワークショップの進め方とその評価方法】

〈進め方の手順〉

エクササイズ	・アサーションチェックをしてみよう。（資料1） 　アサーションに関する自己分析を行うとともに，コミュニケーションにおける3つのタイプの自己表現を把握する。 ・アサーションケーススタディで考えてみよう。（資料2・3） 　3つのケースを読み，自分ならどのように対応するか，そのセリフなどを記入する。その際，コミュニケーションには，言語的な要因だけでなく，その他，非言語的な内容が大きく影響していることを把握する。また，自分の対応の仕方が3つのタイプのうち，どのタイプに分類できるか考える。
ロールプレイング① （時間により省略可）	・ロールプレイングを行う。 　各グループでケース1，2，3についてA，B，Cのパターンの対応をした人を各1名，その相手役を1名選び，ペアでロールプレイングを行う。他の人は，ロールプレイングを観察し，気付いたことなどの記録を行う。
ディスカッション （時間により省略可）	・ロールプレイング後のディスカッションを行う。 　ロールプレイングの演者は，それぞれどのような気分になったか発表する。また，観察者も意見を述べる。
ロールプレイング②	・アサーティブなコミュニケーションの仕方を考える。 　グループでアサーティブな対応の仕方を考え，ロールプレイングを行う。
全体シェアリング	・全体でグループごとにロールプレイングの発表を行う。
ディスカッション	・全体を振り返り，アサーティブなコミュニケーションの仕方の特徴や注意事項などを話し合う。 　進行役を中心に，提案，相手への気遣いの言葉，断るときの理由や事情，指摘する際の態度などを話し合い，まとめる。
評価・反省	・アサーションについて理解できたか。 ・アサーティブなコミュニケーションスキルを多少なりとも身に付けることができたか。 ・自らのコミュニケーションスキルを分析することができたか。

● 対人関係における3つのタイプ

A：アグレッシブ（aggressive　攻撃的）

　自分のことだけを考えて，相手を無視して自分を押し通す。「I am OK, you are not OK」

B：ノン・アサーティブ（non-assertive　非主張的）

　自分を抑えて相手を優先し，自分のことを後回しにする。「I am not OK, you are OK」

C：アサーティブ（assertive　自己主張的）

　自分を大切にすると同時に，相手のことも配慮する。「I am OK, you are OK」

1. 関係づくりのためのコミュニケーションスキル

（資料1） アサーションチェックシート

次の文章を読んで，自分に合っていると思う数字を白い空欄に書いてください。

1. 全くしない・全く当てはまらない
2. あまりしない・あまり当てはまらない
3. 人や場合を見てするかしないか判断する
4. だいたいする・だいたい当てはまる
5. とてもよくする・とても当てはまる

		A	B	C
1	いろいろな場面で自分で決断することが苦手である。			
2	店員に熱心に勧められると，「いらない」と断れない。			
3	あなたの行為を批判されたとき，適切な受け答えができる。			
4	普段の生活で，感情が高まり，かっとなってしまうことが多い。			
5	自分の長所や成し遂げたことを，人に言えない。			
6	人にお金や物を貸して返ってこないときには，返すように言う。			
7	人に断られそうなことは，人に頼まない。			
8	知らないことやわからないことについて，説明を求めることができる。			
9	人からほめられると，どのように対応してよいか，わからなくなる。			
10	人の話を最後まで聞かずに，途中で話をまとめてしまう。			
11	自分の欠点や弱点を指摘されても，素直に認めることができる。			
12	人の考えや行動について，その人の前で批判する。			
13	親しい人から頼まれると，困難なことでも引き受ける。			
14	自分が納得できれば，意見や態度を変えることができる。			
15	仕事の遅い人を見るとイライラして，自分でしてしまおうとする。			
16	自分の行動が人と違っていても気にしない。			
17	人をほめたいときに，どのようにほめればいいか，迷ってしまう。			
18	自分の意見が通らないとき，不機嫌になってしまう。			
19	相手が納得するまで，自分の意見を何度でも繰り返して言う。			
20	人が集まる場では，できるだけ目立たないようにしていたい。			
21	人と話をしているときに，話題の中心を独占してしまう。			
22	人に対して，愛情や好意を素直に表に出せる。			
23	自分が下す判断や決断に自信をもっている。			
24	自分にできることは積極的に行うことができる。			
25	自分が我慢すれば問題が解決するなら，自分が我慢してしまう。			
26	自分が楽しいと思うことは，人を誘って一緒にしようとする。			
27	初めての人とは，なかなか上手に話すことができない。			
28	初対面の人に自分から進んで声をかけ，話をすることができる。			
29	人の好意がわずらわしいときに，断ることができる。			
30	怒ったときには感情的になっても言うべきことは言う。			
	合　　計	A	B	C

◆A，B，Cの合計を計算し，自分のタイプを判断する。

第Ⅰ部　家族生活支援とは

（資料２） アサーションインストラクションシート（３つのタイプの具体例）[3]

【外食中に】中村さん（仮名：男性）は，郷里から来た友人と，銀座のレストランで夕食をとっています。先ほど，ステーキの焼き加減をレアで注文しましたが，ウエイターが運んできたステーキは，ウエルダンに焼き上がっていました。さて，中村さんは…

A. アグレッシブ（攻撃的）
　怒ってウエイターを呼びます。そして，注文通りでないことを必要以上に大声で怒鳴り，もう一皿注文通りのステーキを要求します。中村さんは自分の要求が通ったことと料理には満足しましたが，怒鳴ったことでその場が気まずい雰囲気になってしまい，友人に対してはきまりが悪く，また，夕食の雰囲気はすっかり台無しになってしまいます。一方，ウエイターは侮辱された感じがして，不愉快な気持ちになりました。

B. ノン・アサーティブ（非主張的）
　友人に，「こんなに焼けてしまっている。もうこのレストランには来ないぞ」と愚痴はこぼしますが，ウエイターには何も言わず，笑顔で対応をする。せっかくのステーキはおいしくなく，注文通りのものを要求し直さなかったこと，こんなところに友人を連れてきてしまったことを後悔します。何だか，自分がすっかり萎縮してしまった感じになってしまいました。

C. アサーティブ（自己主張的）
　ウエイターに合図をしてテーブルに呼び，「自分はステーキをレアで注文したこと，しかし，ウエルダンのステーキがきてしまったこと」を伝えて，ていねいにしかしはっきりと「レアのステーキと取り換えて欲しい」と頼みます。ウエイターは間違いを謝り，まもなくレアのステーキを運んできてくれました。中村さんも友人も夕食を満喫し，中村さんは自分のとった言動にも満足して，夕食を終えました。もちろん，ウエイターも客が気持ちよく過ごしたことで，とても気分よく思っています。

（資料３） アサーションケーススタディ　あなたならどうしますか？

ケース１　あなたは，今月からフルタイムの勤めを始めています。疲れきって仕事を終えて帰ってきたら，夫と子どもは夕食の準備もせずに楽しそうにテレビを見ています。今まで，食事の支度など家事はあなたが全面的に担ってきましたが，これからは，家族で分担したいと考えています。さて，あなたはどうしますか？

あなたの対応の仕方
①言語的（具体的なセリフ）

②非言語的（視線・姿勢・距離・身振り・表情・声など）

◆　あなたの対応は（　　　　）パターン

ケース２　友達から大事な本を借りていましたが，それをあなたは他の友達に貸してしまい，さらにその友達が無くしてしまいました。ある日，本を貸してくれた友達から返して欲しいとの催促がいよいよありました。さてあなたならどうしますか？

あなたの対応の仕方
①言語的（具体的なセリフ）

②非言語的（視線・姿勢・距離・身振り・表情・声など）

◆　あなたの対応は（　　　　）パターン

ケース３　お昼にお弁当を買うためにお弁当屋に行きました。しかし，混んでいて昼休み時間残り10分のところでやっと自分の番が回ってきましたが，そこに男の人が横入りして，中華丼を５つも注文しました。店員は何も言わずに注文を受けました。さて，あなたはどうしますか？

あなたの対応の仕方
①言語的（具体的なセリフ）

②非言語的（視線・姿勢・距離・身振り・表情・声など）

◆　あなたの対応は（　　　　）パターン

2. 意思決定スキル

（1）価値判断と意思決定

　現在および将来の家族生活や社会生活のよりよい発展を担う者は，豊かな人間性を備えた個々人であり，この人間性の基本をなすものは，各人の適切な価値意識とそれに基づいた主体的な意思決定である。

　人は心身ともに健康に生きることに主たる価値意識を置いている。心身ともに健康な生活とは，他者，社会，自然，環境などとの共生を図りながら，潜在的にあるいは後天的に獲得した能力を十分に発揮して自己実現させていく生活のことである。また，この自己実現を確実にするためには，各人がそれを支える日々の生活の重要性を認識し，自己実現に向かって生活を主体的に創る力を身に付けることが必要である。共生の視点を携えて，家族の一員として，地域社会の一員として，地球市民として主体的に生活を創造する人間の集合体が，総合的に健康な社会を築いていくことができる。

　主体的に生活を創造するためには，毎日のさまざまな生活において，適切な価値判断と意思決定がなされることが必要である。それは我々の日常生活が，意思決定の連続で成り立っており，我々は日常生活の多くの場面で，選択，判断，決定を繰り返し行っているからである。これらの意思決定がどのように行われるかは，生活の主体性に大きな影響を及ぼすといえよう。

　意思決定には，価値判断や決定を無意識に行っている無意識的意思決定と，社会志向性価値意識に基づいて決定する意識的意思決定がある。社会志向性価値意識とは，他者との共生を考慮しながら，社会的な個人，市民として，自らの心身の機能および潜在的な才能，能力，可能性を最大限に発揮することに価値を置くものであると考える。各人が主体的な生活をするためには，毎日の生活の中で多くの場合無意識で行っている価値判断や意思決定を，適切，かつ意識的なものに変化させていくことが必要である。この価値判断できる力や適切な意思決定をする能力は，瞬時に形成されるものではなく，一つひとつ積み重ねられていくこと，すなわち生活の中で繰り返し学習されることにより確固たるものになっていくのである。

　この意思決定能力は，家庭科教育の教科理論の人間形成論の中で，「よりよい生活環境を創造できる」内容として報告されている[4]。ここにおける生活環境とは，家族・保育・衣・食・住・経営・消費・環境など，非常に幅広い人間を取り巻く総合的な環境であり，形成したい姿は，その総合的な生活環境をよりよくしようとする人であるといえる。このような生活環境を総合的に価値あるものにするために，情報を駆使し，問題点を明らかにし，何に価値判断を求めるかによって，意思決定を主体的に行い実践する中で，その効果や欠点を評価し，さらなる人間的な発展を期することができるような生活を創造する人間である[5]。すなわち，育成したい主要な能力として意思決定能力を挙げることができる。

（2）意思決定能力育成と意思決定プロセス

　個人として，家族の一員として，あるいは社会の一員として育成すべき主要な能力として意

思決定能力が挙げられるが，このように重要な意思決定能力をどのように培っていけばよいのであろうか。

　適切な価値判断をするためには，判断の拠り所をもっていることが必要である。感覚的や情緒的のみの価値判断は，適切なものとは言いがたい。そこで，適切な判断力をもつためには，すべてのことに対する基礎的・基本的な知識・技術の習得が必須である。また，その土台となる思考力や創造力も必要である。地道にこうした知識・技術・思考力・創造力などを身に付けていくことにより，価値判断は次第に適切なものになっていく。

　また，この意思決定能力は意思決定プロセスを適切に処理する力を育成することにより，一層その能力が培われるといわれている[6,7,8]。

　意思決定プロセスに関しては，多くの研究者によって報告されている。消費者教育者のハーマン（Herrmann,R.O.）は，「問題の自覚」から始まる6つの意思決定プロセスを挙げている[9]。J.G.ボニスほかは，異なる数の意思決定プロセスを挙げている[10,11]。筆者は，これらの意思決定プロセスを，同じプロセスに属するものと判断するものは合体して，①「問題を明確にする」，②「必要な資源・情報を収集する」，③「複数の選択肢や方法を考える」，④「各選択肢の成り行きを主観的・客観的に比較考慮する」，⑤「意思決定」，⑥「決定を再評価する」の6ステップに規定し家庭科教育における意思決定能力育成に関する研究を進めてきた。

　第1ステップの「問題を明確にする」は，現在，意思決定すべき内容は何であるかを明確にすることである。自分では決める内容があやふやのはずがないと思いがちであるが，実は焦点がずれることはあり得ることである。具体的には，その問題をはっきりと表現することが大切である。そのためには，正確に書いてみることもよい方法である。

　第2ステップは「必要な資源・情報を収集する」ことである。高度情報社会に生きる我々は，必要そうだとかこれから先必要になるかもしれないという情報に踊らされることがある。問題を解決するために本当に必要な情報を集める能力が，現在の社会を生きる人間として非常に重要な能力の1つであるといえる。家庭科の学習指導の評価では，今回新しく「必要な情報を収集し整理する」内容を，「技能」の評価項目として導入している[12]。また，情報と同様に「必要な資源を収集する」ことも重要なステップである。これは現在ある資源を確認・整理し，本当に必要なものに限定して新たに入手することが大事だからである。毎日の生活の中でこの部分がきちんと実践できるか否かは，持続可能な社会の構築に対する人としての責任にまでつながっていく。

　第3ステップは，「複数の選択肢や方法を考える」である。問題を解決する方法は，一般的に1つ以上はあり得る。これが駄目ならすべて駄目ではなく，複数の方法のいずれかで望みがもてる解決方法をもっておきたい。それは，周囲の状況も少しずつ変化することがあり得るからである。望みがある場合には，一時的な困難も乗り越えることもできよう。

　第4ステップは，「各選択肢の成り行きを主観的・客観的に比較考慮する」である。複数の選択肢を考えたら，それぞれの選択肢の成り行きを考え，自分の現在の状況をふまえて各選択肢の内容を比較検討することが必要である。それにより，最も適切な選択肢を選ぶことができるようになる。

これらの4段階が終わったら，第5ステップの「意思決定」である。自分自身の中で，物事が一層明確になるために，内容によっては，決心の日付を書いてみるのもよい。

　次に第6ステップは「決定を再評価する」である。それは，「決定後，実行に移す前にその決定についてもう一度検討する」という段階である。この第6ステップをきちんと行うことで，意思決定能力を質的に高めることができる。前述したように意思決定には無意識的意思決定と意識的意思決定がある。内容によっては，定型化されたもので，決定即実行ということもあり得るが，もう少し意識的に考慮して意思決定したほうが，主体的な生活を創造しやすくするという内容もある。「決定の再検討」段階が多いほうが，自己の生活に責任をもてるともいえよう。これを行うために，「自己の思考をあらゆる角度から批判的にみることによって，問題を理性的に，論理的に分析すること」[13]，すなわち批判的思考とともに，周囲の人やモノ，環境への影響を考慮する「共生」の視点から検討することが求められる。自己の決定は自己だけのためではなく，ひいては持続可能な社会の構築にまでつながっているという自覚をもつことである。こうした意味で，「決定の再評価」のプロセスを，これからの意思決定能力育成において特に重視したいと考える。

　以上の意思決定プロセスを繰り返し学習することにより，生活の中で自然に活用できる主要な能力，すなわち生活スキルとして獲得することができるであろう。

(3) 食生活と意思決定能力の育成

　意思決定能力を獲得しやすい生活実践場面として，食生活を挙げることができる。食生活は，人間の生理的条件としての，成長と発達，健康の維持・増進，活動状況，嗜好などの要素を包含している。また，人間の社会的条件として，地球資源，経済性，自然環境とエコロジー，生活文化などの要素を含んでいる。さらに，家族をはじめとして地球・社会における人間関係の要素が核となって構成されている。食生活は，意思決定の内容を自己や家族のためだけでなく，地球資源への配慮など社会志向性価値意識の視点から捉えることにおいて適切な生活場面であるといえる。

　また，食生活における意思決定能力の育成は，日常生活を通して行われることが多く，身に付いたものになり得る。この修得した能力を，他の生活活動，すなわち，生活全体における意思決定能力に発展させ，主体的に生活を支えることが期待できる。

　食生活は，日常の生活活動の中で毎日必ず行われるものであり，かつ意思決定プロセス場面を網羅していることから，食生活，中でも調理学習に着目して意思決定能力育成の可能性を追究した筆者らの研究を一例として論述していきたい。

1）調理と意思決定プロセス

　調理学習は，多面的な内容をもっており，各内容が多くの意思決定プロセスと関わって成り立っている。

　本稿では，調理学習は，食事を整えるすべての過程を含んでいると捉えている。すなわち，調理学習は，食べる人や状態を考慮した献立の作成，調理素材の調達，調理準備操作，主要な調理操作，エネルギー資源・管理，盛り付け（食卓構成），共食，後片付け，評価と課題整理

などの内容をもち，それらの内容には，多くの意思決定プロセスが網羅されている（表2-1）。

次に，表2-1の中で，「献立を作る」場面と意思決定プロセスがどのように関わっているかについて具体的に述べる。

まず，誰のためにいつどのような献立を立てるのかを明確にする（ステップ1　問題の明確化）。次に，献立を立てる対象者の現在の活動や健康の状態および嗜好の情報などを収集する。同時に家の中にどのような食材がストックされているかを調べる。できるだけそれらを活用し

表2-1　調理と意思決定プロセスの関連

調理の構成要素	思考および行動の要素	意思決定プロセス*
家族のために食事を作る	・目的を明確にもつ	1
献立作成	・家族の現在の健康や活動状況を考えて複数の献立を考える	2→3→4
	・各献立は栄養のバランスはとれているか	2→3→4
	・各献立は家族員の嗜好を満足できるか	2→3→4
	・各献立は経済的に適切か	2→3→4
	・これらの献立を実行に移す調理技術はあるか	2→3→4
	・各献立は季節感は盛り込まれているか	2→3→4
	・上記要素を考えて最も適切な献立に決める	5→6→5
調理素材の調達	・現在すでに手持ちの材料は何があるか	2
	・それぞれの材料の値段はどのくらいか	2
	・価格や時間を考えて場所を選択する	2→3→4→5
	・値段，必要な条件（新鮮さなど），容器の廃棄なども考慮して購入する。	2→3→4→5
調理操作・エネルギー資源・管理	・本調理に必要な設備や備品を点検・準備する	2
	・料理に必要な分量を決定する	2→3→4→5
	・段取り（時間，調理順序，準備・片付けなど），もっている技術などを考えて調理する。	2→3→4→5→6→5（すべてのプロセスを繰り返す）
	・家族の嗜好を考えて味付けする	2→3→4→5→6→5
	・食材や熱源の無駄な消費はないか考えて行動する	2→3→4→5→6→5（すべてのプロセスを繰り返す）
テーブルセッティング 盛り付け 共食	・豊かな食事のためにテーブルをセットする	2→3→4→5
	・おいしく楽しく食べられるよう盛り付ける	2→3→4→5
	・おいしく楽しくいただく	6
後片付け	・食器・器具などの後片付けをする	2
	・ごみの処理をする	2→3→4→5→6→5
	・残った材料，調味料などを保管する	2
	・熱源，水源を点検する	2

＊意思決定プロセス
1．問題を明確にする　　　　　　2．必要な資源・情報を収集する
3．複数の選択肢や方法を考える　4．各選択肢の成り行きを主観的・客観的に比較考慮する
5．意思決定　　　　　　　　　　6．決定を再評価する

て経済的に調理が行えるにはどうしたらよいかを考える。また，食材を活用できる自分の調理能力を考慮する。これらの一連の思考や行動は，ステップ2の「必要な資源・情報を収集する」にあたる。こうした資源・情報の収集をふまえて具体的な調理名を複数考える（ステップ3　複数の選択肢や方法を考える）。複数考えるのは，比較検討する過程において，よりよいものを選択する能力を育成するからである。さらに，その複数考えられた調理を作る過程など成り行きを想像し比較考慮してみる（ステップ4　各選択肢の成り行きを主観的・客観的に比較考慮する）。例えば肉じゃがにしようか，カレーライスにしようかと迷い，肉じゃがおよびカレーライスのそれぞれの自分の調理技術を見定め，材料や家族の様子を再度整理し比較考慮して1つの調理に決める（ステップ5　意思決定）。大事なことは，これですぐ調理するのではなく，自分の決めた献立がはたして本当に適切なのか考えてみる過程を踏むことである（ステップ6　決定を再評価する）。この調理にした場合，本当に家族みんなにとってよいものか，もともと家にある食材などをしっかり使い経済面で適切なものになるか，季節感なども考慮されているか，光熱費の使い方としてはどうか，ごみの出方はどうかなど，自分の瞬時の感情だけで決めるのではなく，できるだけ客観的・批判的に「決定」を検討してみる。それは，1食ずつ適切に決めたものの積み重ねが，生涯の食生活を形作っていくと捉え，毎回真剣に対処したいと願うからである。また，これらのステップを踏むことが，従来無意識的に意思決定してきたものを，意識的に価値判断し意思決定する能力を培うことにつながるからである。

2）調理における意思決定能力の形成

以上の調理学習と意思決定プロセスとの関連をふまえて，筆者らは，「調理学習は食生活に関する意思決定能力育成を向上させている」ことを明らかにすることを目的として研究を行ってきたが，そのうちの1事例と結果を簡単に紹介したい[14]。

研究方法は，食生活の意思決定における認識と実態および実践課題について，調理学習前後にアンケート調査を行い，学習効果を検討した。調査対象は，①大学生は調理を多く履修する専攻の学生と一般の学生，②高校生は調理専攻の生徒と普通科の生徒であった。

結果は，食生活の意思決定における認識と実態や実践課題の解決において，大学生，高校生ともに，調理学習を多く履修した者は，少ない者に比べて，学習効果が上がっていることが認められた。こうしたことから，調理学習は食生活に関する意思決定能力育成を促進していることが認められた。すなわち調理学習の中には意思決定プロセス場面が多く存在しており，こうした意思決定プロセス場面に繰り返し遭遇したことが意思決定能力を高めていることが認められた。また，学校での調理学習におけるこの能力育成の結果をふまえて，家庭における調理実践を日常的に行うことにより，さらにこの能力が育まれることが認められた。すなわち今後，学校や家庭で調理を行う際に，意思決定能力育成を意識的に留意して行うことの必要性が示唆された。

（4）意思決定能力を培うことは脳機能の活性化を導く

調理学習と意思決定能力育成に関連した事例その2として，意思決定能力を意識的に行う機会を多くすると脳機能を活性化させるということについて触れておきたい。前項により調理学

習は意思決定能力を促進するという結果を得ているが、これを客観的・科学的に検証することは比較的難しいとされてきた。これに関する1つの方法として脳血流の視点から検討した例を紹介する。

筆者らは「調理学習における意思決定能力は脳機能とその発達に関連する」という研究仮説を設定し、脳機能の働きの側面から追究することを試みてきた[15]。

研究対象は、家庭科専攻で調理学習を比較的多く履修した大学生と、その他の専攻でほとんど調理をしていない大学生で両者間の比較を、前頭葉における脳血流を測定することにより分析検討した。前頭葉は、意思決定をする機能をつかさどっているところである。

結果として、意思決定の各プロセスにおいて、調理学習を多く履修した学生の前頭葉における脳の活性化が認められた。特に意思決定プロセスの第4ステップ「各選択肢の成り行きを主観的・客観的に比較考慮する」の場面などは、意思決定プロセスの中でも、自己の保持している資源・情報を状況に合わせて総合的に判断するという高次脳機能に属する内容であるが、調理を多くする人とあまりしない人では活性化に大きな違いが観察された。こうした結果から、調理を多くすることは、意思決定プロセスを多く踏むことになり、脳機能の活性化を促すことが認められた。

以上のように、生活のあらゆる場面において、適切な価値判断・意思決定を行う力を身に付けることは、生涯の生活を主体的に創造するためには非常に重要であることが確認された。

3．生活のマネジメントスキル

(1) マネジメントの対象

1) 生活資源とは

マネジメントする対象は「生活資源」である。

一般に「資源」は、「エネルギー」や「石油」「鉱物」といった自然物に関連させてイメージすることが多いだろう。「生活資源」は、そうした一般的な「資源」よりも広い概念であり、生きていくうえで「不可欠なもの」や「役に立つもの」を指す。言い換えれば、個人・家族の生活にとって必要な「もの」「人」「こと」のすべてを「生活資源」として捉えることができる。

2) 生活資源の歴史的な捉え方

生活のマネジメントにおいて「生活資源」を捉える場合、わが国の家政学、とりわけ家庭管理学（近年では"生活経営学"と称されることが多い）に多大なる影響をもたらした分類について、歴史的に概観しておこう。

ニッケル（Nickell,P.）とドーゼイ（Dorsey,J.M.）は、著書『*Management in Family Living*』[16]において「ホーム・マネジメントは、家族の資源の利用について計画し、調整し、統制し、指導し、管理し、評価することである」とし、「家族の資源（Family Resources）」を人的資源（Human Resources：能力，態度，知識，エネルギー）と物的資源（Material Resources：時間，金銭，コミュニティ施設，サービス）に分けて捉えている[17]。

また，グロス（Gross,I.H.）とクランドル（Crandall,E.W.）は，著書『*Management for Modern Families*』[18]の中で，家族資源を人的資源（興味と能力，コミュニティ施設，知識，技術）と非人的資源（Non-human Resources：財，エネルギー，金銭，時間）に分類した[19]。

これらの分類は捉える視点によって若干の差異はあるが，いずれも人に関わる要素を「人的資源」とし，マネジメントの主体である人（個人・家族），あるいは人間関係に内在する資源を該当させている。一方，主に人が働きかける客体全般を「物的（非人的）資源」として位置づけているといえよう。

なお本書では，人に関わる「生活資源」のマネジメントについては主に第Ⅱ部で，ものや事柄（活動）に関わる「生活資源」のマネジメントについては主に第Ⅲ部で述べる。

（2）生活資源の活用

1）生活資源の特徴

生活資源は，「①人的資源のように使用するほどに価値を生み出すという有用性，②財貨や時間，自然資源のように消費されるという有限性，③経済性と利便性のどちらを優先するかのように価値観によって意思決定や満足度が変わる多様性を有しつつ，④相互に関連し合いながらも，自然エネルギーや経済，健康，人間関係，どれをとっても管理可能という類似性をもつ」[20]と考えられている。

すでに述べたように，生活資源は個人・家族が生きていくうえで必要不可欠であるが，人や立場，状況によって重要度が異なるという特徴がある。また，生活資源の状態は常に一定とは限らず，量的・質的な変化を伴う。

こうした特徴をもつ生活資源の中には，日常の暮らしの中でその存在を自覚しにくいものや，個人や家族の自助努力のみではマネジメントしにくいものもある。まずは，身近な家庭や地域社会における生活資源の存在を知り，それらが具体的な生活場面とどのようにつながっているのか意識する必要がある。

2）生活資源の有効な活用

第2節で述べたように，暮らしの中で生活資源を有効に活用するためには合理的な意思決定が不可欠であり，そのためのスキルの習得が重要であることは言うまでもない。

では，生活資源を有効に活用するには，どうすればよいのだろうか。

まずは，個人・家族がもっている生活資源について，自覚することが重要である。どのような生活資源をどれだけもっているのか整理する。一覧表にリストアップするなど，可視化するとわかりやすい。

次に，生活資源の状態を量的・質的に評価してみよう。それは，量的に足りているのか，それとも不足しているのか。価値を満たすために十分な質を有しているのか，いないのか。そうした視点で生活資源の状態を評価することで，活用に向けた課題が明確になるだろう。

(3) 生活リスクのマネジメント

1) 生活リスクとは

　生活リスクとは，一般的に日常的な暮らしにおける行為によって，生活にダメージや損失をもたらす可能性を意味する概念であり，不確実性を伴っている。

　生活リスクには，地震や台風などの自然災害や，事件・事故との遭遇のほか，病気，障害・要介護状態，老化，死亡なども含まれる。また，望ましくない家族の変化，例えば失職や別居，離婚なども生活リスクの一部である。

2) リスク・アセスメント

　一般的に，リスクは「インパクト×頻度」で評価される（表2-2）。

表2-2　リスク評価表

インパクト＼頻度	高い	中程度	低い
大きい			A
中程度			
小さい	B		

　例えば，地震や土砂崩れなどの大規模な災害は，頻度は低いがインパクトは大きい（A）。東日本大震災後の原子力発電所の事故のように，ひとたび発生してしまったら，回復の目途が立つまでに，多大な時間や金銭が必要なリスクもある。また，離婚や家族との死別なども（A）に相当する。逆に，インパクトは小さいが頻度が高いもの（B）には，例えば「降雪時に路線バスが遅れる」とか，「風邪をひく」などが考えられる。

　リスクを適切に評価し，誰が，どの範囲に責任をもって対応するのが妥当なのか，合理的な判断が求められる。

3) リスクマネジメント

　生活リスクを，最小の犠牲・負担で，回避，分散，低減，コントロールすることを，リスクマネジメントという。リスクへの備えは，生活のマネジメントの重要な側面である。例えば，健康に関するリスクに備えるとしたら，病気を予防するために，次のようなライフスタイルが想定されるだろう。

- 食生活に気を付ける
  （暴飲暴食，塩分・糖分・脂肪・カロリーの過剰摂取，偏食などに留意する。）
- 睡眠を十分にとる
- 運動をして基礎体力を付ける
- 禁酒・禁煙
- ストレスをためない（ストレスマネジメント）
- 免疫力を高める
- うがい・手洗いの励行
- 健康食品・サプリメントを摂取する
- 定期的に健康診断（人間ドック）を受ける　　など

　しかし，これらをすべて実践したとしても，健康に関するリスクをゼロにすることは不可能である。では，病気になってしまったらどうするか。健康という大切な資源を，それ以上そこなわないように，また，快復させるべく，行動を起こすだろう。

その際必要となるのは，病気や医療に関連した知識・情報，休養するための仕事・時間・対人関係などの調整，病院や薬・医師による医療行為などであろう。また，病気が重篤になるほど健康保険などの社会保障・公的サービスや，民間保険会社が提供している医療保障など，生活の基盤を支える経済力も重要となる。さらに，基本的な生活行為をサポートしたり，精神的な支えとなったりしてくれる家族や友人などの存在も，大きな意味をもつ。

すなわち，これらの生活資源を合理的に管理・活用することで，リスクへの対応が可能になるのである。

（4） 生活のマネジメントに必要なスキル

1）学士力における汎用性技能

文部科学省は，2008（平成20）年に答申された「学士課程教育の構築に向けて」において「学士力」について提言した。「学士力」とは，学士課程（学部教育）において身に付けることが期待されている能力であり，その内容として「知識・理解」「汎用性技能」「態度・志向性（自己管理力，チームワーク，倫理観，社会的責任等）」「総合的な学習経験と創造的思考力」を挙げ，学士課程共通の学習成果として修得することが求められている。

ここで，「汎用性技能」[21]について詳しく見てみよう。答申では，汎用性技能を「知的活動でも職業生活や社会生活でも必要な技能」と説明し，以下の5つを挙げている。

① コミュニケーション・スキル
　日本語と特定の外国語を用いて，読み，書き，聞き，話すことができる。
② 数量的スキル
　自然や社会的事象について，シンボルを活用して分析し，理解し，表現することができる。
③ 情報リテラシー
　ICT（Information and Communication Technology：情報通信技術）を用いて，多様な情報を収集・分析して適正に判断し，モラルに則って効果的に活用することができる。
④ 論理的思考力
　情報や知識を複眼的，論理的に分析し，表現できる。
⑤ 問題解決力
　問題を発見し，解決に必要な情報を収集・分析・整理し，その問題を確実に解決できる。

言うまでもなく，これらの「汎用性技能」は，すべて生活のマネジメントに必要なスキルである。

2）生活のマネジメント力を向上させるために

生活のマネジメント力をより向上させるためには，前項で述べた「汎用性技能」に加え，意思決定スキルや批判的リテラシー，人間関係調整力が求められる。

また，生活リスクをマネジメントするためには，不測の事態に対応する力が不可欠となる。先を見通し，予測し，計画を立案する力とともに，柔軟な発想力や臨機応変に軌道修正できる力も重要となる。

●引用文献

1）湯沢雍彦（1979）：新版家族関係学，光生館，p.106
2）P.J.カーンズ，野田雄三／竹内吉夫訳（1987）：ファミリー・コミュニケーション，現代社，p.55，p.99
3）平木典子（2009）：改訂版　アサーショントレーニング　さわやかな自己表現のために，日精研，pp.16-18
4）藤枝惠子（1990）：「教科教育学」の成立条件を探る，東洋館出版社，pp.55-56
5）佐藤文子，川上雅子（2010）：家庭科教育法　改訂版，高陵社書店，p.13
6）印南一路（1997）：すぐれた意思決定—判断と選択の心理学—，中央公論社，pp.34-58
7）今井光映，中原秀樹編（1994）：消費者教育論，有斐閣ブックス，p.64
8）角間陽子，佐藤文子（1995）：家庭科教育における意思決定能力育成に関わる意識—研究者と家庭科教員との比較において—日本家庭科教育学会誌，**38**(3)，pp.21-23
9）Jelly,M., Herrmann,R.O., and Graf,D.K.（1985）：*The American Consumer：Decision Making for Today's Economy*, McGraw-Hill, New York, pp.20-25
10）J.G.ボニス，R.バニスター，小木紀之／宮原佑弘訳（1998）：賢い消費者—アメリカの消費者教育の教科書，家政教育社，p.12
11）今井光映，中原秀樹編（1994）：消費者教育論，有斐閣ブックス，p.66
12）国立教育政策研究所（2011）：評価基準の作成のための参考資料　第8章　家庭，p.172
13）花城梨枝子（1989）：意思決定の活性化に関する一考察・消費者教育　第9冊，光生館，p.27
14）佐藤文子，渋川祥子（2007）：調理学習による意思決定能力の育成，日本家政学会誌，**58**(10)，pp.23-33
15）Fumiko Sato, Ichiro Shimoyama, Shoko Shibukawa（2007）：Decision Making, Working Memory, and the Effects of Learning：A comparative analysis of near-infrared spectroscopy analyses of the frontal lobe and self-reported subject responses, *Chiba Medical Journal*, **83**(1), pp.1-9
16）Paulen Nickell & Jean Muir Dorsey（1950）：*Management in Family Living*, Second Edition, New York, John Wiley & Sons, Inc., London Chapman & Hall, Ltd., p.62
17）東珠実（2012）：第2章　生活資源と意思決定．生活の経営と経済（アメリカ家政学研究会編著），家政教育社，pp.28-29
18）Irma H.Gross & Elizabeth Walbert Crandall（1954）：*Management for Modern Families*, Second Edition, New York, Appleton-Century-Crofts, Inc., p.6
19）前掲17），pp.28-29
20）神川康子（2013）：5　生活資源を生かす．生活主体を育む　探究する力をつける家庭科（荒井紀子編著），ドメス出版，p.162
21）中央教育審議会（2008）：学士課程教育の構築に向けて（答申），pp.12-13

●参考文献

・西村宣幸（2008）：コミュニケーションスキルが身につくレクチャー＆ワークシート，学事出版，pp.114-125
・林徳治，沖浩貴編著（2007）：コミュニケーション実践学，ぎょうせい，pp.62-69
・園田雅代，中釜洋子著（2005）：子どものためのアサーショングループワーク，金子書房，pp.2-17

第Ⅱ部　現代の家族問題と発達課題

第3章　家族について理解する

1．地域・社会と家族

(1) 社会の変化と家族

1) 経済発展と物質的豊かさの実現

　今日の日本家族を理解するにあたって，戦後の社会の変化とそれに伴う地域や家族・家庭生活の変化を看過することはできない。なぜなら，現在の家族や家庭生活の出発点が，戦後の経済発展とそれに関わって成立したライフスタイルにあるからである。

　1945（昭和20）年，第2次世界大戦を敗戦で終えた日本は，戦後復興において輸出型工業立国を目指した。約10年後の1956（昭和31）年，『経済白書』[1]は「もはや『戦後』ではない」と宣言し，このころから経済成長は波に乗って第1次オイルショックが起きた1973（昭和48）年まで続いた。この間の日本経済が飛躍的に成長を遂げた時期を高度経済成長期と呼んでいる。

　1968（昭和43）年には国民総生産（GNP）が世界第2位に達した驚異的な経済成長は，第1次産業から第2次産業中心へという産業構造における大きな変化を基に成立していた。つまり，高度経済成長期には地方農村部の若者が集団就職という形で大挙して都市へと集まり，賃金労働者となって経済成長を支えたのであった。その若者たちが都市で築いた家族の多くは核家族であり，戦後の家族モデルとなった。

　高度経済成長は，家庭生活をどのように変えたのであろうか。まず，所得の増加による物質的豊かさの実現が挙げられる。電化製品などの耐久消費財の普及率[2]を指標として見てみると，1960年代，高度経済成長期に呼応するように，「三種の神器」（白黒テレビ，洗濯機，冷蔵庫の3品目）をはじめとする家電製品がすさまじい勢いで家庭に入っていったのがよくわかる（図3-1）。その後も続くさまざまな耐久消費財の普及は，人々に物質的豊かさの実感をもたらしたと同時に戦後の家庭生活の様式を確立し，現在に至っている。

　家庭生活にもたらしたものは物質的豊かさだけではなかった。初めて手にする家電製品に囲まれ，家庭生活そのものがかつてのそれとは変わりはじめていた。家庭の仕事を手作業から解放したことは，生活における一大変革であった。すなわち高度経済成長期に新しいライフスタイルが始まり，そのライフスタイルは経済成長や社会変化と相互に作用しながら普及し，当たり前になっていったのである。

図3-1 主要耐久消費財の世帯普及率

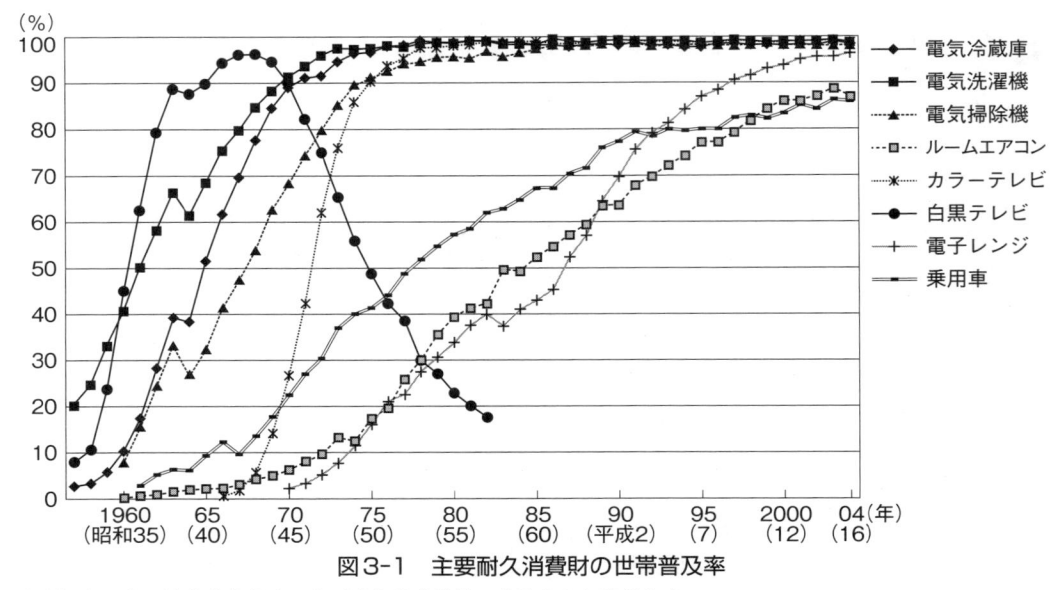

出典）内閣府：消費動向調査，主要耐久消費財等の普及率より筆者作成

2）近代家族の一般化

　戦後，産業構造の変化に伴い，核家族のサラリーマン家庭が増えていった。高度経済成長期に都市の若者が築いた家族はその典型で，戦前まで続いた「家」制度の下での家族とは異なる特徴をもっていた。すなわち，職場（公的領域）と住居（私的領域）が離れ，夫が稼ぎ手となり，妻は専業主婦になるという完全な性別役割分業が確立した。子どもは2人か3人で，少人数の核家族は子どもを中心にして情緒的結束を強くした。このような特徴をもつ家族は「近代家族」と呼ばれ，戦後の標準的な家族モデルとなったのである。

　高度経済成長期に進んだのは，近代家族の一般化による家族の画一化であった。しかしその反面，かつての村落共同体社会では当たり前であった親族や近隣との交際は徐々に後退していった。近代家族のライフスタイルでは，同じ地域に居住していても家族により異なる職場に通勤することが少なくなく，かつての農業のように親族や地域ぐるみの作業を必要とする機会が激減したことが一因であろう。また，転勤，転職などによる人々や家族の移動も地域での人間関係に影響を及ぼしたであろう。このような変化が現在の地域の人間関係の希薄さに結びついていることは言うまでもない。

3）バブル崩壊と格差社会

　オイルショックを乗り越えた日本経済は安定成長期へと移行していたが，1980年代後半には投機が加熱して株価や地価が急上昇し，バブル経済となった。膨らみすぎた実体のない経済は，1990（平成2）年10月をピークに景気動向指数が低下傾向となり，1991（平成3）年には大都市圏の地価も下落した。

　このような経済の動向は，家族のあり方や家庭生活に大きな影響を及ぼした。まず，家庭生活の経済的柱である雇用における変化である。特に，景気の後退により若者の新規採用が抑制

された。非正規雇用となった若者の中には，不安定な生活が長く続く者もいる。男性の経済力は結婚の条件とみなされることが多いため，収入の不安定さは未婚につながり[3]，ひいては少子化に影響している。また，中高年の正規雇用者にとってはリストラという名目で人員整理が行われ，失職者が増加した。

個人や家庭経済への打撃は所得格差を生み出し，その経済力格差が他の格差に関係すると指摘されている。例えば，努力すれば報われるという希望がもてるかどうかという希望格差や，所得の高い家庭の子どもほど学歴が高くなる傾向があるとする学力格差である。さらには，格差が子ども世代に受け継がれ再生産されるという格差の固定化が危惧されている。これらの事象は，一億層中流社会から格差社会への移行と捉えられている。

（２）家族機能の変化と現代的課題

１）家族機能の変化

近代産業が発達する以前においては，家庭の中で家族によりさまざまな生産活動が行われていた。今では購入することが当たり前になっている味噌や醤油をはじめとする加工食品，衣服も自家製であった。また，冠婚葬祭に関わる儀式や行事も当事者の家で行われていた。現代では学校や病院，福祉施設が大きな役割を担っている子どもの教育，子どもや高齢者，病人の保護・看病・看護などの機能も，制度が整うまでは大部分を家族が担っていた。このように，家庭で家族が行っていた機能を産業や制度が代替するようになることを，家族機能の外部化・社会化といい，家族機能の縮小傾向は今も続いている。

家庭がますます消費の場となる現代，家庭はどのような意味をもっているのだろうか。「あなたにとって家庭とはどのような意味をもっているか」を聞いた2013（平成25）年の内閣府調査[4]によると，半数以上の人が選んだ回答は「家族の団らんの場」「休息・やすらぎの場」「家族の絆を強める場」（図３-２）で，家族としてのつながりを重要視していることがわかる。豊かで快適で便利な社会を実現させた後で，人々が家庭に求めているのは精神的充足の機能であるといえる。物質的に事足りれば，家庭に求めるものは目に見えぬ精神的なものになるのか，あるいは得難いから欲しいと思うのか，いずれにせよ家族との精神的関係の良否が現代家族の重要な課題であるといえよう。

以下は地域・社会，家族の変化に起因すると考えられる現代的課題である。

２）サラリーマン化と地域のつながり

まず，家庭内でのつながりの前に，現代家族の地域でのつながりについてみておこう。農業を中心とする第１次産業社会から第２次産業社会への転換は，地域社会の変容を余儀なくした。農業社会においては，村落共同体として近隣との連帯を抜きに産業は成り立たなかったが，職場と住居が分離したサラリーマンが主流の産業社会においては，居住地である地域社会は主にプライベートな時間を過ごす場所となった。同じ町内会であっても勤務先が異なれば接点は少なくなり，かつての地縁的なつながりは衰退していったと推考できる。

就業者のうち1955（昭和30）年には43.5％であったサラリーマンが，2012（平成24）年には87.8％に増加している[5]。国民生活白書（平成19年版）が「サラリーマンは近隣関係が弱く，

図3-2 家庭の役割

項目	2013（平成25）年6月調査	2012（平成24）年6月調査
家族の団らんの場	63.0	64.4
休息・やすらぎの場	60.2	62.2
家族の絆を強める場	53.0	55.0
親子が共に成長する場	38.0	37.0
夫婦の愛情をはぐくむ場	28.5	29.9
子どもを生み，育てる場	27.3	26.9
子どもをしつける場	17.9	17.3
親の世話をする場	14.2	14.1
その他	0.2	0.2
わからない	2.0	2.0

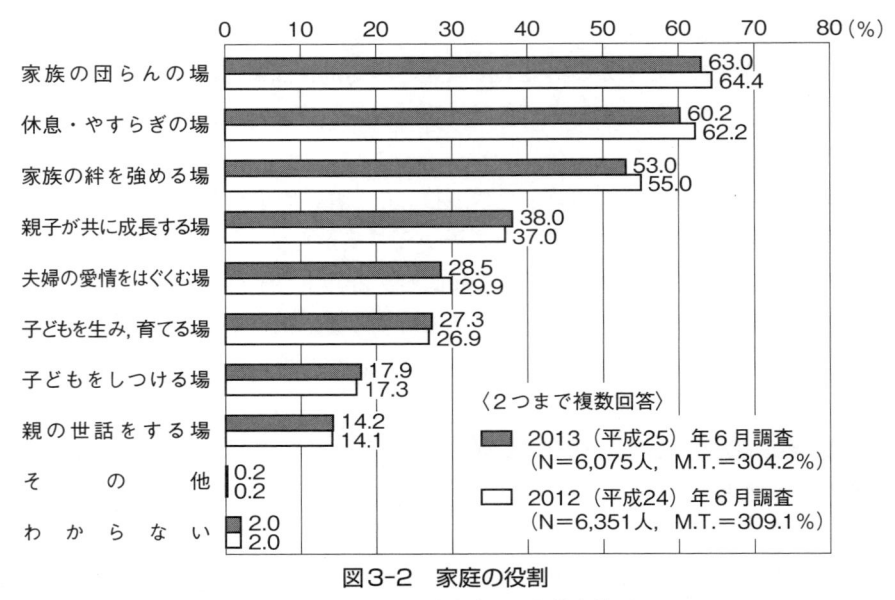

〈2つまで複数回答〉
2013（平成25）年6月調査（N＝6,075人，M.T.＝304.2％）
2012（平成24）年6月調査（N＝6,351人，M.T.＝309.1％）

出典）内閣府（2013）：国民生活に関する世論調査，一部筆者修正

地域からも孤立しやすい傾向にある」ことを明らかにしている[6]とおり，サラリーマン化が地域のつながりを希薄化させてきた一因であろう。さらに，同白書は住んでいる地域に対して「お互い無関心で，よそよそしい」と感じている人々の割合が増加していることを報告している。地域住人がお互いに無関心になれば「不審人物」の識別も容易なことではなくなると予想され，地域でのつながりの希薄化が地域の安全性を脅かす要因になっていると考えられる。

3）孤立化する家族と家族問題

地域のつながりの希薄化を，人々はどう思っているのであろうか。NHK放送文化研究所が行った「日本人の意識調査」によると，近隣との望ましい付き合い方に関して「なにかにつけ相談したり，助け合えるような付き合い」を望む人は，1973（昭和48）年の34.5％から2003（平成15）年には19.6％に低下している。一方，「会ったときに，あいさつする程度の付き合い」を望む人は，15.1％から25.2％に増加している[7]。つまり，現代社会では近隣との深い付き合いよりも浅い付き合いを望む人のほうが多い。このような意識の変化は，家族と家族の親密な交流も制限することになり，家族の孤立化につながっていると考えられる。

人々の意識変化に加え，高度経済成長期より続く住環境の変化も家族の孤立化の要因である。鉄筋コンクリートの高気密化した集合住宅は，伝統的日本型家屋では難しかった家族のプライバシー保護を可能にした。しかし反面，家庭内の喧嘩は外部に漏れにくくなり，家族の孤立化を促す一因となっている。また，交通網の整備や自家用車の普及，コンビニエンスストアの出現などによる快適で便利な社会環境は，かつてのように家族同士が助け合うことを前提としなくても生きていける日常を当たり前にしたといえよう。

では，家族の孤立化は，家庭生活にどのような影響を及ぼすのであろうか。

近所付き合いのあまりない家庭の子育てにおいては，困ったことを相談できず必要以上に問

題が深刻化するばかりでなく，子育てのストレスを抱え込んだ親がノイローゼ気味になり，子どもを虐待してしまうことがある。また，死後数日以上が経って発見される高齢者の孤独死も，親密な交流が衰退していることの現れであろう。3世代同居世帯が減少している現在，近隣の家族同士の関わりはますます重要となってきている。個々の家族がその家族単体で小さくまとまってしまうことは，家族関係が良ければ快適であると考えられる。しかし，問題が起きたときの対処力に限界があることを知っておくべきであろう。

4）個人化する家族

さらに最近では，家族内において家族員同士の関係が希薄化していると指摘されている。背景としてまず，家族全員がそろう時間が少ないことが挙げられる。NHK放送文化研究所が行った「国民生活時間調査」のデータによると，父，母，小学生，中学生からなる家族を想定した場合，家族全員が家に居て起きている割合が50％を超えるのは，午後8時台と9時台のみである[8]。この場合，家族員の家庭での居場所は問題にされていない。

したがって次に考えられるのは，家族が全員家に居ても団らんがあるとは限らないことである。高度経済成長期の住居変化により，子ども部屋と称する個室が普及し，子どもたちは自室にこもることに抵抗がなくなった。特に，家族でいさかいがあったときは，格好の逃げ場となろう。加えて，個人向けオーディオプレーヤーや携帯電話に代表される個人使用製品の普及は，子どもにとって自分の個室をより快適な居住空間へと変化させている。

家族個々人が，自分の好きな空間で好きなことができるのは，一見，問題がないように思える。しかし，自分以外の人間との価値観の相違や意見の違いから生まれるあつれきや葛藤は，社会で生きていくうえで避けられるものではない。家族内できょうだい喧嘩や親との意見の食い違いを経験し，関係を修復することで学ぶ対人関係能力は重要である。「面倒なことから逃げる」ために個室や個人使用製品が使われるとすれば，家族員間の関係はますます希薄になるであろう。

（3）地域・社会の国際化と家族

1）国際化の現状

わが国の外国人登録者数の推移をみると，1980年代後半からの増加が顕著である。それまでは在日韓国・朝鮮人がほとんどであったが，1990年代以降，中国人，ブラジル人，フィリピン人，ペルー人，米国人など多国籍化している。2008（平成20）年の約222万人をピークに減少しているが，2012（平成24）年末の外国人登録者数は約203万人となっている[9]。今や近隣や地域で外国籍の住人や家族を見かけるのは，珍しいことではなくなり，地域によれば，ある国出身の外国人が多く居住してコミュニティを形成している。

家族状況における国際化の進展は，国際結婚の増加にみることができる。厚生労働省統計[10]によると夫妻の一方が外国籍である婚姻件数は，1970（昭和45）年には約5,500件（総婚姻件数に占める割合では0.5％）にすぎなかったが，1980（昭和55）年には約7,200件（同0.9％），1990（平成2）年には約25,600件（同3.6％），2000（平成12）年には約36,300件（同5.4％）に増加し，2006（平成18）年には過去最高の44,701件（同6.1％）に達した。その後は減少に転

じ，2012（平成24）年は約23,700件（同3.5％）であった。それでも結婚するカップルの約28組に1組は国際結婚カップルという現状である。

2）国際結婚家族・外国人家族と地域の課題

　国際結婚の増加に伴い離婚も増加している。離婚件数と総離婚件数に占める国際結婚夫婦離婚件数の割合[11]は，1995（平成7）年は約8,000件で4.0％であったが，2000（平成12）年は約12,400件（4.7％），2009（平成21）年は約19,400件（7.7％），2012（平成24）年は約16,300件（6.9％）と，上述の国際婚姻件数に比べると高水準が続いている。婚姻が破綻する原因はさまざまであろうが，夫婦間での異文化摩擦など国際結婚ならではの悩みや問題があることは想像に難くない。特に日本語が堪能でない場合，個人としての行動などの自由度が制限される可能性があり，夫婦関係や家族関係に亀裂が入ると孤独感を深めると考えられる。

　日本に住む外国人居住者の家族には，国際結婚家族の他に，就労や勉学のために家族を伴って他国より日本に移り住んでいる外国人家族もある。このような場合，夫婦関係や家族関係は比較的まとまりやすいであろうが，地域での文化摩擦によって孤立化したり，子どもの教育などの問題を抱えることがある。

　外国人家族の孤立化は，地域居住者の多数を占める日本人との関わりにおいて生じる課題である。よって，これは地域や日本人，日本人家族の問題でもある。治安が悪くなった原因を在日外国人による犯罪が増えたことに求める意見もある[12]が，根拠のない思い込みは慎まなければならない。国際結婚家族や外国人家族のために，地方自治体などの相談体制や日本語教育，日本文化教育を充実させる一方で，日本人には異文化理解能力や他国言語・文化に精通した人材の育成が求められる。今後も国際化はますます進展していくであろうことを考えると，多文化共生社会の構築は喫緊の課題であるといえよう。

ワークショップ　希薄化する地域のつながりと家族

【概要】

概　要	家庭と地域とのつながりが薄れていく中で，親の「孤立した子育て」が問題になっている。女性相談や子育て相談の中にも，周囲に誰も相談相手をもたないことから，ストレスが蓄積される様子が如実に語られている。地縁によるつながりから，新しい助け合いのつながりで地域の子育てを地域社会で支える絆が必要とされている。地域のこのような新しいつながりを創造していくために下記のような具体的なテーマを設定しディベートを試みる。 　<u>小学生をもつ親が共通にもつ「学校の安全・安心」の問題を取り上げ，いろいろな考え方があることを知り，それらの考え方が多様であること，共通に認め合う価値についてディベートを通じて確認していく。</u>
目　的	家庭の教育力の低下とともに地域の教育力（地域ボランティア）への期待が高まっている。例えば，学校支援地域本部事業地域コーディネーター，学校支援ボランティアなどに大きな期待がよせられている。 　しかしその背景には，有償である学校警備員やスクールサポーター，防犯パトロールなどに対する自治体の経済的負担の問題が大きく関わっている。都道府県から市町村へこうした対策の権限を移行することによって，地域に合った独自の方法をとることができる半面，財政困難な自治体はこのような施策を廃止せざるを得ない状況に追い込まれている。 　<u>ディベートを通じて，地域ボランティアの取り組みや地域施策による有償化による解決などいろいろな考え方があることを確認し，社会と家族の関係を身近な問題から考え，身の回りの問題の背景を認識し問題解決のための具体的な提案ができる人材を育てる。</u>
対 象 者	学生および一般社会人など
所要時間	90～120分
方　法	ディベート，ブレーンストーミング，NIE（Newspaper in Education）
準 備 物	新聞記事，付箋，白紙，ノート，マジック

【ワークショップの背景となるキーワード】

子育て世帯と子どもの減少

・少子化によって，子ども同士の豊かな人間関係が奪われ社会性の発達が困難となった。

希薄化する地域のつながり

・職住分離によって，地縁共同体のつながりが希薄になり，子どもを地域で育てる力が消滅しつつある。

孤立する家族と家族の個人化

・家屋の密閉性の高さが地域の希薄な人間関係を生んだ。

家族機能の変化と現代的問題

・教育機能　→　学校　　　・家族を保護する機能　→　警察や学校警備員など

●ワークショップの例Ⅰ（ブレーンストーミング図例）

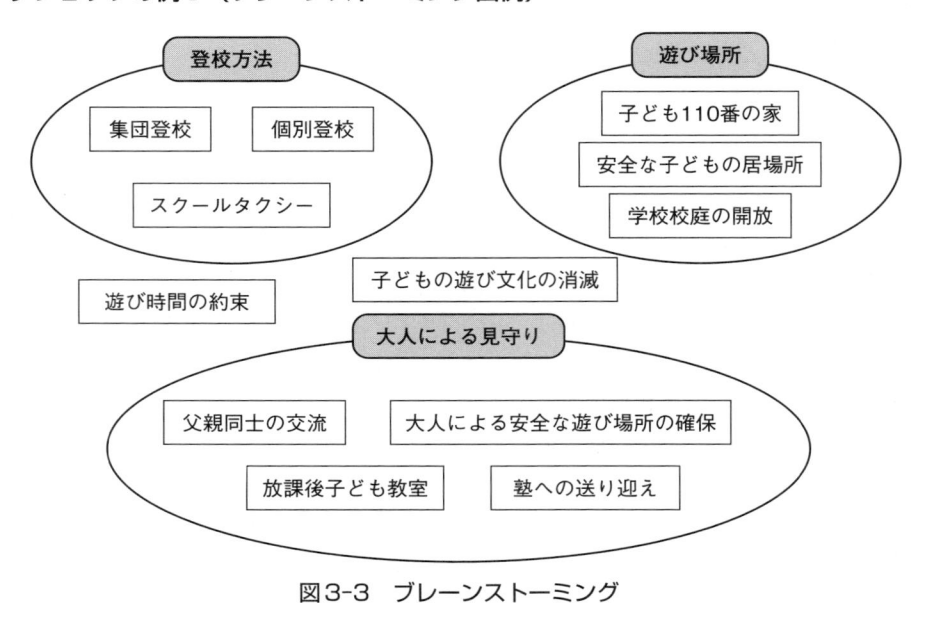

登校方法
- 集団登校
- 個別登校
- スクールタクシー

遊び場所
- 子ども110番の家
- 安全な子どもの居場所
- 学校校庭の開放

遊び時間の約束　　子どもの遊び文化の消滅

大人による見守り
- 父親同士の交流
- 大人による安全な遊び場所の確保
- 放課後子ども教室
- 塾への送り迎え

図3-3　ブレーンストーミング

●ワークショップの例Ⅱ（ディベートのテーマ）

子育て世帯と子どもの減少，希薄化する地域のつながり

　少子化によって，子ども同士の豊かな人間関係が奪われ社会性の発達が困難といわれている。下記のようなテーマでディベートしてみよう。
・きょうだいのいない一人っ子は，きょうだいの多い子に比較して家族の中で遊ぶ相手がいないので社会性の発達は遅れるか。
・地域の同じ年齢の子どもが減少すると，遊び友達を見つけることは難しいか。
・今の子どもは，学年の異なる子どもと遊ぶ機会は少ないか。
・今の子どもは，窮屈な生活時間の中で暮らしているか。

孤立する家族と家族の個人化

　家屋の密閉性の高さが地域の希薄な人間関係を生んだといわれているが，都会の子どもと地方の子どもを比較してディベートしてみよう。
・都会の子どもは内遊びが多く，地方の子どもは外遊びが多いか。
・都会の子どもは塾通いが多く忙しく，地方の子どもは学校中心ののんびりした生活か。

家族機能の変化と現代的問題

　家族の機能を代替する機関や委譲する機関が出現することによって，家族による「癒し」や「子どもの社会化」などの機能がよりクローズ・アップされている。家族の機能についてディベートを通して考えてみよう。
・あなたにとっての家族は「ねぐら」としての意味しかないか。それとも「心の拠り所」か。

2. ライフサイクルと家族生活の課題

(1) 人の生涯の発達区分

これまで心理学の分野では「発達」という概念を，生涯の短い時期に分けて論じることが多かった。しかし，近年では1つの発達段階から次の発達段階へ関連させていくことがより重要となり，「生涯発達」という概念が論じられるようになっている。人の生涯が長期化する中で，家族の発達段階を理解するためには，発達は生涯にわたるものとして理解することが不可欠である。

日本の生涯発達の研究は，ライフサイクルをキー概念として始まったとされている。ライフサイクルとは，もともと生物の規則的・周期的な世代交代を表す生物学の概念であったが，ライフコース研究においては，教育期間の終了・就職などのキャリア上の出来事，家族形成と家庭生活の一連の出来事など人生の移行のステージにおける個人の時間，家族としての時間，そして社会の時間などの相互作用を課題としている。それは家族を中心として検討され，学校・職場・地域社会などで重要な研究課題となっている[13]。

1) 生涯の発達区分

これまで，私たちの生涯は発達の特性により，いくつかの発達区分や発達段階に分けられ論じられてきた。例えば，エリクソンは8つの心理社会的発達の段階を提唱したが，成人するまでの段階を中心に論じられている。ニューマン（1988）らは，胎児期および2つの青年期の発達段階を論じることにより発達段階を10の心理社会的発達段階に拡張した[14]。家族支援のためには，各年齢における心理的発達と心身の発達を把握しておく必要がある。表3-1では，年齢区分別に発達の留意点をまとめた。

2) 発達のマイルストーン

発達には，いわゆるマイルストーン（節目）がある。家族生活支援には，家族に予測される「発達のマイルストーン」[15] を理解しておくことが必要である。

発達のマイルストーンは年齢によってさまざまなものがある。例えば月齢4カ月の子どもの身体的マイルストーンは，体重，身長などの身体の発達，覚醒・睡眠のリズムなどの生活の発達，運動能力の発達などがある。

さらに脳発達については，新しい技術と研究により近年新しい特徴が明らかとなっている。①1歳前において急速に発達すること，②他の発達に比べ痛手を受けやすいこと，③初期環境の影響が長く続くこと，④環境は脳細胞とその他の接続にも影響すること，⑤初期のストレスは否定的な影響があること，⑥ある種の刺激を与えなくてはならない臨界期があることなどである。

表3-1 主な心身の発達の留意点

年齢区分	発達の留意点
誕生前	基本的な肉体構造と臓器が形成される。身体的発達は最も急速であり，環境的な影響を最も受けやすい。
誕生～2歳	身体的発達と運動技能の発達が著しい。言語理解と話す能力が急速に発達し，1歳の終わりころに両親や他者への愛着が形成される。
3～5歳	運動技能と筋力が著しく成長する。行動は自己中心的であるが，他者への客観性が成長する。認知の未熟さから世界に対して非論理的な考えをもつ。他の子どもの存在が重要になってくるが，家族が依然として生活の中心である。
6～11歳	筋力と運動能力が成長する。自己中心主義が減少する。理論的に考え，記憶力と言語能力が増大し公教育を受けることができる。自尊心に関わる自己概念が発達する。仲間を最も重要だと思う。
12～19歳	性的成熟に達する。抽象的思考能力と科学的推論の活用が発達する。ある種の行動においては青年期の自己中心主義がある。自己同一性を探索する。両親との関係は次第に良くなる。
20～39歳	身体的健康はピークから下り坂になる。認知能力が顕著に複雑となる。結婚し，親となるものが多い。職業選択を行う。
40～64歳	身体的健康・スタミナが低下する。女性は更年期（閉経）を迎える。知恵と実践的な問題解決能力が高まるが，新しい問題の解決能力は低下する。子どもの養育と親の介護の重複的責任がストレスを引き起こす場合がある。空の巣症候群もある。キャリアでの成功と，燃え尽きが起こることもある。中年危機を経験する。
65歳以上	健康状態と身体的能力が低下する。用心深くなる。教養と記憶はある領域で低下するが，補う方法を見つける。退職により多くの余暇時間を得ると同時に経済環境が低下する。自身の身体機能と家族を喪失する。自身の死の準備が課題となる。

出典）Diane E.Papalia & Sally Wendkos Olds（1998）：*Human Development Seventh Edition*，McGraw-Hill，pp.5-6をもとに作成

（2）ライフサイクルと周期段階

　家族生活の支援には，家族を単位とした周期段階別の課題を見つけることが必要である。家族の生涯はライフサイクルという考え方により，就職（独立），結婚，出産，子育て，退職といったライフイベント（出来事）により区分することができる。

　アメリカの統計学者であるグリックは生活周期における段階区分を概ね，①独身前期（出生～婚姻まで），②夫婦前期（婚姻～長子出生まで），③親子同居期（長子出生～末子婚姻まで），④夫婦後期（末子婚姻～配偶者死亡まで），⑤独身後期（配偶者死亡～自身死亡まで）の5つのライフステージとして区分している[16]。家族支援の際には，家族がそれぞれどのライフステージにあるのか，どのような課題のある時期なのかを把握しておかなければならない。

　ただし，今日，結婚観や家族観が変化する中，これらの周期段階が平均的な家族周期を示さない場合が多くみられるようになった。例えば非婚男女や，結婚しても子どもを産み育てない夫婦といったように，個人の生き方は多様化している。家族のライフサイクルを考える際には，その点に十分留意しておく必要がある。以下に各ステージにおける生活経営的な課題をまとめておく。

1）独身前期

生まれた家族の中で，子どもとして扶養されながら過ごす時期である。親との関係を基本に心身を発達させ，肉体的・精神的・経済的自立のための能力を身に付ける。

この時期の子どもにとって，親との関係は運命的なものであり選択の余地がないが，夫婦や親子のあり方がどうあったとしても，自らの責任で心身を維持・発展させなくてはならない。次段階に移行するために，経済的独立，配偶者選択，結婚資金の準備などの課題がある。

2）夫婦前期

夫婦前期では，生涯にわたって実現しようとする価値や目標を夫婦で確認し，伝統的性別役割分業を前提としない男女の機能的役割構造すなわちパートナーシップを形成する必要がある。

また，親子同居期への移行期として，受胎期は肉体的・精神的健康に配慮し，夫婦間の役割構造の再調整を行う。さらに子どもの教育資金の準備などの課題がある。

3）親子同居期

親子同居期は，親としての立場から子どもの生命を維持・発展させる時期である。この時期は子どもの成長発達段階に基づいて，出産から小学校入学までの養育期，その後の教育期間終了までの教育期，教育終了から就職・独立・結婚までの排出期の3つの期間からなる。

養育期は，乳幼児の肉体的・精神的な生命を健康かつ安全に維持・発展させることが最大の課題である。この時期は育児時間が最も長い時期であるため，生活時間の調整と育児を中心とした家族間の役割分担を再検討する必要がある。教育期は子どもの能力と適性に合った就学と進路の決定が最大の課題である。排出期には子どもの個性と能力に応じた就職機会を見いだすことが必要となる。

4）夫婦後期

平均寿命の延びによって，夫婦後期は長期化している。この時期は独立した子どもやその家族との役割関係の調整や，豊かな老後生活を実現するための資産活用などの課題が追加される。そのため，夫婦それぞれが肉体的・精神的・経済的に自立する努力をし，介護が必要となった場合の子どもとその家族との役割関係や地域社会とのネットワーク作りが必要となる。

5）独身後期

自立に基づきながら，地域社会で孤立しない人間関係を維持する必要がある。自ら残された人生における肉体的・精神的不安や，経済的不安の問題を共有し，助言や扶助を頼める家族関係と地域社会でのネットワークを強化し，地域や国による公助を活用するなどの課題がある[17]。

（3）ライフイベントとライフコース

どのようなライフイベントを経るかにより，生涯をいくつかのライフコースに区分する場合がある。個人や夫婦の働き方，出産・子育てなどのライフコース選択によって，①非婚就業コース，②単親・子ども世帯コース，③片働き・専業主婦コース，④共働き・子育てコース，⑤共働き・子なしコース，⑥再就職・子育てコースなどのライフコースに区分される。

それにより，家族の課題や世帯の生涯収入・生涯支出に大きな違いがあることなどが明らかにされている。①の非婚就業コースの生涯収入を基準にすると，③の片働き・専業主婦コース

の生涯収入は1.04倍にすぎないが，④共働き・子育てコース，⑤共働き・子なしコースの生涯収入はおよそ1.8倍となる[18]。このことから，家族の経済的な課題はライフコース選択によって大きく異なることが理解される。また，生涯支出についても同じ共働きであっても④と⑤では「子育て費用」の支出に大きな差がある。どのようなライフコースを選択するかによって，家族の課題も変化することを理解しておく必要がある。

（4）異なる世代で同時に起こる発達危機に対応するために

　家族生活支援においては，多世代の潜在的な発達危機のシミュレーションを試みることが必要である。各家族員は心身，情緒，認知，社会，および道徳的に異なる発達段階にいる。成長と成熟はそれぞれの家族に互いに影響を与えており，家族サイクルの中で，異なる世代の家族に異なる危機が同時に起こる場合がある。

　例えば，子どもは思春期で自身のアイデンティティの確立に悩む時期であるが，その親世代は更年期の不定愁訴に悩む年齢にあたる。さらに祖父母世代は介護を必要とする時期にさしかかり，これらの同時多発的危機に悩む家族がある。

　より若い世代では初めての子育てで悩む母親がいるが，その夫は職場において最も多忙な時期にあたり，容易に育児援助の時間が取れない場合がある。

　これらの家族危機に対処する家族の能力も，それぞれの発達段階で異なることとなる。家族や個人のこれらの危機に対応し，意思決定と資源管理を支援するには，極めて総合的なレベルでの支援が求められることになるだろう。

ワークショップ　自分年表（タイムライン）

【概要】

概　要	自分年表（タイムライン）を作成し，人生を振り返り，自分にとって，良かったこと，悲しかったことなどを明らかにすることにより，自分の生活，人付き合いのパターンについての気付きを促す。また，年齢別発達段階に照らし合わせて，客観的に自分の人生を振り返る。
目　的	自分の生活や人付き合いのパターンを知り，これからの生活に生かす。人の発達を理解するにあたり，①一生を通じて人は身体，情緒，知性，社会性，道徳性が変化（成長）する，②個々人それぞれの成長（身体，情緒，知性，社会性，道徳性）は，影響し合う，③個人の成長は，周りの環境も影響することなどのポイントを理解する。
対象者	家族生活支援者およびその志望者（1クラス最大25人まで）
所要時間	90分
方　法	全体・小グループディスカッション，年表作り
準備物	媒体：年表シート，年表例，本書 用具：メモ用紙，ホワイトボード，マーカー（黒・赤），ゲームグッズ 参加者持ち物：筆記用具（3色ボールペン）

【ワークショップの進め方とその評価方法】

〈進め方の手順〉

		講師が心がけること
はじめに	1．挨拶 2．アイスブレイキング 　ゲーム（参加者がリラックスするように）	・ゲーム準備
説明＆作成 説明（15分） 作成（30分）	1．作成の説明～例を見せながら 　①表の年齢部分に邦暦・西暦を記入 　②出来事とそのときの気持ち（肯定，否定）の度合いを数で表す（線を数まで引く）。 　③行事：学校での出来事，就職，結婚，出産，離婚，死亡など 　　突然の出来事：病気，事故など 　　日常の出来事：家族，職場，趣味など 　④そのときの気持ちを書く 　　（例：恐い，嬉しい，安心） 2．各自作成する	・作成中，クラスを回って，必要な場合は参加者を手伝う。 ・参加者が自分で，いろいろと発達について考えられるように手助けする。1対1で年表を見て，話をするなど。
グループディスカッション（25分）	1．ゲーム（対話に緊張感をもたないように） 2．小グループに分かれる（3～5人） 3．各自，自分年表を見て，気付いた自分の感情，行動パターンなどを話す。 　例：「親の夫婦喧嘩があると自分は～になる」 　　「子どもが学校に行った時期から自分は～になった」など。	・ゲーム ・クラスを回り，肯否定的な感想＆意見がさまざま出るように気を配る。時間配分にも気を配る。 ＊参加者で話したくない人は話さなくてよいことを伝える。
振り返り（10分）	各自，成長の段階（当時）で大変だったこと，難しかったことを振り返りメモをとる。	・参加者の手助けをする。
全体ディスカッション（10分）	年表作成で感じたこと，思ったことなど発表する。（希望者のみ）	・時間配分に気を配る。
まとめ（評価・反省）（5分）	一人ひとり，また家族単位で，世代それぞれに成長段階があることを認識する。自分自身，他者理解をするツールとなるように。	

第3章 家族について理解する

【資料】
○応用例（このワークショップを基本として応用できるワークショップの例）
・家族それぞれの年表を比較する（それぞれの発達段階での家族の問題点を理解する）。
・高齢者には、作成表を5〜10年単位ごとの年表を使用する。

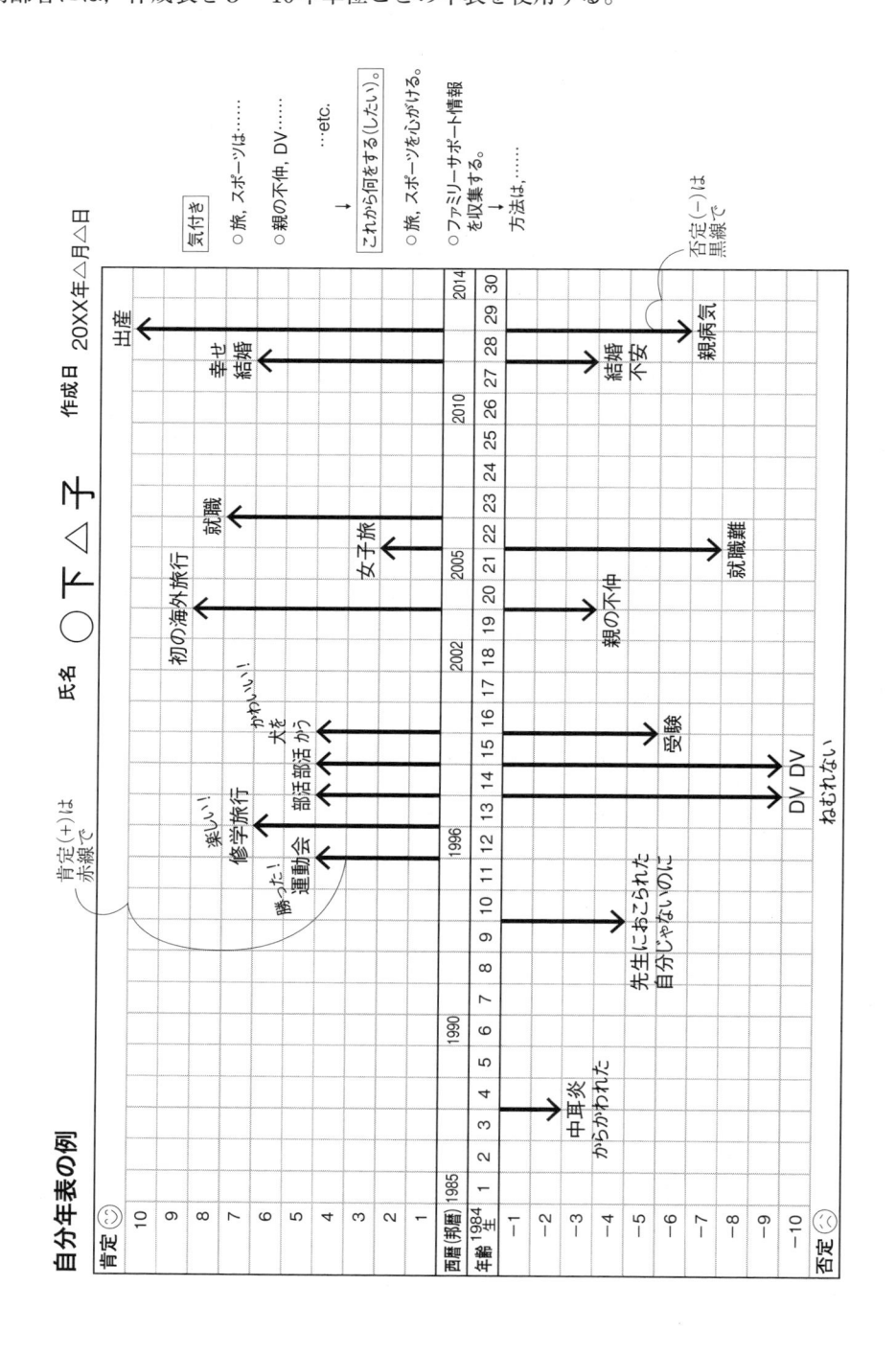

自分年表の例

氏名 ○下△子　作成日 20XX年△月△日

肯定（+）は赤線で
否定（−）は黒線で

年齢	西暦	出来事
1	1984生	
2	1985	
3		
4		中耳炎 からかわれた
5		
6	1990	
7		先生におこられた 自分じゃないのに
8		
9		
10		運動会 勝った！
11		修学旅行 楽しい！
12	1996	部活 部活
13		犬を かわいい！
14		飼う
15		
16		受験
17	2002	
18		初の海外旅行
19		親の不仲
20		
21	2005	女子旅
22		就職 就職難
23		
24		
25	2010	
26		
27		結婚
28		幸せ 結婚不安
29		親病気
30	2014	出産

気付き
○旅、スポーツは……
○親の不仲、DV……
…etc.
→これから何をする（したい）
○旅、スポーツを心がける。
○ファミリーサポート情報を収集する。
方法は、……

自分年表

2. ライフサイクルと家族生活の課題　37

氏名　　　　　　　作成日

肯定 ☺																															
10																															
9																															
8																															
7																															
6																															
5																															
4																															
3																															
2																															
1																															
西暦(邦暦)																															
年齢	1	2	3	4	5	6	7	8	9	10	11	12	13	14	15	16	17	18	19	20	21	22	23	24	25	26	27	28	29	30
−1																															
−2																															
−3																															
−4																															
−5																															
−6																															
−7																															
−8																															
−9																															
−10																															
否定 ☹																															

第Ⅱ部　現代の家族問題と発達課題

3．家族生活と法・政策

（1）生活保障と生活政策
1）助け合いの仕組み

　誕生から死亡まで，人は1人では生きていくことができない。病気やけが，老齢や障害，失業などにより，自分の努力だけでは解決できず，自立した生活を維持できない場合も生じてくる。個人の安定した暮らしには，家族や地域，身近な人など多様なセーフティネットが必要となる。さらに職場や，自治体，国民の支え合いが基盤になる。この支え合い助け合いの仕組みが，生活保障であり，国民は最低限の生活（ナショナルミニマム）が保障される権利をもつ。

　生活保障には生命保険や家族間の援助などの「自助」，近隣の助け合いやNPO（Non Profit Organization），生活協同組合や企業福祉などの「共助」，社会保障などの「公助」がある。自助・共助・公助をミックスした生活保障の設計が，個人レベルでも国家レベルでも求められる[19]。上記の定義は，社会保障制度国民会議の見解とは，多少異なる区分である。

2）リスク社会と社会保険制度

　現代はリスク社会といわれる。生活経営学部会『暮らしをつくりかえる生活経営力』では「人々が生活形成の拠り所としてきた家庭，職場，地域社会における機能が変容する中で，従来型の生活支援の方法では対応できない生活課題が急増している。」[20]とある。

　個人の視座から生活課題解決を探るとともに，個人が地域コミュニティの中で他者と相互に関わりながら生活を支えられる共助の制度が必要である。自助・共助で対応できない困窮などの状況に対し，国民が相互に連帯して支え合うことによって安心した生活を保障するために，年金，医療保険，介護保険，雇用保険などの社会保険制度がある。また，所得や生活水準・家庭状況などの受給要件を定めたうえで，必要な公的扶助（生活保護）制度もある。

3）生活政策と格差社会

　家族生活に関わる生活政策は幅広い。例えば，収入を得るための雇用政策について，厚生労働白書（平成25年版）をもとに高度成長期から現在までの雇用情勢の変化を見てみると，高度経済成長期から1970年代前半までは，完全失業率が1％台という状況であり，こうした就業の長期的安定の中で「終身雇用」「年功序列賃金」といった日本型雇用慣行が広がり，定着した。その後，完全失業率は長期的に上昇傾向を示し，1980年代末のバブル期には低下する局面もみられたが，バブル崩壊以降には再び上昇に転じ，特に長期失業者や若者の失業者が増加した。また，雇用形態においては，非正規雇用の労働者が増加し，日本の雇用のあり方は変容し格差社会に至った。色川はさまざまな生活政策を挙げている[21]。

・収入を得る……「雇用政策・福祉政策・企業政策」
・消費する……「消費者政策・商業政策」
・蓄える・借りる……「金融政策」
・生活を整える……「住宅政策・教育政策・女性政策・環境政策」
・社会的に協同する……「地域・コミュニティ政策」

家族を支援する法・政策を生活保障（自助・共助・公助）との関係で図式化したものを**図3-4**に掲げる。

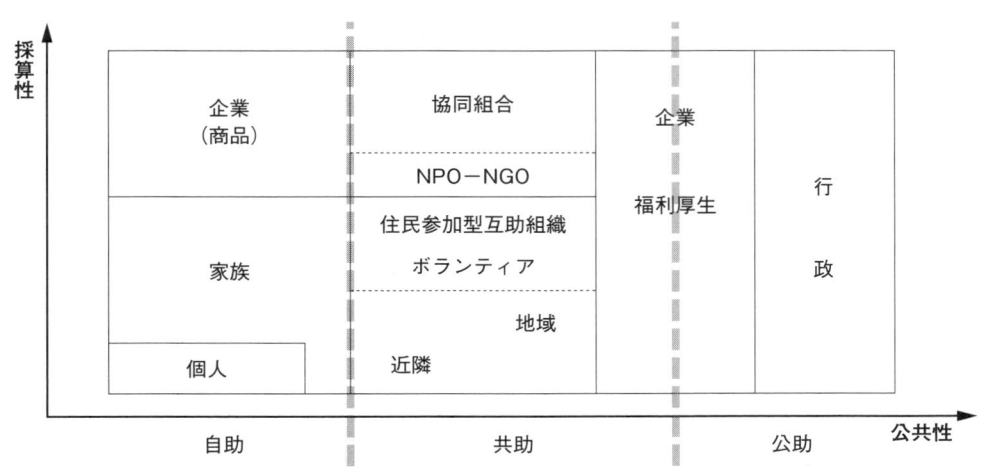

注）採算性は，自助，共助，公助の中の相対的な度合いを示す。
　　面積の合計は生活保障サービスの需要を示す。

図3-4　家族を支援する法・政策と生活保障
出典）重川純子（2001）：福祉社会と生活保障．現代社会の生活経営，（御船美智子，上村協子編）光生館，p.129

4）税と社会保障一体改革

社会保障制度には所得再分配機能がある。全体の受益と負担をみると，低所得者には負担を上回る受益がある。社会保障制度は，広く税制と関係をもつ。所得税という直接税から，消費税など間接税にシフトをかけて「社会保障・税一体改革大綱」などが，2012（平成24）年2月閣議決定した。

5）ワーク・ライフ・バランス政策

ワーク・ライフ・バランスとは，ワーク（仕事）とライフ（仕事以外の生活）を調和させ，性別・年齢を問わず，誰もが働きやすい仕組みを作ることである。1980年代米国企業のワーキングマザー向けのワーク・ファミリー・バランス（仕事と家庭の調和）施策などが世界的に広がり，日本でも少子化対策の育児支援として，政府の「子どもと家族を応援する日本」重点戦略検討会議や，男女共同参画の視点，さらには企業の人材確保のための福利厚生やCSR（企業の社会的責任　Corporate Social Responsibility）など多様な側面で注目されてきた。国民生活白書（2007年版）で「つながりが築く豊かな国民生活」が取り上げられ，同年12月には働き方の改革を促す「ワーク・ライフ・バランス憲章」と，具体的な数値目標を示した「行動指針」が策定された。「行動指針」では，2017年に達成すべき目標として，①週労働時間60時間以上の雇用者の割合を半減，②年次有給休暇の完全取得，③男性の育児休業取得率を10％になど，14項目が挙げられた。ワーク・ライフ・バランスの実現には，官民一体の取り組みが求められ，その費用はコストではなく「明日への投資」であると強調されている。すべての人の

人間らしい暮らし確保のために多面的な意義をもつワーク・ライフ・バランスは，活力ある持続可能な制度のあり方を考えるキーワードといえる[22]。

（2）妻と夫の財産

家産（家の財産），家族の財産，個人の財産に関する意識は，家族の個人別化や家計の個計化によって大きく変化している。「女性と財産」に注目して「夫の物は妻の物？　親の物は子の物？」と疑問をもつ人も増えた。個人資産形成に関する家族と法の視野を広げることで，生涯を見通したアクティブな生活設計が可能となろう。

1）結　婚

夫婦は家庭の基礎を形成する家族関係である。儀式として結婚式をして周囲に結婚したことを披露する。民法上の結婚は，男女の合意の下に行われ届出が必要であり，生活上相互に義務が生じてくる。同居・協力扶助などの義務である（民法752条）。さらに，結婚することにより夫婦いずれかの姓を名乗り同姓にならなければならない（民法750条）が，一方の姓を名乗ることの不利益から夫婦別姓主義の者も存在し法改正を求める声も高い。

2）離　婚

日本の協議離婚はシンプルで離婚届を提出すれば，それだけで直ちに離婚が成立する。当事者の協議の下，裁判所のチェック無く離婚できる。ただ，一方的に夫または妻が提出する場合があり，この離婚を無効にするには裁判を起こさなければならない。裁判離婚の場合は，民法が定めている要件（①不貞，②悪意の遺棄，③3年以上生死不明，④強度の精神病，⑤婚姻を維持しがたい重大な事由など）が必要である。

3）アンペイドワークと財産分与・寄与分

民法の夫婦の財産に関する基本的概念は，夫婦別産制である。婚姻後も，夫婦はそれぞれ自分固有の財産を有し，自分でこれを管理・処分する。夫の物は夫の物，妻の物は妻の物である。しかし，農家・商家・片稼ぎサラリーマンなどでは，夫婦の協力の成果をどちらか一方（多くは夫）名義の財産にしている。離婚時の財産分与は，この共同労力による協力の程度に応じて分配されるべきであるが，協力の程度がわからない場合が多く2分の1にする考えもある。

（3）子どもの権利と親

1）成年年齢

子どもの権利はどのように守られ，親子関係はどうなっているのだろうか？　現行民法では成年年齢を満20歳とする（民法4条）が，「児童」とは18歳未満を指す（児童の権利条約1条，児童福祉法4条）。かつ結婚適齢は，男子18歳・女子16歳（民法731条）であるが，結婚すると成年とみなされる（民法753条）。

2）親　権

子どもの父母が婚姻関係にあるかどうかにより，親権は父母共同あるいは父母のどちらか1人で行使することになる。婚姻関係にない父母の子の法律的な親子関係は，認知によってなされる。最近の生殖医療技術の向上により体外受精が可能になり，生物学上の母でない者が出産

者となるケースもある。さらに、婚姻外の子は認知・遺言などにより子どもの権利保護がなされるが、遺言はいつでも取り消し可能である。

3）離婚時の親権

離婚時などの親権の決定は、父母の協議で行われるが（民法819条），一旦決まった親権者を変更することはできず，その後生じる変更は，家庭裁判所が「子の利益」の観点に立って決定する。「親の離婚後も，父母両方が親権者となることができるか？」を考えてみたい。現在の日本の法律では，離婚後の親権者は一方の親に定めなければならないので，父母の両方が親権を共同して行うことは認められていない。外国では，離婚後の共同親権を認めている国もある。

協議離婚では，親権者の定めのない離婚届は受理されない。裁判離婚では，裁判所は離婚を命じる場合には，当事者の申し立てまたは職権によって，親権者が指定される。子どもの養育に関して，父母が離婚後も積極的な協力関係を築ける可能性がある場合には，親権と監護権を分離して父母それぞれに与えることで，実質的に離婚後の共同監護を実現することができる。

4）未成年後見

親がいるが親権が失われた場合や，親がいない場合には，後見制度が発動される。子どもを対象とする後見は未成年後見という（民法838条1号）。未成年後見人は，子どもの監護教育につき「親権者と同一の権利義務を有する」（民法857条）が，親権者よりも細かな規約が課されている。

5）養子縁組制度

「親」が必要な子に，養子縁組制度がある。いわゆる契約的な家族関係を結ぶ制度である。普通養子縁組の場合は縁組離縁が容易であるが，特別養子制度（第4章参照）は，家裁の審判によってなされ，実親の同意のほかに，「子の利益のために特に必要である」（民法817条の7）という要件が満たされる必要がある。また，養親は婚姻中の夫婦であり，少なくとも一方が25歳以上でなければならないとされ，養子は原則として6歳未満でなければならないとされる。一方，（再婚による）継親子関係を理解しておきたい。継親とは親の配偶者であり，継子とは配偶者の連れ子である。明治民法において継親子関係は「実の親子関係と同様の親族関係を生ず」と定められていたが，日本の現行民法では単なる姻族関係で，法的には「親子」ではない。親権も扶養義務も生じない。親子関係をもつには養子縁組をするしかなく，養子縁組をすることにより，継子は継親の嫡出子と同じ身分を取得する（民法809条）。海外では養子縁組をしなくても，親族一般以上の関係を継親子に認め立法化している例もある。

6）里親制度

里親制度は児童福祉法に基づくもので，「保護者（親権者・未成年後見人など）のない児童または，保護者に監護させることが不適当である児童の養育を希望する者」で，「都道府県知事が適当と認める者」である（児童福祉法27条1項）。里親委託に要する費用は都道府県が支払うが，里親は都道府県知事の求めに応じて報告をしなければならない（児童福祉法30条の2）。施設における監護より個別に関与する監護で親密な疑似親子関係が築ける。

（4）高齢者の自己決定権と相続

　単身高齢者の増加が問題視されている。家族のみで高齢者を介護し，看取ることは，労力的・経済的・住居形態などから難しくなってきている。介護保険のような社会保障制度に期待されるところが多く，誰がどのように高齢者を支えるかは，社会的に大きな課題になってきている。高齢者の潜在能力を引き出せる自己決定権および相続は，どうなっているのであろうか。

1）法定相続と寄与分

　民法では，被相続人（亡くなった人）の遺産を，どのような範囲の法定相続人で，どのような割合で相続するか決めている。遺言は法定相続に優先する。しかし，相続人の中に被相続人の財産維持増加に寄与した者があるときは，その者の法定相続分に寄与分額を加算することができる（民法904条の2）。遺産分割協議がうまく整わないときは，家庭裁判所に申請して，調停あるいは審判となる。

　いわゆる非嫡出子の相続差別（嫡出子の2分の1）は，子どもの権利保護上問題視され，2013（平成25）年12月民法の一部が改正され，相続分が嫡出子と同等になった。

2）遺　言

　遺言は，死者である被相続人から生存者である相続人への意思表示である。肉体は滅んでも，健全な精神を命ある相続人へ届けることのできるメッセージである。遺言者の気持ちの行き届いた遺言は，相続人たちの余計なトラブルを未然に防ぐことができ，円満に解決することができる。遺言が残されている場合は，その遺言に定められた分割割合と分割方法に依って遺産の分割が行われる。

　遺言は，15歳からできる（民法961条）。遺言の形式には普通方式として3種ある。第1は自筆証書の遺言（民法968条），第2は公正証書の遺言（民法969条），第3は秘密証書の遺言（民法970条）である。この他に，死期の迫った人など，限られた場合にだけ許される特別方式が4種ある。それぞれ規約があるが，経費がかからないのは自筆証書遺言である。

3）成年後見人制度

　1999（平成11）年に制定された比較的新しい制度である。精神障害などにより判断力を欠いた人（成年者）の保護制度である。成年後見人制度が整う以前は，禁治産者の宣言がなされ，その財産は後見人によって管理されていた。使いにくく偏見の対象にもなっていた。

　より使いやすい差別の対象とならない制度として，新しい成年後見制度が導入された。障害の程度の大きいほうから，成年後見・保佐・補助と分けられ，対象者を成年被後見人・被保佐人・被補助人，サポートする人を成年後見人・保佐人・補助人という（民法7条・8条・11条・12条・15条・16条）。成年後見人は被後見人の人権・財産に関して大きな責任をもち，被後見人の人権を守るために色々と規約があるが，親族および弁護士などの第三者でも家庭裁判所の認定の下，成年後見人になることができる。

　個々人や家族が直面する課題を解決し，生活・人生を有意義に過ごすために家族の法を理解し，国および地域の家族政策を知って，よりエンパワーすることが重要となってきた。

ワークショップ 1　遺言を書いてみよう

【概要】

概　　要	遺言の書き方を学ぶ
目　　的	遺言の存在意義を理解する（家族関係が多様化する中，遺産相続をめぐる紛争を予防するために，遺言を書く人が増加している。遺言の方式は法律により厳格に定められている。現代家族が直面している遺産相続に関わる課題解決に遺言がどのように効果があるかを理解し，法律に定められた方式を知り，家庭経営のために有効な遺言とは何かを考える。）。
対象者	家政学専攻大学生・成人女性
所要時間	60分
方　　法	ディスカッション方式
準備物	・紙，ペン，印鑑，封筒 ・サザエさん一家家系図と屋敷図（インターネットなど参照），記録用紙（複雑な家族関係をサザエさん一家に当てはめて考えてみるため）

〈遺言の書き方を学ぶ〉

　テレビアニメのサザエさんの10年後の家族関係を想定し，フネ〈母親〉の立場に立って，家族が所有する財産をより有効に活用し，協力して生活していくために，どのように遺言を書くことが望ましいかを，家庭経済，高齢者の介護，相続税・贈与税など多面的に検討し，法的に有効な遺言の様式にそって自筆証書遺言を書く。

＊遺言の書き方
○自筆証書遺言の書き方を説明する。
○テレビアニメのサザエさんの10年後，波平は病気がちでフネも持病のためよく医者にかかった。波平と築き守ってきた現在の資産（不動産，預貯金，国債，株など）を誰に相続させる（遺贈する）か，フネの立場になり家族関係を想定し，メモにまとめる。文例集を参考にして，下書き（原案）を作成する。
○下書き原案を読み返し漏れがなければ，すべて自筆で正式な遺言書をペンで書く。ワープロや代筆は禁止。
・日付，自分の名前を書き，印鑑を押す。印鑑は実印がよいが，認印でも構わない。
・訂正箇所があれば，すべて書き直す。訂正方法が間違っていれば，無効な遺言書となることがある。
○完成した自筆証書遺言は確認してもらう。
・封筒に入れて，封印をする。（封印は必ずしも必要でない。）
・封書の裏に案内文を書き，推定相続人，受遺者，信頼のおける友人，遺言執行者などに預けておくか，自分で保管する。机の中などに隠しておいたら，死後見つけてくれなかったり，勝手に破棄されたりする可能性がある。
・いつでも書き直しができる。新しい日付の遺言が有効である。前の古い自筆証書遺言はできれば破棄する。

ワークショップ 2　遺産分割相続の調停を経験してみよう

【概要】

概　　要	家庭裁判所に遺産分割相続の問題処理を依頼する体験をすることにより，非嫡出子・女性・家族・介護・消費・土地家屋・契約・遺産相続税などに関する法律にはどのような法律があるかを理解する。
目　　的	調停を通して法律の認識を深める。
対　象　者	家政学専攻大学生・成人女性
所要時間	60分
方　　法	ロールプレイ方式
準　備　物	・サザエさん一家家系図と屋敷図（インターネットなど参照），記録用紙

☆**遺産分割相続調停事件**（調停必要人員；6人　調停委員男女1名ずつ，サザエ兄弟姉妹など）
A：身分関係図を（申し立て経過から）書いてみる
B：申し立てに至る経過

　フグ田マスオ（48歳）とフグ田サザエ（44歳）は元夫婦であったが，5年前に離婚した。その際タラオ（23歳）はマスオが，サザエはタラオの妹エビネ（9歳）を引き取った。本年，サザエの父親（波平・74歳）が亡くなり，その関係者から遺産相続調停事件が申し立てられた。

　サザエの母親（フネ）は3年前69歳で亡くなり，生前自筆証書遺言を作成し，己の全財産は夫（波平）と子ども3人（サザエ，カツオ，ワカメ）と孫2人（タラオ，エビネ）に譲ると書式に従い記載していた。家庭裁判所で検認を受け，遺言書通りに遺贈された。

　さらに，父親没後にサザエたちには腹違いの妹（ミドリ）がいることが判明した。本年亡くなった波平の自筆証書遺言には，法に従い4人（サザエ，カツオ・31歳，ワカメ・29歳，ミドリ・28歳）で仲良く等分に相続財産を分けるようにと記載されていた。関係者で話し合ったが上手くまとまらなかったので，家庭裁判所に調停を依頼することとなった。

C：**調停状況**　今回は，第1回目の調停である。

　最初にサザエの主張を尋ねたところ，サザエは「私たち兄弟姉妹は，土地家屋がなければ生活していけない。土地家屋は，サザエ，カツオ，ワカメのものにして欲しい。ミドリは父親が遊んで作った子だからわが家の子では無い。何1つ渡す必要はない。」と主張して，ミドリとの面接交渉も頑なに拒否した。サザエは自分の離婚の経験から別離のはかなさを感じていた。心の奥底ではミドリに同情的な見解をもっていて，何がしかの財産を渡すべきという考えである。自分ももう少しもらえる財産（預貯金，国債，株など）があれば欲しいという考えもある。妹のワカメは，年齢の近いミドリに同情的な思いはあってもどうしてよいかわからず，姉サザエや兄カツオの意見に従いたいと考えていた。

　カツオは，最初は姉サザエ同様に面接交渉も考えられない状態であったが，亡父が認知しているミドリには法的な権利があることを理解しはじめていた。また，姉サザエが母（フネ）・父（波平）の面倒をよくみてくれていたことを理解し，基本的に父親の遺言通りに兄弟姉妹と仲良くしていきたいとの考えをもっていた。

　調停は，カツオが「ミドリは面接交渉についてなんと言っているのでしょうか。」と調停委員に尋ねるところから始める。

●引用文献

1）総理府経済企画庁（1956）：経済白書（昭和31年度版）
2）内閣府（2004）：消費動向調査，主要耐久消費財等の普及率（平成16年3月で調査終了した品目）
3）須藤一紀（2005）：激変した若者の結婚行動〜よくわかる日本の人口③【結婚と出産　その1】．第一生命経済研レポート
4）内閣府大臣官房政府広報室（2013）：国民生活に関する世論調査
5）総務省統計局（2013）：平成24年労働力調査年報　基本集計
6）内閣府（2007）：平成19年版　国民生活白書，p.89
7）同上，p.85
8）同上，p.21
9）法務省（2013）：平成24年末現在における外国人登録者統計について
10）厚生労働省（2013）：平成24年人口動態調査，夫婦の国籍別にみた年次別婚姻件数
11）同上，夫婦の国籍別にみた年次別離婚件数
12）内閣府大臣官房政府広報室（2012）：治安に関する世論調査
13）小嶋秀夫，やまだようこ（2004）：生涯発達心理学，放送大学教育振興会，pp.21-22
14）B.M.ニューマン，P.R.ニューマン著，福富護訳（1988）：新版生涯発達心理学-エリクソンによる人間の一生とその可能性，川島書店，p.28
15）Bredehoft,D.J., Eckhoff,D., & Gesme,C.（2003）：Human growth and development. In D.J. Bredehoft & M.J.Walcheski（Eds.），*Family life education：Integrating theory and practice Minneapolis*, MN：National Council on Family Relations，p.75
16）古寺浩・柿野成美（2012）：第3章　生活設計．生活の経営と経済（アメリカ家政学研究会編著），家政教育社，pp.40-48
17）Diane E.Papalia & Sally Wendkos Olds（1998）：*Human Development Seventh Edition*, McGraw-Hill，p.28
18）田﨑裕美（2012）：第5章4節　生涯生計費と生活経営．生活の経営と経済（アメリカ家政学研究会編著），家政教育社，p.109
19）上村協子：知恵蔵2007　コトバンク2013，朝日新聞社
20）日本家政学会　生活経営学部会（2010）：暮らしをつくりかえる生活経営力，朝倉書店，p.163
21）日本家政学会　家庭経済学部会（2007）：規制改革と家庭経済の再構築，建帛社，p24
22）前掲19）

●参考文献

・落合恵美子（2004）：21世紀家族へ（第3版），有斐閣
・山田昌弘（2004）：希望格差社会，筑摩書房
・本田由紀（2008）：「家庭教育」の隘路，勁草書房
・福田洋子（2008）：あなたを変えるコミュニケーション演習
・北岡俊明（1996）：日経文庫725ディベート入門，日本経済新聞出版社
・村田孝次（1994）：生涯発達心理学入門，培風館
・山下いづみ（2002）：ミシガン州立大学大学院　クラスFCE（Family & Child Ecology）891c Individual and Family Assessment Techniques，資料
・山下いづみ（2001）：ミシガン州立大学大学院　クラスFCE801 family Ecosystem，資料
・御船美智子，上村協子編（2001）：現代社会の生活経営，光生館
・日本家政学会　家庭経済学部会（2002）：多様化するライフスタイルと家計，建帛社
・天野正子（2012）：現代「生活者」論，有志舎
・利谷信義（2000）：家族の法，有斐閣

第4章 パートナーシップを築く

1. 家族生活とジェンダー

(1) 日本におけるジェンダー平等をめぐる状況

1994（平成6）年，国連・国際家族年のスローガンは，「家族から始まる小さなデモクラシー（Building the smallest democracy at the heart of society）」であった。これ以降，家族生活の事象と個人・家族の日常生活における民主主義・平等が，社会における民主主義・平等と分かちがたく結びついているという認識が深まっている。

家庭・家族におけるジェンダー平等は，人間の生涯にわたる成長・発達の過程で大きな影響を与える。夫婦関係，親子関係，カップルになること，親になること，子どもの養育，衣食住生活，コミュニケーションなど，個人・家族の生活のあらゆる場面でジェンダー平等が意識される必要がある。ジェンダー平等には，身体的・心理的・社会的などの多様な側面が相互に関連しあっている。子どもや家族員は，このような家庭・家族内での民主主義を基礎に，個人として尊重され，成長・発達し，経済的自立や生活的自立を果たし維持することができるようになる。

日本では1985（昭和60）年の国連女性差別撤廃条約の批准以後，ジェンダー平等に向けた取り組みが行われてきているものの，世界各国の積極的な取り組みに比べ歩みは遅い。世界的な統計調査は，日本社会のジェンダー平等が著しく立ち遅れていることを指摘している。

2013（平成25）年，世界経済フォーラム（本部，ジュネーブ）のジェンダー・ギャップ指数（GGI；経済的参加と機会，教育達成度，健康と生存，政治的エンパワメントの4つの面の状況を数値化して算出）によれば，日本は136カ国中第105位に後退している[1]。このような状況に対し，国連女性の地位委員会は厳しい勧告を行っている[2]。

以上のことから，日本におけるジェンダー平等の基礎，家族生活に関連する課題を社会的パースペクティブから検討し，家庭における暴力・DV防止などについて述べる。

(2) ジェンダー平等の基礎

1）日本国憲法

まず，ジェンダー平等の理念的基礎について考えておきたい。世界と日本においては第2次世界大戦後，特に1975（昭和50）年からの「国連女性の10年」を機にジェンダー平等が急速に進んだ。ジェンダー平等を促進するうえで重要な指針となったのは，各種の条約や法律であ

る。日本国憲法の中で，家族生活における平等に関する主要な条項は第24条である。

> **第24条**［家族生活における個人の尊重と両性の平等］　婚姻は，両性の合意のみに基いて成立し，夫婦が同等の権利を有することを基本として，相互の協力により，維持されなければならない。
> 　2　配偶者の選択，財産権，相続，住居の選定，離婚並びに婚姻及び家族に関するその他の事項に関しては，法律は，個人の尊厳と両性の本質的平等に立脚して，制定されなければならない。

このほか，第13条［個人の尊重・幸福追求権・公共の福祉］，第14条［法の下の平等］，第25条［生存権］，第26条［教育を受ける権利，義務教育］，第27条［勤労の権利および義務，勤労条件の基準，児童酷使の禁止］，第28条［勤労者の団結権］も，家族生活におけるジェンダー平等の実現に深く関連している。

2）国連女性の10年（1975～1985）と女性差別撤廃条約

また，「国連女性の10年」は，第2次世界大戦後の国際社会における重要課題として，女性の地位向上の課題への本格的取り組みを開始した。1979（昭和54）年には女性差別撤廃条約が採択された。締約国は，政治的，経済的，社会的，文化的，市民的その他のあらゆる分野における女性に対するすべての差別を禁止する適当な立法その他の措置をとることとされている。日本は，男女雇用機会均等法制定，家庭科の男女共修，国籍法における男女差別の解消を進め，最終年の1985（昭和60）年，批准した。日本におけるジェンダー平等への取り組みは，これらによって従前より大きく前進した。

しかしながら，日本社会にはいまだに多くの課題が残されている。そこで，条約は各国が定期的に国内における女性差別撤廃条約実施状況の報告を女性差別撤廃委員会に提出し，審査・勧告を受けるよう義務づけた。

日本に対しては，2009（平成21）年8月，第44会期　第6次日本報告審議総括所見を公表した[3]。この中で，ジェンダー・ステレオタイプ，メディア，暴力，雇用，政治的意思決定，教育，ワーク・ライフ・バランスなど，日本におけるジェンダー平等をめぐる著しい立ち遅れに強い懸念を表明し，勧告した[4]。以下，主要なものについて述べておきたい。

（3）ジェンダー平等のための課題

1）ジェンダー・ステレオタイプ（固定的性別役割意識）とマスメディアの影響

ジェンダー平等に関わる社会意識に対するマスメディアの影響について考えてみたい。

ジェンダー・ステレオタイプ（固定的性別役割意識）とは，「夫は外で働き，妻は家庭を守るべきである」といった特定のジェンダーが特定の役割を担うことを肯定する意識である。図4-1は，これに関する国際比較である。日本の結果は，2012（平成24）年に賛成（「賛成」「どちらかといえば賛成」の合計）51.6％，反対（「反対」「どちらかといえば反対」の合計）45.1％で，ジェンダー・ステレオタイプが極めて根強いことがわかる。

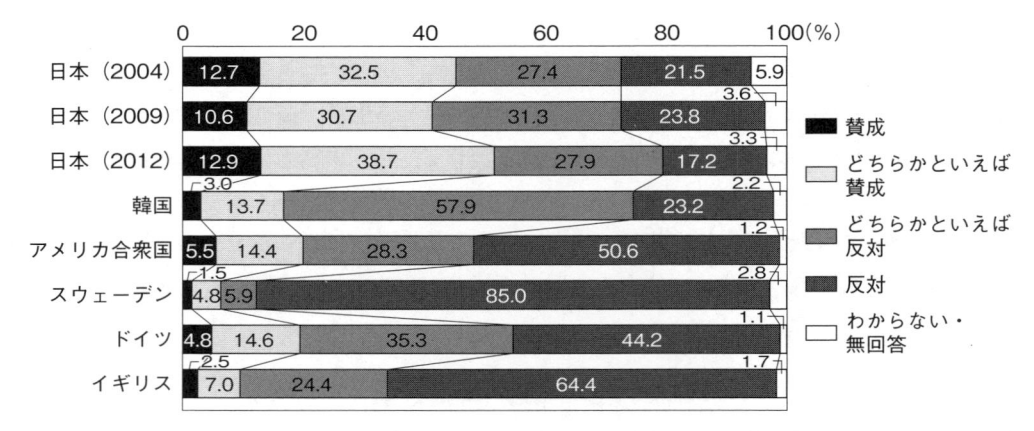

図4-1　ジェンダー・ステレオタイプ（固定的性別役割分担意識）国際比較

出典）日本のデータは内閣府「男女共同参画に関する世論調査〔2004（平成16）年11月，2009（平成21）年11月，2012（平成24）年10月〕」，その他は「男女共同参画社会に関する国際比較調査〔2003（平成15）年6月〕」より作成。

国連女性差別撤廃委員会[5]の勧告は，このような根強いジェンダー・ステレオタイプに強い危惧を表明し，課題を指摘している。その要点は次のとおりである。

・家父長制に基づく考え方や日本の家庭・社会における男女の役割と責任に関する深く根付いたジェンダー・ステレオタイプが残っていることは，女性の人権の行使や享受を妨げる恐れがある。これらが教育に関する女性の伝統的な選択に影響を与え，家庭や家事の不平等な責任分担を助長し，ひいては，労働市場における女性の不利な立場や政治的・公的活動や意思決定過程への女性の低い参画をもたらす。（下線引用者）

・ジェンダー・ステレオタイプの存続は，特にメディアや教科書，教材に反映されている。ジェンダー・ステレオタイプにとらわれた姿勢は，特にメディアに浸透しており，ジェンダー・ステレオタイプに沿った男女の描写が頻繁に行われ，ポルノがメディアでますます浸透している。過剰な女性の性的描写は，女性を性的対象とみなす既存の固定観念を強化し，少女たちの自尊心を低下させ続けている。（下線引用者）

これに対し，女性差別撤廃委員会は次のような施策をとるよう，勧告している。

・意識啓発や教育キャンペーンを通じたジェンダー・ステレオタイプ解消のための努力の強化，積極的・持続的な対策
・マスメディアに，ジェンダー・ステレオタイプの社会的変化の促進を働きかけること
・すべての教育機関，教職，カウンセリングスタッフへの教育・現職研修の強化
・あらゆる教科書および教材の見直し
・言葉による暴力の犯罪化を含む対策をとること
・メディアや広告におけるわいせつ文書などに立ち向かうための戦略を強化すること
・メディア作品・報道の差別の廃止，女児・女性のポジティブなイメージの促進
・メディア界の経営者・業界関係者の間での啓発促進のための積極的な措置

また、メディアの強い影響を克服するためには、個々人がメディア・リテラシーを獲得することが求められる。メディアはすべて構成されたものである、聴衆がメディアを解釈し意味をつくりだす、メディアはものの考え方（イデオロギー）や価値観を伝えている、メディアは社会的・政治的意味をもつ、などを理解する必要がある[6,7]。これらを通じて、市民がメディアを社会的文脈で批判的に分析し評価し、メディアにアクセスし、多様な形態でコミュニケーションをつくりだす力の獲得を目指すことができる[8,9]。

2）雇用労働と家族生活

ジェンダー平等の影響が大きい雇用労働と家族生活について検討しておきたい。

1985（昭和60）年の女性差別撤廃条約の批准を受け、日本国内においてはジェンダー平等を促進するため、男女雇用機会均等法、男女共同参画基本法などの法や施策を確立し実施してきている。

男女共同参画基本法（1999）は、「男女が、社会の対等な構成員として、自らの意思によって社会のあらゆる分野における活動に参画する機会が確保され、もって男女が均等に政治的、経済的、社会的及び文化的利益を享受することができ、かつ、共に責任を担うべき社会」を目指し、策定されている（第2条）。そのために、5つの基本理念（男女の人権の尊重、社会における制度または慣行への配慮、政策などの立案および決定への共同参画、家庭生活における活動と他の活動の両立、国際的協調）を掲げている[10]。

しかしながら、日本では今なお女性が結婚・出産・育児を経て働き続けることは大変難しい。出産育児で、身体的・心理的・社会的負担を担うのはもっぱら女性である。一方、行政・勤務先・親族・地域などからの支援を得るのは決して容易ではない。

その典型的な現れが、出産・育児期に労働力率が落ち込むM字型カーブである。子どもの出生年の違いによる第1子出産前後の妻の就業状況に関する調査では、妊娠後も就業を継続している割合は、1985（昭和60）年以降、変化がみられない。男女間賃金格差も著しい。図4-2のように、男性の値を1.0としたとき、女性は賃金総額0.366、賃金0.678、就業者数0.712にすぎない。これはOECD諸国中、最低水準で顕著に低い。これらは、女性の就業意欲を損なわせ、女性を経済的弱者にし、容易に貧困に結びつける要因となっている。

また、男性の家事労働への関与が少ないことも大きな特徴である。6歳未満児のいる夫の育児・家事時間は、日本1時間7分（うち育児時間39分）、米国2時間51分（同1時間5分）、スウェーデン3時間21分（同1時間7分）などである。日本の男性は諸外国の男性の約3分の1で、際立って短い。その背景の1つに、ジェンダー・ステレオタイプと、そこからくる男性労働者の長時間労働の存在を指摘することができる[11]。

したがって、個々人のジェンダー・ステレオタイプの是正と同時に、行政・企業による男性・女性の働き方を変更するための各種の強力な方策の立案・実行と、新しい形の地域ネットワークや親族ネットワークの構築が求められる。

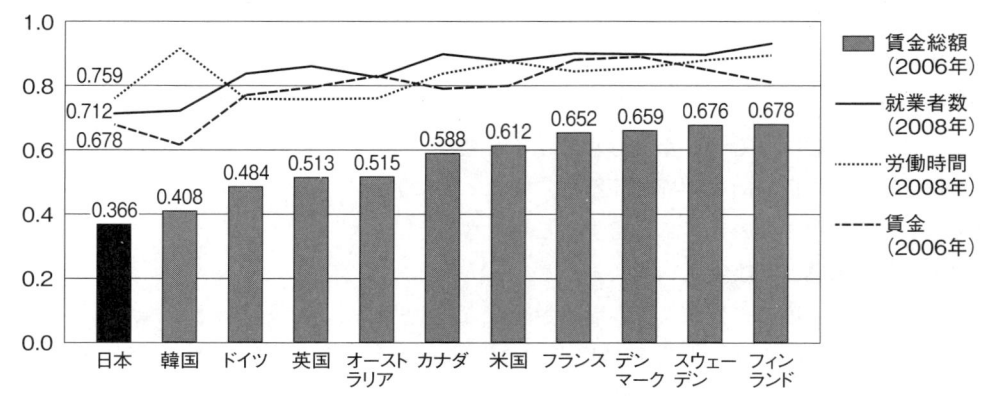

注）カナダの労働時間は2006年の数値。日本，米国の賃金，賃金総額は2008年の数値。
データの出典）OECD. Statextract (http://stats.oecd.org/index.aspx), 総務省「労働力調査年報」，U.S. Department of Labor, U.S. Bureau of Labor Statistics Labor Force Statistics from the Current Population Survey (http://www.bls.gov/cps/lfcharacteristics.htm#laborforce), OECD. Statextract (http://stats.oecd.org/index.aspx), 厚生労働省「賃金構造基本統計調査」, U.S. Department of Labor, U.S. Bureau of Labor Statistics Highlights of Women's Earnings in 2008 (http://www.bls.gov/opub/), OECD "Family Database" (http://www.oecd.org/document/4/0,3343,en_2649_34819_37836996_1_1_1_1,00.html)

図4-2　雇用と賃金に関する男女比の国際比較（男性の値を1.0としたときの女性の値）
出典）内閣府（2010）：平成22年　男女共同参画白書，p.19, p.43を改変

3）家庭における暴力・ドメスティック・バイオレンス（DV）

次に，家庭における暴力・DVについて考えておきたい。家庭における暴力・DVは，ジェンダーの不平等や家族員間の不平等を背景に，激烈な形で現れる家庭・家族問題である。いずれも件数が年々増加し，現在では「新しい社会的リスク」群として認識されている[12]。

家庭における暴力・DVの本質は，パワーとコントロール（力と支配）である。家庭における暴力・DVには，身体的暴力，精神的暴力，性的暴力など，さまざまな形態がある。

女性に対する暴力では，特に暴力の合間に見せる僅かなみせかけの「優しさ」による被害者の加害者に対する信頼の再生産が注意を要する点である。これが暴力のサイクルを繰り返す要因となる。①緊張の蓄積 → ②暴力の爆発時期 → ③ハネムーン期の繰り返しの中で，被害者と加害者の家庭における暴力・DV関係が修復・強化される。暴力が与える精神的影響には，恐怖と不安，無力感，行動の選択肢のなさなどがある。したがって，加害者だけでなく，被害者にもカウンセリングなどの対処が必要である。

子どもや家族員を養育・介護し，暴力・DVから守るためには，多くの条件が必要である。家庭・家族生活の経済的・精神的安定，生活管理能力，親族・親戚や地域とのネットワークなど，社会保障，社会支援が求められる。これらが十分でないことが，家庭内の弱者である女性・子ども・高齢者・障害者に多くの不利益と困難をもたらしている[13]。

意識啓発，予防教育，保護命令，ホットライン，支援サービス，通報システム，行政の意識の高まり，被害者支援ネットワーク，調査研究，性犯罪の定義の再検討，児童ポルノ法改正などの方策を講じたり，「配偶者からの暴力の防止及び被害者の保護に関する法律（2001）」「児童虐待の防止等に関する法律（2000）」「高齢者虐待の防止，高齢者の養護者に対する支援等に関する法律（2005）」など関連法規の実効性を高める必要がある。

（4）ジェンダー平等な未来に向けて

　全米家族関係学会（NCFR）の家族生活教育カリキュラム・ガイドラインでは，「多文化的で，ジェンダー平等な，特別な，ニーズへの気付き」「家族とエコシステムとの相互作用」「家族システム」の中で，家族生活について学ぶことを強調し，年代ごとの課題を提示している[14]。

　台湾では，ジェンダー平等教育を教育システムの中に位置づけ，ジェンダーの成長と発達，ジェンダーの認識，ジェンダー役割の学習と打破，ジェンダーの関係と相互作用，多文化社会のジェンダー平等，ジェンダーの権利に関するテーマを学習目標とし，すべての学習領域の中で，包括的に実施している[15]。台湾の事例は，日本におけるジェンダー教育の計画・推進にも示唆を与える内容であり，参考にするべき点が多い。

　家政学は，幸福な個人・強靱な家族・活力ある地域社会を相互に重なり合う人間の基本的ニーズと位置づけ，それらをシステム理論と生涯発達によって理解するとともに，今日的課題であり前提である心身の健康・世界的相互依存・資源開発と持続可能性・能力の確立・技術（スキル）の適切な使用などによって総合的に教育・研究・普及を行ってきている[16]。今日の社会では，生活のあり方と内容を根本的に問う「生活形成」のためのデモクラシーが求められている[17]。個人・家族の生活のあらゆる局面で，ジェンダーに敏感な意識と視点をもち，一つひとつの課題を解消し，ジェンダー平等を実現していくことが求められる。

ワークショップ 1　メディアとジェンダー

【概要】

概　要	メディア（テレビ）がどのようにジェンダーを描いているかを理解し，社会が同意する信念や行動を調べるか，正当化するか，または批判することができるようにする。	
目　的	・メディア（テレビ番組）を見て，ジェンダーに関して分析することができるようになること。情報がどういう意図で編集・加工・強調されているか，何が表現されているか（何が隠されているか）。 ・番組で提示されたジェンダーに関連する項目に基づき，対象として想定されている人々を特定できるようになること。 ・メディア（テレビと番組編成）に関連する，道徳的・倫理的・社会的な関心について議論できるようになること。	
対象者	家族生活支援者およびその志願者	
所要時間	60分，2回	
方　法	〔1時間目〕 導　入 （15分）	・コマーシャルメディアのもつ功罪について考える。 ・自分の消費行動，選択のきっかけを考える。	・メディアの影響を多く受けて行動していることに気付く。 ・ワークシートにメディアのもつ功罪について気付いたことを記入。
	展　開 （30分）	1．「知ることから始めよう」 （テレビ番組の分析を通して情報の作り手の意図を探る。）	・ワークシートにメディアのもつ功罪について気付いたことを記入。
	次回の課題提示 （15分）	・テレビとジェンダー	
	〔2時間目〕 展　開 （30分）	2．「考えてみよう」 （テレビ番組がどのようなメッセージを伝えているかジェンダーの視点で読み解く。）	・テレビ番組で提示された表現からどんなメッセージが発信されているのか考える。 ・ジェンダーの視点でさらに深く読み解く。
			・付箋に各自5つのポイントを書き込む。
			・グループで模造紙にレイアウトし，それぞれの発表を行う。
	展　開 （15分）	3．「変えていこう」 （ジェンダーバイアスを解消する方法を考える。）	・テレビ番組のジェンダーバイアスについてグループ討議し，バイアスをなくす方法を考える。
	まとめ （15分）	・自分自身のとらわれへの気付き，感想をまとめる。	・気付きが何によってもたらされたか，具体的な表現でまとめる。
準備物	配布資料「テレビとジェンダー」，分析用紙（各学生当たり3枚），資料，ワークシート，付箋，模造紙，写真，VTRなど	

出典）"人間と性"教育研究協議会編（2006）：新版　人間と性の教育5　性と生の主体者としての学習―青年期と性，大月書店，pp.159-166；Marshall J.Draper（1999）：Family Life Education Lesson Plan, *Family & Consumer Science*, NCFR, Mount Mary College.

ワークショップ 2　デートDV，友達を助ける

【概要】

概　　要	・デートDVにあった友達を助けるためのガイドラインを特定する。		
目　　的	・DV，デートDVとはどういうものかを知る。 ・DVにどのように対処したらよいかを考える。 ・コミュニケーション・スキルを身に付ける。		
対 象 者	家族生活支援者およびその志願者		
所要時間	60分		
方　　法	導　入 （15分）	・DVに関するいくつかの基本の事実を述べる。 ・DVが思ったより一般的に存在することを述べる。	・配布資料「デートDV」
		・「被害者が助けを得るには，何が起こっているかを誰かに話す必要がある。彼らは友人を選ぶかもしれない。」	・目的を確認し，活動の概要を示す。
	展　開 （30分）	・「高校生Aからの相談」を読む。	・シナリオ「高校生Aからの相談」
		・個人ワーク：友達を助ける方法を考え，書きとめる。	・ワークシート
		・グループワーク（4～6人）：友達を助ける方法を出し合い，議論する。	・付箋，マジック
	まとめ （15分）	・クラス全体：友達を助けるためのガイドラインのリストを作る。 ・クラス全体で議論する。	・模造紙 ・配布資料「友達を助けるために」「デートDVチェックリスト」
準 備 物	配布資料，付箋，マジック，模造紙		

出典）ETR（1988）：*A Teaching Guide to Preventing Adolescent Sexual Abuse*, ETR Network Publications, ETR Associates, http://www.etr.org/index.html
　　アウェア，http://aware.exblog.jp/i23，DVをされている人へのサポート例

2．セクシュアリティ

(1) セクシュアリティとは

　私たちは，これまで性を恥ずかしいもの，いやらしいものとして，正面からまじめに取り上げることを避ける傾向にあった。しかし，性は，個人の生き方やライフスタイル，家族のあり方などと深く結びついており，性について考えることは，生きることについて考えることである。こうした視点から，性を広く捉え，その人の性のあり方全体について考えるとき，セクシュアリティ（sexuality）という用語が使われる。

　セクシュアリティのありようは，次の４つの概念を用いて説明されることが多い。
① 　からだの性別（sex）…生物学的，解剖学的な身体の性別。
② 　こころの性別（性自認　gender identity）…自分がどの性別に属しているかという本人の意識。
③ 　女らしさ／男らしさ（femininity/masculinity）…性別に割り当てられた役割や行動など。性役割ともいう。
④ 　性（的）指向（sexual orientation）…恋愛や性的欲望がどの性別に向くかを問うもので，本人の意思で変えたり選んだりできるものではない。どのような性的な言動を好むかという性的嗜好（sexual preference）とは区別して考える。

　しかも，こうしたセクシュアリティに対する自覚は，つねに一貫しているとは限らない。年齢に関係なく，ときには揺らぎ，大きく変化することもある。

　一般に，セクシュアリティの典型的なパターンとみなされているのが，性別違和のないヘテロセクシュアル（異性愛者）である。すなわち，からだの性別が女性／男性なら，こころの性別も女性／男性で，性的に惹かれるのは異性である男性／女性で，女／男らしい見た目や言動をする女性／男性のことである。

　しかし，すべての人がこうしたパターンを示すわけではない。レズビアン／ゲイや，性同一性障害を含むトランスジェンダーなどのセクシュアル・マイノリティの人たちがそうである。セクシュアル・マイノリティ（性的少数者　sexual minorities）とは，自分が自分であるために大切なセクシュアリティのありようなどの性的特徴が，マジョリティ（多数派　majority）とは異なる人たちで，そのために不当な扱いを受けている人たちのことである。セクシュアル・マイノリティのことを，LGBT（lesbian/gay, bisexual, transgender）などということもある。ヘテロセクシュアルが"自然な"セクシュアリティなら，セクシュアル・マイノリティのセクシュアリティもまた，"自然な"ものなのである。彼ら／彼女らは，特別な存在ではなく，どこにでもいる"普通"の人々なのである。

　ところが，セクシュアル・マイノリティに対する差別，偏見は，いまだ根深いものがある。それゆえに，身近にいるにも関わらず，彼ら／彼女らは潜在化し，目に見えない存在になってしまっている。こうした差別や偏見の解消のためには，私たちのもつヘテロセクシズムやフォビアについて，省みることが必要である。ヘテロセクシズム（異性愛主義　heterosexism）と

は，異性愛が唯一，自然で正常なセクシュアリティと決めつける考え方，言動のことである。お笑いのネタのように，セクシュアル・マイノリティを笑いものにしても構わないとする風潮がみられるが，これもヘテロセクシズムの現れである。フォビア（phobia）とは，セクシュアル・マイノリティに対する恐怖感や嫌悪感などをいう。これらは，ヘイト・クライム（嫌悪犯罪　hate crime）の原因ともなる。

　セクシュアル・マイノリティの悩みが深いのは，周囲による抑圧の強さだけではなく，他ならぬ自分自身が，そうした差別観，偏見を内面化し，自分自身を苦しめていることにある。また，ヘテロセクシュアルを装わなければならないことも大きなストレスである。そのため，セクシュアル・マイノリティの自尊感情は低く，メンタルヘルス（精神的健康）を阻害している。また，ゲイ・バイセクシュアル男性の自殺未遂率は，ヘテロセクシュアル男性の約6倍になるという。早急に社会的な対策をとることが必要である。

（2）さまざまなセクシュアル・マイノリティ

　ひとことでセクシュアル・マイノリティといっても単一の存在ではなく，実に多様な人たちが含まれている。そして，それぞれに置かれている状況，抱えている問題，ニーズなどが大きく異なっている。したがって，まず，それぞれのセクシュアル・マイノリティの違いについて，理解しておく必要がある。

1）インターセックス

　インターセックス（intersex：IS）とは，解剖学的に男女両方の特徴をもつか，いずれにも分化していない身体をもつ人のことで，性分化疾患，半陰陽ともいう。インターセックスは，からだの性別におけるマイノリティである。

　一般に，性染色体がXX型ならば女性に，XY型なら男性に分化するが，性別は，性染色体の型によって自動的に決定するほど単純なものではない。性ホルモンなどの働きが必要である。そのため，性染色体，性腺（卵巣，精巣），外性器（ヴァギナ，ペニス）などさまざまなレベルで，典型的ではない分化をすることがある。

　インターセックスは，約2,000人に1人の割合で生まれる。しかし，出生時の性別判定が難しく，思春期などに出生時の判定や医学的な処置とは逆の性別の性徴を現すことがある。そのため，インターセックスの乳幼児に対して，性器切除やホルモン投与などの治療を行うことには，疑問や反対の声がある。

2）トランスジェンダー

　トランスジェンダー（transgender：TG）は，広義には，からだの性別とこころの性別（性自認）が一致しない，すなわち，何らかの性別違和がある人の総称である。性同一性障害（gender identity disorder：GID）もこれに含まれる。性同一性障害が疾患名であるのに対し，トランスジェンダーは，当事者が命名した，一般的な名称である。トランスジェンダーは，こころの性別が正しい自分の性別であって，からだの性別が間違っている，間違った身体をもって生まれてしまったと感じている。すなわち，自分がどの性別に属するのかに問題の焦点がある。トランスジェンダーは，からだの性別とこころの性別の関係におけるマイノリティなので

ある。
　トランスジェンダーの中で，からだの性をこころの性に一致させるために，性別適合手術（いわゆる「性転換手術」）を望む人を，トランスセクシュアル（transsexual：TS）という。トランスセクシュアルに対して，手術を望まない人をトランスジェンダーと呼ぶこともある（狭義）。このように，トランスジェンダーのすべてが，手術を望むわけではない。こころの性別に沿った生活が可能ならば，服装などの見た目をこころの性別にふさわしいものにするだけ，あるいはホルモン療法まででもかまわないと考える人もいる。
　また，トランスジェンダーについて，からだの性別が男性で，こころの性別が女性の場合をMTF（male to female）と，逆に，からだの性別が女性で，こころの性別が男性の場合をFTM（female to male）という。例えば，肉体的には男性であるが，自分のことを女性だとしか思えず，性別適合手術を望む人は，MTFTS（male to female transsexual）と呼ばれる。
　わが国でも，1998（平成10）年から性別適合手術を受けられるようになった。性別適合手術を希望する場合，性同一性障害の診断を受ける必要がある。性別適合手術を含め性同一性障害に対する治療のために，日本精神神経学会は，「性同一性障害に関する診断と治療のガイドライン」を設けている。その治療の基本的な流れは，カウンセリング → ホルモン療法 → 手術療法である。
　また，わが国では，2004（平成16）年から「性同一性障害者の性別の取扱いの特例に関する法律」（性同一性障害者特例法）に基づいて，性別の変更が可能になった。しかし，特例法による性別変更は簡単ではない（未成年の子どもがいる場合には性別の変更が認められないなど）。そのため，性同一性障害でありながら，法の要件を満たすことができない人が，ニセモノ扱いされるなどの弊害も出てきている。
　このように，トランスジェンダーの抱える問題は，性別適合手術のみで解決するものではなく，社会的な取り組みや周囲の理解，援助も必要なことに留意が必要である。

3）ホモセクシュアル，バイセクシュアル

　ホモセクシュアル（同性愛者　homosexual）は，性（的）指向が同性に向く人で，女性はレズビアン（lesbian），男性はゲイ（gay）と呼ばれる。バイセクシュアル（両性愛者　bisexual）は，性（的）指向が異性，同性のいずれにも向く，あるいは，性別にこだわらない人たちのことである。レズビアン／ゲイ，バイセクシュアルは，性（的）指向におけるマイノリティである。なお，同性（愛）か否かは，からだの性別ではなく，こころの性別に基づいて判断する。
　レズビアン／ゲイ，バイセクシュアルは，いずれの時代，どの地域にも存在し，その割合は，全人口の1～10％だという[18]。レズビアン／ゲイ，バイセクシュアルは，学校のクラスに1～2人いてもおかしくはないのである。
　同性愛は，異常なものでも，変態，病気でもない。多様なセクシュアリティの1つである。1993（平成5）年，世界保健機関（WHO）は，『国際疾病分類第10版』（ICD-10）において，「同性愛はいかなる意味においても治療の対象とはならない」との見解を明らかにし，わが国でも，1994（平成6）年に厚生省（当時）がこれを公式基準としている。
　また，欧米を中心に，同性カップルの婚姻（いわゆる同性婚）や法的保護（DP制度）が行

4）その他のセクシュアル・マイノリティなど

① アセクシュアル（asexual）…性的欲望がない，あるいは曖昧な人のことである。どんな人でも性的欲望があるとはいえない。エイセクシュアルともいう。

② クエスチョン（question）…セクシュアリティが，確定的でない人，あるいは，決めたくない人のことである。クエスチョニング（questioning）ともいう。

③ 異性装者（transvestite, cross-dresser）…異性の服装や化粧などをすることである。意外かもしないが，異性装をする人の多くは，性別違和のないヘテロセクシュアルである。近年，注目されるようになった「男の娘（おとこのこ）」や「女装男子」などはその典型といえよう。

④ ニューハーフ…これはセクシュアリティを語るものではなく，職業名に近いものである。ヘテロセクシュアルを含め，実は多様なセクシュアリティの人が含まれている。ちなみに，和製英語である。

なお，ここに紹介したものには当てはまらないセクシュアル・マイノリティもいることに留意しておきたい。

5）セクシュアル・マイノリティについてよくある誤解

レズビアン／ゲイ，バイセクシュアルの多くは，性同一性障害ではない。彼ら／彼女らには性別違和，すなわち，からだの性別とこころの性別の間にズレはない。自分がどの性別に属するかという問題と，どの性別の人に性的に惹かれるのかという性（的）指向の問題とは，全く別のものである。また，例えば，「ゲイが同性を愛するのはこころの性別が女性だからだ，性同一性障害だ」と思うのは，こころの性別と性（的）指向の組み合わせを，異性を愛するというヘテロセクシュアルのパターンに無理やり当てはめて理解しようとすることから生じる誤解である。

なお，性（的）指向は，個人の意思では選べない。ときには「選んだ」と言う人もいるが，それは，自分のセクシュアリティを，積極的に受け入れたという意味である。好きで選んだのだから自己責任だという見解は，明らかに誤りである。

また，レズビアン／ゲイに対するステレオタイプとして，レズビアンは男っぽく，ゲイは女っぽくて，ヘテロセクシュアルの男女とは明確に区別できるとか，レズビアン／ゲイのカップルは，必ず女性役割の人と男性役割の人がいるなどとよくいわれる。しかし，レズビアン／ゲイの多くは異性的ではなく，見た目でヘテロセクシュアルと区別するのは難しい。ヘテロセクシュアルの男性でも女性的な人はいるし，女性でも男性的な人はいる。レズビアン／ゲイ，バイセクシュアルも同様である。女っぽい男子がゲイに，男っぽい女子がレズビアンになるわけでもない。また，レズビアン／ゲイなどの同性カップルにおける役割分担は，性行為のあり方を含め，実に多様である。同性カップルは同性同士であるがゆえに，性別による役割分業に拘束されにくく，それぞれの個性や能力，意思，仕事の状況などによって，役割分担を決めることができるからである。

ところで，ゲイ＝女装と思われがちであるが，多くのゲイは女装をしない。また，ゲイによ

る女装の主流は，ドラァグ（drag）と呼ばれるもので，女らしさを誇張したパロディで，いわゆる女性には見えない。一般的な女装のように，美しく，女らしく，女性に見えるようにするものではない。

また，性同一性障害者を含むトランスジェンダーにとって，それらは，こころの性にふさわしい服装やふるまいであって，異性装というべきものではない。

なお，異性装をするなど，異性的なレズビアン／ゲイが，テレビなどのマスコミで取り上げられるのは，それがステレオタイプに合致し，わかりやすいからにすぎない。一部が極端にクローズアップされているといえる。

（3）まとめにかえて——私たちにできること

1）セクシュアル・マイノリティにポジティブな環境を

セクシュアル・マイノリティは，職場や学校，地域などで抑圧的な日々を送っている。それに対して，私たち一人ひとりに何ができるだろうか。それは，セクシュアル・マイノリティがいつでも身近にいることを前提に，彼ら／彼女らにとって，ポジティブな環境をつくることである。個別に支援をしなくとも，セクシュアル・マイノリティについてポジティブな言動をしている人は，それだけで立派な支援をしているといえるのである。たとえ，個人的に理解できないと思ったとしても，せめて，その存在を認める（受容する）態度はとりたいものである。

まずは，セクシュアル・マイノリティを否定したり，お笑いのネタにしたりしないようにしたい。オカマ，ホモ，レズなどの蔑称とされる表現も避けたほうがよいだろう。また，自分がセクシュアル・マイノリティだと気付くのは，思春期以降とは限らない。早ければ3歳ごろから意識する可能性がある。子どもは家庭などでの親の言動もよく見ている。子どもが小さいうちから，ポジティブな環境を用意したい。

そのような環境づくりには，ジェンダーに敏感な視点も重要である。セクシュアル・マイノリティへの嫌がらせやいじめは，女らしさ／男らしさ規範，すなわちジェンダー規範に起因するジェンダー・ハラスメントである。女はこうあるべき／男はこうあるべきと決めつけるのではなく，性別に関わらず，その個性が尊重される男女平等・男女共同参画を推進することは，セクシュアル・マイノリティの問題解決にも大きく資するのである。

2）カミング・アウトされたとき

カミング・アウトされたら，どうしたらよいのだろうか。基本的には，本人の気持ちに寄り添いながら，ていねいにその話を聴くことである。彼／彼女の言うことを否定したり，アドバイスをしたりすることなく，受容的な態度で，聞き役に徹して欲しい。そして，同時に，「セクシュアリティは多様」「あなたはあなたのままでいい」「変ではない」などと明言して欲しい。そうすることは，大きな支えとなるだろう。

そして，話を聴くとき，特に留意しておきたいのは，セクシュアル・マイノリティにも個別性があることと，プライバシーを保護することである。

同じカテゴリーのセクシュアル・マイノリティでも，そのありようは一人ひとり異なっている。したがって，どうして欲しいかは個々人で異なり，それぞれにあった対応が必要なのであ

る。つまり，個別性があるのだ。過去の経験や巷の成功例がそのまま当てはまるわけではない。世間がそうであるように，本人たちも自分たちについて誤った理解や思い込みをしていることがある。そして，どんなに正しいと思われる解決策でも，本人の意に沿わないものではうまくいかない。さらに言えば，セクシュアル・マイノリティの問題にきちんと取り組もうと思えば，とても時間がかかるものである。決して，安易に決めつけたり，早急な解決を図ろうとしたりしないで欲しい。

また，打ち明けられた内容は，本人の承諾がない限り，他人に話してはならない。誰に何を話すのか／話さないのかを決めるのは，あくまで本人ある。セクシュアリティもまた重要な個人情報なのである。善意であっても，アウティング（暴露 outing）は許されることではない。プライバシーの保護には細心の注意を払いたい。

カミング・アウトや相談を受けたとき，正しい知識がなくても大丈夫かと不安に思う人もいるだろう。もちろん知識があることに越したことはない。ぜひ，本人と一緒に，少しずつでも学んで欲しい。しかし，重要なのは知識の量ではなく，真摯な対応をしたか否かである。セクシュアル・マイノリティにとっては，きちんと対応してもらえたという経験それ自体が，すでに立派な支援となっている。また，あなたがただ振り回されただけだと感じたり，自分の努力が無駄であったと思ったりしたケースでも，それが真摯な対応をした結果であるならば，やはりそれはよい支援だったのである。残念に思うことはない。

また，本人が希望するならば，同じセクシュアル・マイノリティのコミュニティに，とりわけ同世代の仲間につないであげて欲しい（下記にあるセルフ・ヘルプ・グループなどの【団体等リスト】を参照）。とりわけ，学校などで孤立感を深めている10代の子どもたちにとっては，悩みや思いを共有できる友人をもつことは，極めて有益である。また，コミュニティにつながることで，ポジティブなロール・モデルを見つけることもでき，将来への展望も描きやすくなる。これらは，専門家などの援助からは得られないものである。

カミング・アウトは，した側だけではなく，された側にも難しさがある。親がカミング・アウトされた場合，なおさらである。育て方が悪かったのではないかと，親は自分を責めがちである。しかし，セクシュアル・マイノリティは，親の育て方でなったりならなかったりするものではない。いずれにせよ，1人で悩まずに，同じような立場にある人や信頼できる人に話を聴いてもらったほうがよい。された側にもサポートは必要である。

ここでは，セクシュアル・マイノリティの問題に対して，私たちにできることについて，述べてきた。どのような小さな取り組みでも，セクシュアル・マイノリティの役に立つことを，そして，さらには，すべての人たちとって住みやすい世界の実現へとつながることを信じて，歩んでいきたい。

【団体等リスト】

・NPO法人　動くゲイとレズビアンの会（アカー）　http://www.nhk.or.jp/heart-net/lgbt
・NPO法人　ピアフレンズ　http://www.peerfriends.jp/
・TSとTGを支える人々の会　http://www.nhk.or.jp/heart-net/lgbt

- NPO法人　LGBTの家族と友人をつなぐ会　http://www.lgbt-family.or.jp
- 同性愛者医療・福祉・教育・カウンセリング専門家会議（AGP）　http://www.agp-online.jp
- NHK　LGBT特設サイト「虹色」　http://www.nhk.or.jp/heart-net/lgbt
- 同性が好きな10代の人たちのためのお助けサイト「10スタート」　http://www.10-start.com/
- リーフレット「子どもの"人生を変える"先生の言葉があります」（研究代表者　日高庸晴），http://health-issue.jp

ワークショップ　セクシュアリティ・目からうろこクイズ

【クイズ】　セクシュアル・マイノリティに関する知識をチェックしてみよう。

Q1）　女っぽいオトコのコはゲイに，男っぽいオンナのコはレズビアンになる可能性が高い。
　　　①そのとおり　　　②そうではない

Q2）　同性愛は，本人の努力やカウンセリングなどで変えることができる。
　　　①できる　　　②できない

Q3）「私の身体は女性ですが，自分のことを男性だと感じています。女性に恋しています」
　　　Q3-1）　この人の性別は？　　①女性　　②男性　　③どちらでもない
　　　Q3-2）　この人は？　　　　　①同性愛　②異性愛　③どちらでもない

Q4）「私の身体が男性で，好きになる相手は女性です。でも，心の中では自分を女性だと感じています」
　　　Q4-1）　この人の性別は？　　①女性　　②男性　　③どちらでもない
　　　Q4-2）　この人は？　　　　　①同性愛　②異性愛　③どちらでもない

Q5）　同性愛や性同一性障害であることに気付くのは，ほとんどの場合，思春期以降である。
　　　①そのとおり　　　②そうではない

Q6）　人間には誰にでも性欲があり，恋愛もする。
　　　①そのとおり　　　②そうではない

Q7）　親友から，ゲイであることをカミング・アウトされた。周囲には言いづらそうだったので，彼には内緒で，私からクラスのみんなに伝えてあげようと思う。
　　　①してもいいと思う　　　②してはいけないと思う

Q8）　これまでに，同性愛や性同一性障害の人たちに直接会ったことがある。
　　　①会ったことがある　　　②会ったことはない　　　③わからない

答え：Q1）②，Q2）②，Q3-1）②，Q3-2）②，Q4-1）①，Q4-2）①，Q5）②，Q6）②，Q7）②，Q8）①もしくは③

出典）「もやもやスッキリLGBTクイズ」[19]の一部抜粋，改変

3. パートナーの選択

(1) 青年期の主題

1) 自我同一性（アイデンティティ identity）

　青年期は，子どもから大人への過渡期である。親から精神的に自立し，「自分とは何者であるのか」「これからどう生きていくのか」という問いに直面し，答えを出そうともがく時期であり，エリクソンが青年の心理の本質をモラトリアムと表現しているように，大人として社会に参入するための準備期間といえる。

　人生を8段階に分け，各段階の発達の主題を示したエリクソンの発達理論における青年期の主題は，「アイデンティティ　対　アイデンティティ拡散」である。自我同一性（アイデンティティ）とは，内的な再一斉と連続性とが，他人に対する自分の存在の意味の再一斉と連続性に一致すると思う自信の積み重ねである。再一斉とは「自分はまとまりをもった一個の人間であり，自分は1人で他に同じ人間は存在しない」という認識，連続性とは「過去の私も，現在の私も，未来の私も同じ私である」という認識のことである。

　どちらも当たり前のことのように思われるかもしれないが，自分の考える自分自身（自己像）と，他者から見た自分が一致し，他者から他にはいない1人の存在として認めてもらえる，この合致に対する「自信」がアイデンティティの感覚である。

　アイデンティティを獲得する過程では，アイデンティティ拡散の危機に直面する。しかし人間の発達にとって，アイデンティティの拡散が否定的であるかというと，そうではない。エリクソンは，心理社会的発達は危機的段階の解決によって前進するとし，「危機的」というのは転機の特質であり，前進か退行か，統合か遅滞かを決定する瞬間の特質である[20]と主張している。

　青年期の主題とされているアイデンティティは，一生を通じて発達していくものである。青年期は，「自分とは何者であるか」という問いの答えを求め，思い悩む時期であり，自分の生き方の方向性を自覚的に選択しようとする，アイデンティティ獲得のための準備の時期と捉えられる。「自分とは何者であるのか」を自問することには，苦しみや葛藤が伴う。その苦しみ，葛藤の中にこそ，アイデンティティの発達をみることができるのである。

2) 親密性（intimacy）

　初期成人期の主題はアイデンティティから親密性へと移行する。エリクソンによるこの時期の主題は「親密　対　孤独」である。同一性を求め，それを主張する青年の段階から脱して成人になると，自己の同一性を他人のそれと融合させることに熱心になり，進んでそれを行うようになる。親密な関係を結ぶ準備ができ，そのような関わり合いが重大な犠牲や妥協を要求したとしても，関係を守り続ける道義的強さを発揮する能力が備わってくるのである。

　エリクソンは，親密性を，「自分の何かを失いつつあるのではないかという恐れなしに，自分のアイデンティティと他の誰かのアイデンティティとを融合する能力のこと」と定義している[21]。そして，親密の反対の極（危機）を，孤独（距離を設けること）とする。親密な関係においては，自己を放棄することをせまる事態も生じる。そこで自我を喪失するのではないかと

いう不安に負けてしまったり，自我の喪失を恐れるあまりにこれらの経験を回避したりすることで，深刻な孤独感にとらわれ，やがて自己に埋没することになる。

アイデンティティを模索している青年期において，自分のアイデンティティと他の誰か（他者）のアイデンティティを融合することは，自我を喪失しかねない体験であろう。不確定なアイデンティティのもとで，親密性を獲得することは難しく，よって成人前期の主題とされる親密性とは，一生を共にする人生のパートナーとの親密性を獲得することではなく，パートナーとの親密な人間関係をもてる能力を身に付けることにあるといえよう。

人格発達とはこのように，アイデンティティの確立から親密性へというプロセスをたどるとされている。人は，自己を確立することによってはじめて，他者を受け容れ，他者とパートナー関係をとり結ぶことのできる能力を獲得できるのである。先行研究もアイデンティティの達成者は親密性の達成度も高いという結果を支持している。

自分自身と向き合い，このような自分になろうと決意し，そのような自分を受け容れることによって，他者を理解し，受容する準備ができ，共に生きるパートナーを選択するという段階を迎えるのである。

（2）恋愛とパートナー関係
1）恋愛関係の形成

青年期の身体的成熟とともに異性への興味や性的な関心が高まると，友人などとの親密な関係から，恋愛感情や性行動を伴うカップルとしての親密性を求めるようになる。

アイデンティティから親密性への移行というプロセスにある現代の青年たちの恋愛について，大野は，親密性が成熟していない状態で，かつアイデンティティの確立の過程で，自己のアイデンティティを他者からの評価によって定義づけようとする，または補強しようとする恋愛行動がみられることを指摘し，このような恋愛を「アイデンティティのための恋愛」と呼ぶ。

アルベローニは，「恋愛中の相互関係は，過程であり，発見であり，喪失である。恋人は確固としていると同時に不安定で，唯一であるが自分とは異なっており，経験される存在であると同時に理想の存在である」[22]と語っているが，恋愛とアイデンティティの密接な関わりを示す興味深い一文である。

恋愛のパートナー選択において魅力を規定する要因に着目すると，金政は，恋愛関係になる前段階には「物理的近さ（空間的近さ）」が，恋愛関係の初期段階では「身体的魅力」が，相手との関わりが始まれば「態度の類似性や好意の返報性」が魅力を促進させ（類似性－魅力理論），関係がさらに進展すれば互いのやりとりについての「利害バランス」や自分の気持ちや考えを相手に伝えるという「自己開示」が魅力の重要な規定要因になってくるという。

「アイデンティティのための恋愛」という言葉に端的に示されるように，アイデンティティや親密性の発達途上にある青年期のパートナー関係には，自分探しや自己成長という側面が多分に含まれているといえよう。そして，パートナーとの関係性において，自分の思うようにいかずに傷ついたり，相手を傷つけたりという経験を繰り返し，それでも関係性を維持しようと

努力する中で，自他のバランス感覚や自己開示という親密性に必要とされる対人関係能力が発達すると考えられる。

恋愛関係におけるパートナー関係とは，このように，人格の発達にも大きく関わってくるが，近年，恋愛関係にみられるような親密な関係を回避する（バーチャル恋愛，草食系男子などという現象はこれにあたると考える），あるいは，恋愛関係を形成できないケースも増えてきている。国立社会保障・人口問題研究所の調査結果によると，異性の交際相手をもたない未婚者の割合は男性で6割，女性で5割と増加傾向にある。

山田は，現代の恋愛における魅力格差の問題を指摘している。恋愛は感情の一種であり，「好きになってしまう」ものであって，意志によってコントロールできない。「好かれる要素」を「魅力」と呼ぶとすると，魅力は各人に不均等に分配されており，魅力をたくさんもつ人と少ししかもたない人が存在する。このことは，交際範囲が狭く，男女の出会う場が少なかった時代にはあまり問題にならなかったが，恋愛と結婚が分離し，交際機会が増える中で，魅力は序列化され，「もてる人」と「もてない人」との階層分解が発生したと分析する。このことは後述する未婚化の要因にもなっている。

2）恋愛関係の両価性

恋愛関係（夫婦関係を含む）と他の社会関係とを区別するものは，排他性とセクシュアリティの存在である。恋愛関係は，他の社会関係と比較して，性行動を伴う非常に密な関係であり，また関係内に自分とパートナー以外の他者が入り込めないような心理的・物理的空間がつくられる透明性の低い関係[23]といえる。

恋愛関係とはこのように非常に緊密な関係であるがゆえに，パートナーとの関係において，嫉妬や憎しみといったネガティブな感情を伴いやすく，パートナーに対するプラスの感情が一転，憎しみや憎悪に転じることもある。また，他者を排除する排他的な関係であるがゆえに，関係を閉鎖的にし，他者との関わりを遮断しやすいのも特徴である。エリクソンは「2人で共有する孤立」は，次なる成人期の主題となる生殖性（ジェネラリティー）の発達に直面する必要性から彼ら2人を遠ざけるとして，その危険性を指摘している。

恋愛関係のネガティブな関係が引き起こす問題として，デートDVやストーカーなどの問題行動が挙げられる。これらは，恋愛関係のもつ緊密な感情や排他性が，独占欲や支配欲といった誤ったかたちで表出されたケースと捉えられよう。

「愛する」ことは，人間の根源的な行為であり，人格発達においても，恋愛というパートナー関係がもたらす実りは大きい。しかし，誰か／何かを愛することは，人間を建設的な方向に動機づけもするし，破壊的な方向にも動機づけもする[24]。愛は両価的性質を有するものであることを理解し，恋愛関係に閉じこもることなく，パートナーとの信頼に基づく対等な関係性を形成することが必要であろう。

（3）結婚とパートナー関係

1）結婚という選択

人生を共にするパートナーとの関係を求めるようになってくると，恋愛相手としてのパート

ナーから結婚相手（配偶者）としての人生のパートナーを選択する段階となる。

結婚とは契約によって結ばれる社会制度であり，4つの条件（①社会的承認，②継続性・持続性，③権利義務，④全人格的な関係）を満たす男女の結合関係と定義される。

かつての日本社会は，適齢期になるとほとんどの人が結婚する皆婚社会であった。しかし近年，結婚適齢期規範の弱まりとともに，20歳代，30歳代の未婚率が上昇し，晩婚化が進行している（図4-3）。

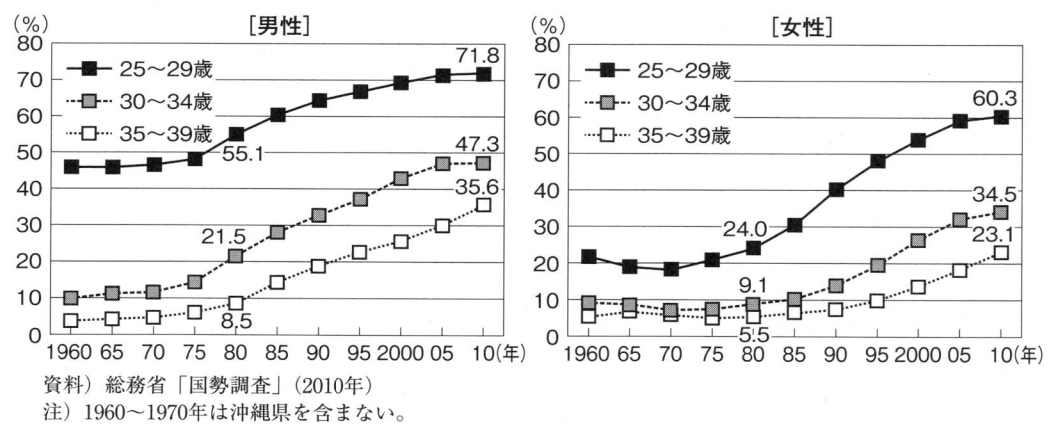

資料）総務省「国勢調査」（2010年）
注）1960〜1970年は沖縄県を含まない。

図4-3　年齢別未婚率の推移

出典）内閣府（2013）：平成25年版 少子化社会対策白書，p.3

生涯未婚率も上昇してきており，2010（平成22）年の生涯未婚率は，男性20.14％，女性10.61％となっている（図4-4）。人口問題研究所の将来推計（2012）によると，2030年の生涯未婚率は，男性30％，女性23％にまで上昇するとみられており，今後，日本は，未婚化社会に向かうとみられている。

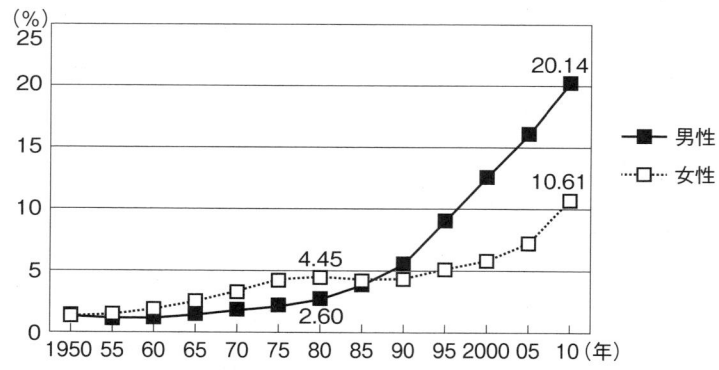

資料）国立社会保障・人口問題研究所「人口統計資料集（2012年版）」
注）生涯未婚率は，45〜49歳と50〜54歳未婚率の平均値であり，50歳時の未婚率。

図4-4　生涯未婚率の年次推移

出典）内閣府（2013）：平成25年版 少子化社会対策白書，p.4

3. パートナーの選択　65

　未婚化の進行にみられるように，結婚は，人生において誰もが一度は経験するもの（ライフイベント）から，人生の選択の１つ（ライフスタイル）になってきつつある。未婚者に独身でいる理由をたずねると，若い年齢層（18〜24歳）では「（結婚するには）まだ若すぎる」「必要性を感じない」「仕事（学業）にうちこみたい」など，結婚するための積極的な動機がないこと（結婚しない理由）が多く挙げられている。一方，25〜34歳の年齢層になると，「適当な相手にめぐり会わない」の割合が高くなっており，「必要性を感じない」「自由さや気楽さを失いたくない」がこれにつづく。結婚の社会的意味づけが弱まり，自由への欲求が高まる中，結婚することに積極的な理由が見つけられず，「結婚しない」選択をする状況がうかがえる。

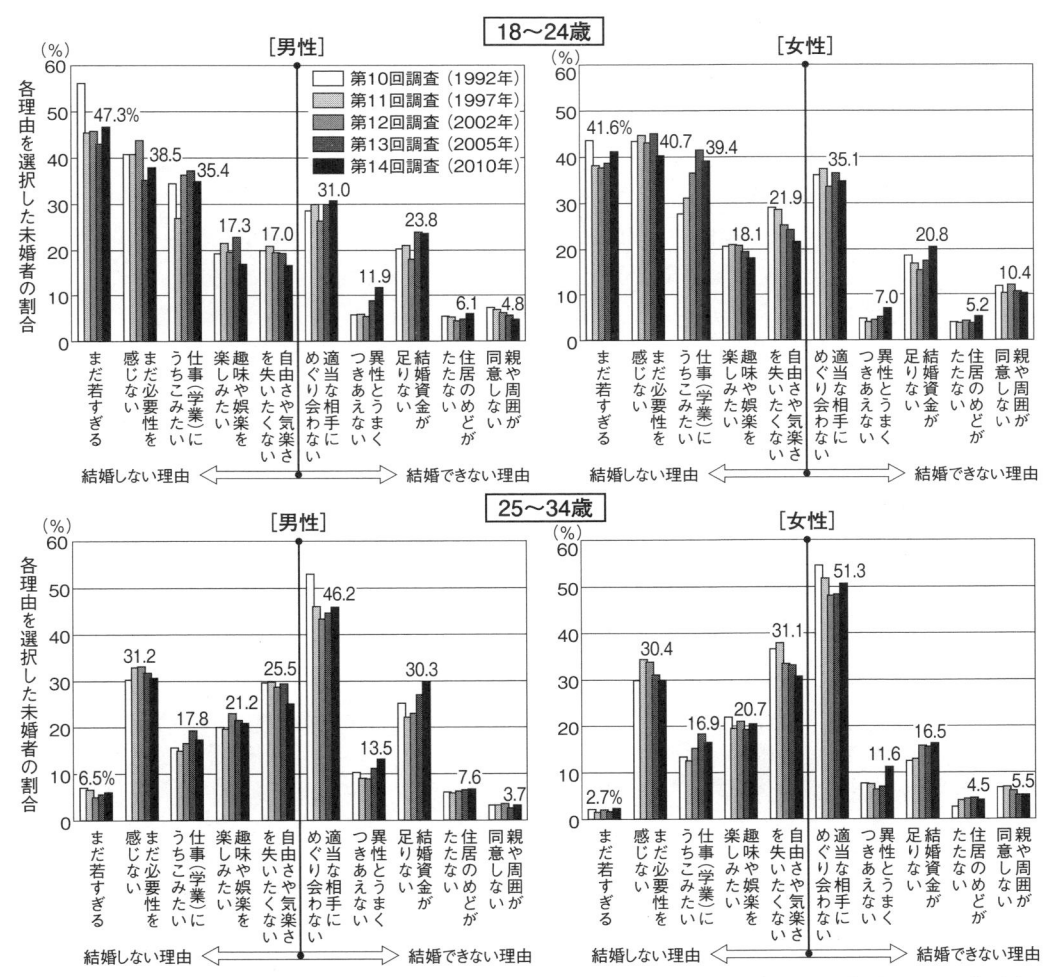

注）未婚者のうち何％の人が各項目を独身にとどまっている理由（３つまで選択）として挙げているかを示す。グラフ上の数値は第14回調査の結果。

設問「あなたが現在独身でいる理由は，次の中から選ぶとすればどれですか。ご自分に最も当てはまると思われる理由を最高３つまで選んで，右の回答欄に番号を記入してください（すでに結婚が決まっている方は，「最大の理由」の欄に12を記入してください）。」

図4-5　独身にとどまっている理由

出典）内閣府（2012）：平成25年版　少子社会対策白書，p.7

しかし,「結婚できない」という状況にも目を向ける必要がある。出会いの場が増え,恋愛への関心も高まっているようにみえるものの,恋愛の自由化の中で,「適当な相手をみつけられない」ことが結婚できない理由の上位になっており,「異性とうまくつきあえない」と回答する割合も増加している。ここに,人生のパートナー選択を支援する,婚活市場のニーズがある。

また,経済状況の悪化による就職難や不安定雇用という社会状況のもと,「結婚資金が足りない」が増加している点にも留意が必要である。同じ調査で結婚意思のある未婚者に,1年以内に結婚するとしたら,何か障害になることがあるかとたずねた結果でも,男女とも「結婚資金」を挙げた人が最も多く（男性43.5％,女性41.5％），これまでで最も高い割合となった（内閣府,2013）。経済的理由により,結婚をあきらめたり,先延ばししたりする未婚者が増加する中,若者の経済的自立を可能にする経済政策によって,「結婚できない」状況を改善することが必要とされている。

2）夫婦のパートナー関係

1990年代ごろから,結婚に対してその形式（結婚の安定性）よりも実質（結婚の質）を問おうとする潮流がみられ,結婚（夫婦関係）の中で,個人がいかに主体的に生きるかが問われるようになり,そこでは,結婚をめぐる諸相（結婚,同棲,事実婚,離婚など）がライフスタイルとしての選択肢になってきた（大石,1993）。

宮本（2008）は,伝統結婚の時代から非伝統結婚の時代への推移を,結婚における2つのモデルで比較している（表4-1）。伝統的結婚のモデルは社会制度としての規範性の強い結婚のあり方で制度モデル,一方,制度体としての結婚が弱体化して登場した結婚のあり方を関係モデルとし,その特徴の比較から,制度モデルから関係モデルへの推移とは,社会制度としての強固な枠組みにあった結婚が個人の選択肢が拡大していく結婚へと推移することであり,「制度からライフスタイルへの転換」であると分析している。

表4-1　2つの結婚モデル

	制度モデル	関係モデル
パートナー選択	自由が少ない	自由が多い
社会的・親族的義務	結合	分離
パートナー関係のタイプ	経済・財産・性的分業	情緒的・個人的関係
強調点	公的	私的
パートナー関係の位置づけ	社会的関係セットの1つ	成人関係の中心
パートナー関係の対等性	相対的不平等（家父長制）	相対的平等（友愛制）
セクシュアリティのタイプ	軽視（生殖と結合）	重視（性的機能不全は結婚問題の現れ）

出典）宮本みち子,善積京子編（2008）：現代の結婚と家族,p.29

このように結婚そのものの意味が変容していく中で,神原は,現代の夫婦関係について,「誰しも,1人で生きていくことが可能になったことを受け止め,双方がカップルとして生活することに積極的な意味を見いだすことができなければ,カップルになることを選ばないとい

う選択肢があること，そしてたとえ結婚しても2人の関係が永続するという保証は何もないことを暗黙の前提として，夫婦関係が成り立っていることを押さえておく必要がある」[25]と指摘している。

誰もが1人で生きていくことが可能な社会では，人々は結婚に対して，制度としての結婚よりも，パートナーシップとしての結婚を求めるようになる。パートナーがいなくても支障がないならば，結婚によってパートナーを得ることは1つの選択肢であり，結婚しない（シングル）という選択肢も存在する。

誰かと共に生きるということは，それだけ責任やリスクを背負うことでもあり，夫婦関係がうまくいかなければ葛藤やストレスも大きいが，神原は，夫婦関係になるという選択が，男性にも女性にも多大な犠牲を強いることなく，共同生活から生じるリスクと，離別するかもしれないときのリスクを最小限にかつ公平にできるような，公的・私的な予防施策の必要性を提案している。未婚化の進行や離婚の増加によって，シングルとなる可能性が高まる中，シングルという選択に対しても，同様であろう。

また，結婚以外のパートナーシップの形態の可能性も考えられる。日本は同棲率の低い社会であるが（内閣府，2005），日本よりも結婚をパートナー関係と捉える諸外国では，結婚をせずに同棲をつづけるカップル形態が増加している。例えば，スウェーデンやフランスでは，同棲は，結婚前の一次的な状態ではなく，結婚の代替として認識されており，法的保障も整備されている。

日本でも，女性の経済的自立が進む中，女性の永久就職（経済保障）としての結婚の機能は薄らいできている。女性が経済的自立することによって，男性には共同生活のパートナーとしての生活的自立が求められる。わが国では，女性の経済的自立は進んできているものの，パートナーである男性の生活的自立（家事能力）は低いままであるのが現状であり，日本の夫婦関係の課題となっている。これは，ワーク・ライフ・バランス社会の実現に向けての社会的課題でもある。

結婚が選択肢となり，結婚の不安定性が増大する中で，制度や性別による役割分担に基づくパートナーシップから，自立した個人と個人の対等な人間関係に基づくパートナーシップへと，パートナーに求める（求められる）関係も変化してきている。他者との親密な結びつきの中において，自己実現を目指せるような関係性を得ることができるならば，人生はより充実した輝きをもつものとなるだろう。そのためには，自立した個人と個人が，互いを尊重し，認め合えるような関係性を構築していこうとする努力が必要なのである。

4．親になる準備

（1）親になる準備とは

本節は，「母親は本能的に子育てをすることができる，という考え方はナンセンス」[26]という前提のもと，親はさまざまな環境に支えられながら学習して「なっていく」ものであるという認識で記述する。ここで，親になる準備とは，主に①いつかはわからない将来妊娠を考える

男女の「将来のための準備」から，②妊娠後の心身の準備，③出産後，子どもと向き合いながらだんだんと「親になっていく」ことを含めた心身の準備すべてを含めた総合的な概念として捉えておきたい。

G.エスピン・アンデルセンによれば，この数十年来の最も重要で大きな社会変動は，女性が労働市場に大量に参入したことであり，いわば「女性革命」といえる状況となりつつある。この「革命」は21世紀の福祉国家への新しいチャレンジであり，子どもの保育や高齢者介護などの福祉サービスを発展させることで，女性の就労や男女平等を支援することが重要であるという[27]。

加えて，今後は男性のライフスタイルを「生活化」させる必要があり，共に親になることを学ぶ時代がきており，子どもの世話をはじめとする男性の家事への参画が，今後の少子化克服への決定要因となるということも重要な視点である。

ここでは，両親のワーク・ライフ・バランスのためには，保育に関わる政策をさらに推し進めるべきで，子育ては親だけの責任ではないという前提に立ちながらも，「子どもの権利条約」にも規定されているように，子どもにとっては最大に影響力がある資源といえる両親を対象に，親となる準備をどのようにすべきか，どのようにして親となっていくことができるのかを具体的に考えていきたい。

1）「子どもの権利条約」にみる子どもと親

はじめに「子どもの人権」という視点から，親との関係の基本となる論拠を，1994（平成6）年に批准された「子どもの権利条約」（公定訳では「児童の権利に関する条約」，以下「子どもの権利条約」）を手がかりに，整理しておきたい。

本条約において，子どもからみた親，国との関係は以下のように整理されている。

① 子どもの成長にとって「自然な環境」としての「家族」の保護と親を中心とした「家庭環境（family environment）」のもとで，子どもが育つことが重視されていること（前文，9条，10条，20条，21条など）

② 子どもの権利の行使に関する責任を含め，親（父母の共同）の第一次的な養育責任と権利の尊重を明記していること（5条，14条，18条など）

③ 親が子どもへの責任を果たせるよう，親への援助を含む子どもの権利の実現のための国の責任を明記していること（4条，18条，19条など）

つまり，親と国が共同で子どもの権利を保障する，という立場が明記されているということになる[28]。しかも親には，「父母の共同」という言葉が書き添えられている点も重要なポイントである。

2）親になることの意味

日本家庭科教育学会編『家庭科教育事典』には，保育領域に「親になること」という項目があり，以下のような記述がある。

> 「親と子の関係は生物学的な世代区分に基づくが，社会的には必ずしも血縁関係のみに限定されるものではない。親の役割や機能は，ハーロウ（H.F.Harlow）の実験で証明されたように，学習により後天的に獲得される。親となるには人間として十分に成熟し，心

身ともに自立した夫妻の愛情が前提となる。（中略）親は社会的，文化的諸関連性のもとで，子どもの人権・健康・発達に責任と義務を負うものであり，子どもの成育と関わることで人として成長する。複雑化した社会においては，子どもを健全に育てられない親が続出し，社会問題となっている。親になるための学習経験を用意するとともに，親による保育を補完する社会的サポートシステムを多次元的に整備する必要がある。」[29]

つまり，家族外からの（脱家族化）社会的サポートシステムと（血縁ではなくとも）夫妻の愛情に基づいて，両親ともに「親になる」ことができると捉えられている。

3）法的な親

「必ずしも血縁関係のみに限らない」親子関係として，第3章でも見たように，（普通）養子，特別養子，里親の制度がある。

普通養子制度は，①養子縁組が成立した後も実父母との関係が断ち切れない，②養子となることができる年齢に制限がない，③契約がもっぱら実父母と養父母だけの合意でなされるため子どもの福祉に沿わない場合がある，④「恵まれない子」に対して虚偽の嫡出子出生届を出し，社会的な問題になった，というような課題があったため，1987（昭和62）年に特別養子縁組の制度が新設された[30]。

特別養子縁組とは，原則として6歳未満の未成年者の福祉のため特に必要があるときに，未成年者とその実親側との法律上の親族関係を消滅させ，実親子関係に準じる安定した養親子関係を家庭裁判所が成立させる縁組制度である。そのため，養親となる者は，配偶者があり，原則として25歳以上の者で，夫婦共同で養子縁組をする必要がある。また，離縁は原則として禁止されている。

里親制度は，児童福祉法に基づくもので，保護者のいない児童または保護者に監護させることが不適当であると認められる子どもの養育を里親に委託する制度である。里親とは，児童の養育を希望する者をいい，①養子縁組を前提として縁組が成立するまでの間の養子里親，②実の親が引き取る見込みのある子どもを引き取って，家庭復帰できるまで，あるいは18歳まで養育する養育里親，③週末やお盆，正月に子どもと過ごす季節里親がある。

このように，特に特別養子制度が整った現代のわが国においては，血縁に依らない親が法的に親になることができるようになっており，生殖によらずに「親になること」も法的には認められていると捉えることができる。

4）カップルが親になるとき

また，現在では，子どもが生まれると，妻が専業主婦であろうが，働いていようが，家事・育児の分担の問題に改めて直面する。一昔前に比べ，現代の夫婦には選択肢が多様にある。しかし，このことが必ずしも幸福をもたらすものではないことを，C.コーワン，P.コーワンは，『カップルが親になるとき』において述べている。夫妻は妊娠したカップルを長期的にインタビュー調査するという方法で，「現代アメリカの夫婦が直面する選択に伴う問題を浮き彫りにした」[31]が，「子どもたちが両親の家族を築くために得た強さや旅（＝人生のプロセス；筆者注）に危険を感じたときに悩んだ強さから利益を受けていること」[32]も見いだしている。

このコーワン夫妻が提起した問題は，現代のわが国においても今後当てはまっていくのでは

ないか。「イクメン」なる言葉が流行するようになったわが国でも、子どもが生まれることによって夫婦関係が試される事態はすでに始まっているのではないだろうか。そのような時代であるからこそ、改めて早期からの家族生活について準備教育が求められていると考える。

(2)「育む」とは成長を励ますということ

1) 子どものニーズと親の役割

ブロンフェンブレナーとパメラ・モリスによれば、「子どもは、人やモノやその直接的な外部環境の中におけるシンボルとの複雑な相互作用の中で成長する。さらに、影響を与えようと思えば、四六時中、公正な通常の原理に基づいて相互作用がなされるべきである」[33]としている。

子どものニーズとしては、第5章で取り上げるように、発達途上においては、複雑で厄介な行動や言動が見受けられるとしても、原理原則として、常に、長きにわたって「非合理な」いたわりや愛情が必要であり、感情を受け止めたり、少なくとももう1人の大人によるそういった相互作用へのリスペクト（尊重）が欠かせない。

ロス・パークとレイモンド・ブリエルは、子どもに対する役割期待や社会化の方法として、3つ（①子どもとの、相互作用のパートナーとして、②方向を示す指導者として、③子どもの成長に刺激を与える機会の供給者として）を挙げている。例えば、親がきちんとした証拠を示して子どもの行動に影響を及ぼせば、子どもが自信をもち、子どもが積極的で健康的な行動をし続け、親の願いを受け入れられるような適切な情報を示して子育てをしていることになる、としている[34]。

この記述には、親が成人になるまでの親準備教育や大人としての自覚の中に、親として一貫した振る舞いをし続けることのエッセンスが含まれていると思われる。つまり、「親になる準備」は、大人として生きていくこととかなり重なっており、特別なにわか仕立てのテクニックを身に付けることではないことがわかる。

2) セルフエスティーム（self-esteem　自尊心）

その中にあって、親自身が身に付け、子どもにも伝えるべき重要なポイントに、セルフエスティームがある。ローゼンバーグは、「自己に対する肯定的・否定的態度である」と定義し、尺度も作成している[35]。また、スーザン・ハーターは、成長の各段階においての自己概念の分野について言及しているが、重要な概念となるのが、「全体としての自分の価値を認識すること」である。3～7歳のセルフエスティームの高い子どもたちには、2つの特徴があり、1つは、さまざまな事態へ立ち向かう場合の自信／無遠慮（confidence）と、失敗や動転したときからの回復力／復元力（resilience）である[36]。生涯にわたってセルフエスティームをもつことができるためには、幼いときの両親や保育者によって与えられるポジティブな評価が欠かせない。これは、生涯不変であるというわけではないが、いつでも重要な分野においてその能力を発揮したり、他者からのサポートを受け取ることでそのレベルを上げていくことも可能であり、また、逆の環境下では下がることもある[37]。ここに生涯教育の意味を見いだすことができる。

(3)「親になる準備」のための学び

1) 親自身が感情を見つめる

クレアリーは,「親にできること」は,「自分の感情を適切に処理することで手本を示したり, 子どもが幸せを選ぶために必要な情報やスキルを教えたり, 一歩下がって子どもが自分の感情に自分で責任をもつように見守ること」[38]であるという。つまり, まずは親自身の問題を見つめることが先決であると読み取ることができる。

第2章で詳しくみたように, わが国でアサーション・トレーニングを広めている平木典子によれば, アサーションとは,「違いを認め, 気持ちのよいコミュニケーションを交わすための考え方とスキル」であり, アサーションを知ることで「率直なコミュニケーションがそれほど難しいことではなく, また自己表現に躊躇したり, 誤解されることに恐れを抱いたりせず, 自分をきちんと伝え, 相手も大切にすることができるようになる」[39]という。

2) 子どもに感情について教える方法

自分自身がアサーティブでいられ, 子どもにも自己表現ができるように促すためには, うまく言葉を教えていくことが大切である。感情が感情として認知されるためには, 言葉として認識される必要がある。そのためには, まず感情を表す言葉を子どもとの接触の場面で多用する必要がある。例えば, 車の運転中, 道が混んでいてイライラしているとき,「道が混んでてイライラするわ。もっと早く行きたいのに……」と言えば, 子どもはこういうときに「イライラする」と感情を表す方法を学ぶことができる。感情を表す言葉を多用して解説することで, 自分や他人の感情を表現する方法を教えることができる。

この場合, 否定的な感情のみではなく, 嬉しい, 楽しい, 怖い, 満足, イライラ, 得意な, 欲求不満, 自慢といったさまざまな感情を含める必要がある[40]。

また, 感情は変化するということも言葉にして教える必要がある。例えば, 家計簿の数字が合わないと不平を言っていた後, やっと収支があったときは,「さっきまで本当にイライラしていたけど, 今はすっかり気分がいいわ。気持ちは変わるのよ。」といった解説を言って聞かせるようにする。変化を言葉にして示すということで, 子どもは自分の中に沸き起こってくる感情について, これが続くわけではないことを理解することができる[41]。

これらの方法であれば, 自分自身の感情を大切にしつつ, 子どもの感情も認めつつ, そしてその感情に対処する責任を子ども自身にゆだねつつサポートしていくことができる。

(4) ひとり親で子どもを育てる

1) ひとり親家族の実態と悩み内容

厚生労働省では,「平成23年度 全国母子世帯等調査」の結果, 母子世帯数は123.8万世帯（平成18年115.1万世帯）, 父子世帯数は22.3万世帯（同24.1万世帯）で, 母子世帯の増加が目立つ。

表4-2にみるように, 子どものことでの悩みの内訳について, 総数では母子世帯, 父子世帯ともに,「教育・進学」が最も多く, 次いで「しつけ」となっている。子どもの年齢階級別にみると, 母子世帯では目立たないが, 父子世帯では, 0～4歳の第3位に「食事・栄養」が19.0％となっており, 母子世帯の6.0％とは大きな違いがみられる。

表4-2　母子世帯・父子世帯の親が抱える子どもについての悩みの内訳　　　　　　　　　　（%）

		教育・進学	しつけ	就職	健康	非行・交友関係	食事・栄養	結婚問題	衣服・身の回り	その他
母子世帯	総数	56.1	15.6	7.2	5.3	3.6	2.6	0.1	0.8	8.7
	0～4歳	15.0	45.1	0.8	14.3	0.0	6.0	0.8	1.5	16.5
	5～9歳	39.3	31.8	0.3	6.5	2.2	4.7	0.0	1.6	13.7
	10～14歳	71.7	10.0	0.8	3.6	5.6	1.6	0.0	0.4	6.2
	15歳以上	62.3	2.7	20.0	3.7	3.5	1.4	0.2	0.4	5.8
父子世帯	総数	51.8	16.5	9.3	6.0	2.9	6.7	0.0	3.1	3.8
	0～4歳	28.6	33.3	0.0	9.5	0.0	19.0	0.0	4.8	4.8
	5～9歳	43.2	25.7	0.0	9.5	1.4	9.5	0.0	5.4	5.4
	10～14歳	56.5	17.4	0.0	7.5	3.1	6.2	0.0	5.0	4.3
	15歳以上	54.0	9.2	23.9	2.5	3.7	4.3	0.0	0.0	2.5

出典）厚生労働省：平成23年度　全国母子世帯等調査，p.73，表23-(1)-1，表23-(1)-2を改変

　さらに，**表4-3**にみるように，ひとり親本人が困っていることをみると，母子世帯の場合は，「家計」が45.8％，「仕事」が19.1％，「住居」が13.4％という順であり，主に経済的な悩みが中心となっている。父子世帯の場合では，「家計」が36.5％，「仕事」が17.4％，「家事」が12.1％となっており，第3位において母子世帯との違いがみられる。

　男女共同参画社会の目標であるワーク・ライフ・バランスの実現は，ひとり親世帯の現実にとって最も切実な問題を提起している。

表4-3　ひとり親本人が困っていることの内訳　　　　　　　　　　（%）

	総数	家計	仕事	住居	自分の健康	親族の健康・介護	家事	その他
母子世帯	100	45.8	19.1	13.4	9.5	5.1	1.5	5.7
父子世帯	100	36.5	17.4	7.8	9.9	8.8	12.1	7.5

出典）厚生労働省：平成23年度　全国母子世帯等調査，p.74，表23-(2)を改変

2）家族生活教育と父親援助

　「食事・栄養」さらにはこれらが健康に欠かせないことを学ぶチャンスを逃してきた男性に対して，再教育の場を提供していけるような仕組みが必要とされているのではないだろうか。このことは，父子家庭の父親にとって重要課題であるが，夫婦2人で育てている父親に対しても，また家事の不得意な母親に対しても対象を広げることで，家政学分野が展開していく家庭生活教育の意味はさらに深まると思われる。

ワークショップ　未熟な親（スキット）

【概要】

概　　要	子どもを愛せない，子どもへのケアの仕方がわからない，基本的な生活能力がない親がいる。援助を求めることが恥ずかしいことではなく，SOSを出し，サポートをしあうことの重要性を学ぶ。 　ここで，グループワークとは，個人のパーソナリティの成長・発達と他者との交流を図るために集団活動を通して学ぶ技術である。 　参加者は，自分と同じような課題・問題をもつ他の参加者との活動や交流を通して，他者の異なった見方・感じ方に触れることで，新たな行動を学習し，考え方の幅を広げ，実際の生活に起こる（起こっている）問題への「対処能力」を高めることができる。 　さらに，自分の見方・感じ方などが他の参加者の役に立つという機会や役割が与えられることによって，セルフ・エスティームを高め，また他者への信頼感をも強めていくことにつながっていく。 　支援者は，問題の状況を把握し，それぞれの意見や感情を確認し，葛藤が生じても，グループのメンバーがメンバーのままでいられ，対処していける安全な環境を作る必要がある。
目　　的	未熟な親の事例を知り，その親自身の立場に立ってみること，また事例と似ている親が身近にいたとき，どのようにサポートすることができるのか考える。
対 象 者	家族生活支援者およびその志願者
所要時間	約50分
方　　法	①グループワーク ②未熟な親が育児に悩み，虐待をしてしまうスキットを読み上げる ③自分がその親だったらどうすべきかブレーンストーミング ④意見をスリップシートに書き，KJ法でまとめ，発表 ⑤自分がその親の友人だったらどうすべきかブレーンストーミング ⑥意見をスリップシートに書き，KJ法でまとめ，発表 ⑦グループでの振り返り，全体での振り返り ⑧評価表による自己評価 ・未熟な親のスキットを聞き，親の気持ちになって意見を表現できたか。 ・身近に未熟な親がいたら，できるサポートを考えることができたか。 ・グループで出たさまざまな意見をまとめ発表することができたか。
準備物	ワークシート，カード，新聞記事，模造紙，スリップシート（大判の付箋）

(資料：スキット) 2010（平成22）年7月に実際に起きた事件について（2010年7月31日の複数の新聞記事を参照）

　とある市のマンションの一室で幼児2人の遺体が見つかった。警察は，死体遺棄の疑いで，この部屋に住むこの2人の母親で風俗店勤務，Xを逮捕した。「子育てに悩み，すべてから逃げたかった」「風俗店の仕事がしんどくて，育児もいやになった」と供述していることが捜査関係者への取材でわかった。警察は，Xが，風俗店に勤め始めた○年○月から，育児放棄（ネグレクト）を激化させたとみて調べている。

　捜査関係者や元夫の両親によると，Xは，長女Aちゃん（3歳）が生まれた当初は，真剣に子どもの面倒をみており，子どもとの充実した生活を自身のブログにもつづっていた。その後，長男Bちゃん（1歳）も生まれたが，○年○月に離婚。1人で2人の子どもを育てながら，飲食店で勤務するようになった。

　これまでの調べに，Xは「自分の時間が欲しかった」とも供述。子育ての悩みを勤務先の風俗店の男性従業員に相談し「死にたい」と漏らすなど，育児ノイローゼ気味だったという。

ワーク1①：もしも自分がこの母親であったら，どの時点で誰に助けを求めていただろうか。個人でスリップシートに意見を書いてみよう。
　　　　②：グループでスリップシートを模造紙に貼っていきながら，ブレーンストーミングしてみよう。
　　　　③：スリップシートをKJ法によって整理し，グループで出た意見をまとめ，発表する。

ワーク2①：もしも自分がX容疑者の友人であったら，どの時点でサポートあるいは助言・通報ができただろうか。個人でスリップシートに意見を書いてみよう。
　　　　②：グループでスリップシートを模造紙に貼っていきながら，ブレーンストーミングしてみよう。
　　　　③：スリップシートをKJ法によって整理し，グループで出た意見をまとめ，発表する。

振り返り：全体でのワークについての振り返りを行う。
自己評価：評価用紙に自己評価と感想を書く。

●引用文献

1) World Economic Forum (2013): *The Global Gender Gap Report 2013*
2) 国連女性差別撤廃委員会 (2009): 第44会期 第6次日本報告審議総括所見
3) 同上
4) 日本婦人団体連合会 (2010): 女性差別撤廃委員会「総括所見」の内容と今後の課題. 女性白書 2010, ほるぷ出版, pp.18-27
5) 前掲2)
6) 鈴木みどり編 (2003): Study Guide メディア・リテラシー【ジェンダー編】, リベルタ出版, pp.20-22
7) 鈴木みどり編 (2004): 新版 Study Guide メディア・リテラシー【入門編】, リベルタ出版, pp.18-21
8) 諸橋泰樹 (2009): メディアリテラシーとジェンダー 構成された情報とつくられる性のイメージ, 現代書館, pp.12-23
9) "人間と性"教育研究協議会編 (2006): 新版 人間と性の教育5 性と生の主体者としての学習―青年期と性, 大月書店, pp.159-166
10) 内閣府男女共同参画局 (2009): 男女共同参画社会の実現を目指して, p.2
11) 内閣府 (2013): 平成25年版 男女共同参画白書, p.87
12) 宮本太郎 (2006): 新しい社会的リスクと人生前半・中盤の社会保障. NIRA政策研究, **19**(1), 12-17
13) 松本伊智朗編 (2010): 子ども虐待と貧困 「忘れられた子ども」のいない社会をめざして, 明石書店, pp.62-63
14) National Council on Family Relations (2011): *Family Life Education Framework Poster and PowerPoint-Third Edition*
15) 台湾教育部・国民教育司, 倉元綾子仮訳 (2008) 國民中小學九年一貫課程綱要重大議題（性別平等教育）; 倉元綾子 (2010): 台湾におけるジェンダー平等教育と性教育. 家政学原論研究, **44**, 8
16) Anderson,C.L. and Nickols,S.Y. (2001) The Essence of Our Being: A Synopsis of the 2001 Commemorative Lecture, *Journal of Family and Consumer Sciences*, **93**(5), 15-18
17) 宮本太郎 (2008): 福祉政治 日本の生活保障とデモクラシー, 有斐閣, pp.171-174
18) 大山治彦 (2012): 現代家族とジェンダー・セクシュアリティ. 近代社会のゆらぎと新しい家族のかたち（松信ひろみ編）, 八千代出版, p.166
19) 石川大我 (2010): 「好き」の？がわかる本, 太郎次郎社エディタス
20) E. H. エリクソン (1977): 幼児期と社会1, みすず書房, p.348
21) 大野久 (2010): アイデンティティ・親密性・世代性：青年期から成人期へ. 成人発達臨床心理学ハンドブック（岡本祐子編著）, ナカニシヤ出版, p.65
22) フランチェスコ・アルベローニ, 大空幸子訳 (1993): 恋愛論［新版］, 新評論, p.132
23) 金政祐司 (2013): 恋愛関係. 発達心理学事典（日本発達心理学会編）, 丸善出版, p.205
24) 村井潤一郎 (2013): あいする. 発達心理学事典（日本発達心理学会編）, 丸善出版, p.195
25) 神原文子 (2009): 夫婦ってなんだろう. よくわかる現代家族（神原文子, 杉井潤子, 竹田美知編著）, ミネルヴァ書房, p.93
26) 2002年11月東京で開催された「子育て支援国際シンポジウム（厚生労働省・子ども未来財団主催）」で紹介された約100年前のニュージーランドのプランケット総督夫人の言葉
27) G.エスピン・アンデルセン (2008): アンデルセン, 福祉を語る 女性・子ども・高齢者, NTT出版, pp.2-10
28) 中藤洋子 (2005): 女性問題と社会教育, ドメス出版, p.214
29) 福田公子 (1992): 親になること. 家庭科教育事典（日本家庭科教育学会編）, 実教出版, p.224
30) 黒川衣代 (2004): 養子・里親・特別養子. 家政学事典（日本家政学会編）, 朝倉書店, p.107

31）山田昌弘（2007）：訳者はしがき．カップルが親になるとき（C.コーワン，P.コーワン），勁草書房，ⅰ-ⅴ
32）C.コーワン，P.コーワン，山田昌弘ほか訳（2007）：カップルが親になるとき，勁草書房，p.300
33）Urie Bronfenbrenner and Pamela A.Morris（1997）："The Ecology of Developmental Process," in *Handbook of Child Psycology*, ed. In chief Willam Damon and vol.ed. Richard Lerner, vol.1：*Theorical Models of Human Development*, 5th ed.(New York：Wiley)，996，1015
34）Ross D.Parke and Raymond Bruel（1997）："Socialization in the Family：Ethnic and Ecological Perspectives," in *Handbook of Child Psycology*, ed. In chief Willam Damon and vol.ed. Nancy Eisenberg, vol.3：*Social, Emotional, and Personality Development*, 5th ed.(New York：Wiley)，463-552
35）Rosenberg,M（1965）：*Society and the adolescent Self-image*, Princeton University Press，1-32
36）Susan Harter（1990）："Causes, Correlates, and the Functional Lole of Global Self-Worth：A Life-Span Perspective," in *Competence Considered*, ed. J.Kolligian and Robert Stenberg（New Haven, CN：Yale University Press），67-97
37）Jane B.Blooks（1999）：*The Process of Parenting*, May Field Publishing Company Mountain View, California，40
38）エリザベス・クレアリー，田上時子／本田敏子訳（2002）：親と子どもの感情BOOK，築地書館，p.16
39）平木典子（2007）：図解　自分の気持ちをきちんと〈伝える〉技術，PHP，p.3
40）前掲38），p.51
41）前掲38），p.60

●参考文献

・浅井春夫編（2005）：子どもの性的発達論【入門】，十月舎
・"共生社会をつくる"セクシュアル・マイノリティ支援全国ネットワーク（2011）：親と教師のためのセクシュアル・マイノリティ入門ハンドブック，つなかんぱにー
・橋本謙ほか（2010）：教師のための「多様な性」対応ハンドブック：子どもたちの声が聞こえていますか
・NHK「ハートをつなごう」制作班（2010）：LGBT BOOK，太田出版
・佐々木掌子（2013）：多様な性と向き合う教育へ，階，No.23，12-13
・セクシュアルマイノリティ教職員ネットワーク（2006）：セクシュアルマイノリティ　第2版，明石書房
・国立社会保障・人口問題研究所（2010）：第14回出生動向基本調査　結婚と出産に関する全国調査―独身者調査の結果概要―
・宮本みち子，善積京子（2008）：現代世界の結婚と家族，放送大学教育出版会
・岡本祐子編著（2002）：ライフサイクルとアイデンティティ，アイデンティティ生涯発達論の射程，ミネルヴァ書房
・内閣府（2005）：少子化社会に関する国際意識調査
・内閣府（2013）：平成25年版　少子化社会対策白書
・大石美佳（1993）：質と安定性に見る結婚の今日的状況．家政学研究（奈良女子大学家政学会編），**40**(1)，69-76
・大石美佳（1995）：事実婚にみる結婚の今日的状況．家政学研究（奈良女子大学家政学会編），**42**(1)，49-56
・山田昌弘（2001）：家族というリスク，勁草書房
・善積京子（2000）：結婚とパートナー関係，ミネルヴァ書房
・福島喜代子（1998）：グループにおける援助者の役割と介入方法について．地域福祉研究，**26**，103-111

第5章 子育て・子育ち

1. 乳幼児期の子どもと家族

(1) 乳幼児期の子どもをもつ家族の生活

1) 乳幼児期の子どもをもつ家族を取り巻く環境の変化

今日，わが国においては，少子化が急速に進行している。総務省の統計によると2013（平成25）年4月1日現在の子どもの数（15歳未満人口）は1,649万人，そのうち乳幼児（0～5歳の未就学の乳幼児）の数は633万人となっている。

子どもの数は1982（昭和57）年から32年連続で減少しており，現在は過去最低の数値である。合計特殊出生率は，第1次ベビーブーム期の1940年代後半では4.3を超えていたが，2005（平成17）年には1.26まで減少し，2012（平成24）年は1.41となっている。きょうだいの数も少なくなり，地域社会の中でも子どもの数が減少しているため，子ども同士の交流体験の機会が減少してきている。子ども同士の交流だけでなく地域住民の連帯意識も低下し，大人同士，大人と子どもの交流の機会も減少している。核家族化や都市化により血縁や地縁による子育て支援の体制が弱体化しており，育児伝承機能や相互の扶助機能も低下し，家庭の中でもさまざまな機能が外部化され縮小されてきている。

2) 乳幼児期の子どもをもつ家族の抱える問題

乳幼児期の子どもをもつ家族でも共働きが増えつつある。女性の社会進出や共働きの増加とともに保育所の果たす役割はますます重要になっている一方で，保育所へ入所したくてもできない待機児童の問題がある。「男は仕事，女は家庭」という性別役割分業的意識には変化が現れているものの，男性の育児参加は低いままである。しかし，父親の育児参加に関する研究では，父親の育児参加は母親の育児不安や育児ストレスの軽減に効果があり，子どもの発達にも好ましい影響を与えていることが報告されている。

男性の育児参加は，子育て期の家族にとって良い影響をもたらすと考えてよいだろう。男性の育児を含めた家事参加を高めるためには，日本の企業の雇用体制や働き方への意識の変化が必要である。2012（平成24）年度の男性の育児休業取得率は，わずか1.89％であった。政府は，男性の育児休業取得率を2020年度までに13％にするという数値目標を掲げているが，目標達成は厳しい状況にある。

また，児童相談所の児童虐待相談対応件数は増加傾向にあり，児童虐待による事件もあとを絶たない。育児の責任を1人で負うプレッシャーや，身近に子育てについて話せる相手がいな

いため，家庭の中で子どもと2人だけで孤立し，悩みを抱え込んでしまう母親も多い。

乳幼児期の子どもをもつ家族が抱える問題には，育児不安や育児ストレス，産後うつなどがある。子育てだけでなく，子どもをもつことによる親自身の生活環境の変化を支える多様なサポートが，家族や親族だけでなく地域の中にも必要とされる。

3) 乳幼児期の子どもと親の関係

乳幼児期の子育ては，人間の基礎を作る大切な時期である。親自身も子育てを通して，親の役割を獲得しながら多くの喜びや感動を体験し，人間的にも成長していくことができる。子どもと親の絆を築き深めていくことで，愛着関係を形成していくことが大切である。「家庭教育に関する国際比較調査」では，日本の父親は子どもと関わる時間や子育ての役割分担が少なく，母親任せの子育ての実態が報告されている[1]。また，ベネッセ教育総合研究所が行った調査では，母親と配偶者とのコミュニケーションが密であったり，子育てに協力的であったり，理解してくれていると実感できることが，母親自身の子育て全般の楽しさに関連していることが報告されている[2]。

柏木(2008)は，「子どもをよくみる」ことが養育の第一歩であり，子どもの日々の振る舞いをじっくりとみることで子どもの気質を知り，子どもが何をしたがっているのか何を求めているのか，子どもの気持ちや状態をよくみてそれに答えてやる仕方で子どもに接していくことが大切であると指摘している[3]。子どもの生理的欲求や社会的欲求を満たすために，父親と母親が互いに協力し支え合いながら，親子関係を築き，家庭環境や子育て環境を整えていくことが重要である。

(2) 乳幼児期の理解

1) 乳幼児期の発達と発達課題

a. 身体と運動機能の発達　乳幼児期は心身ともに大きく変化をしていく発達の出発点でもあり，その後の経過に重要な基礎を作る時期である。乳児期には，1年間で体重は約3倍，身長は約1.5倍に成長し，その後も成長は続く。運動機能は頭部から尾部へ進行するとともに，中心部から指先などの末梢部へと進行していく。

幼児期になると，乳児期までの運動発達を基盤にして全身的運動・移動運動，目と手の協応動作という機能が発達していく。そして，健やかな身体の発達のためには，食生活と健康管理への配慮が必要である。食生活では，子どもの欲求や親の好みではなく子どもの発達や適応に必要な献立の食事を提供し，楽しい食卓の場をつくる努力が必要である[4]。安全面に配慮した生活環境を整え，活発な運動遊びを行い，さまざまな運動遊びを通してさらに運動能力を高めていく必要がある。

b. 知覚や認知の発達と情緒の発達　見る・聞くといった知覚や認知は，乳児期の早い段階より，周りの環境から多くのことを急速に学び取り発達が進んでいる。身近な養育者とさまざまなコミュニケーションを行う中で，言語やコミュニケーションスキルも発達している。乳児期は，見たり，吸ったり，握ったりという直接的な知覚や運動によって自分を取り巻く世界を理解し，幼児期は，自分にとって具体的で意味がある場面や文脈の中で認知能力を発達さ

せている[5]。

知覚や認知の発達には，言葉かけやスキンシップなどを積極的に働きかけるだけでなく，遊びや食事など日常生活のさまざまな場面での豊かな経験が必要となる。情緒の発達では，乳児期には喜び・驚き・悲しみ・怒り・嫌悪・恐れといった基本的な感情が発達する。エリクソンの8つの発達段階における発達課題にもあるように，一番身近で重要な他者（母親的養育者）との関わりを通して基本的信頼感を養っていくことは，養育者に対する信頼だけでなく自分自身への信頼感にもつながり，その後の人格発達にも関わってくる。豊かな情緒の発達には安定が必要であり，養育者との愛着関係を築いていくことが必要である[6]。そして，発達には目安となる時期はあるが個人差がある。子どものもつ行動の特質（気質）をよく理解し，その子どもにあった関わり方をすることが大切である。

2）発達障害

a．自閉症とADHD（注意欠陥多動性障害　Attention Deficit Hyperactivity Disorder）

主な発達障害には，乳幼児期にその症状が現れてくるものが多い。自閉症とは，3歳位までに現れ，①他人との社会的関係の形成の困難さ，②言葉の発達の遅れ，③興味・関心が狭く特定のものにこだわることを特徴とする行動の障害であり，中枢神経系に何らかの要因による機能不全があると推定される。高機能自閉症とは，3歳位までに現れ自閉症の3つの行動特性をもっているが，知的発達に遅れを伴わないものをいう。また，知的発達の遅れを伴わず，かつ，自閉症の特徴のうち言葉の発達の遅れを伴わないものをアスペルガー症候群という[7]。これらの主な特徴には，コミュニケーションの難しさ，同一性保持へのこだわりや感覚過敏の問題，同時にさまざまな情報を処理することが難しいなどの問題がある。何か活動をする場合には，活動ごとに空間を設けるなどして必要以上に刺激が入らないよう工夫したり，自分が次に何をするべきなのか見通しをもたせたり，具体物や写真や絵などを利用して指示を伝えたりするなどの対応の仕方が必要である[8]。

ADHD（注意欠陥多動性障害）とは，年齢あるいは発達に不釣り合いな注意力や衝動性・多動性を特徴とする行動の障害で，社会的な活動や学業の機能に支障をきたすものである。また，7歳以前に現れその状態が継続し，中枢神経系に何らかの要因による機能不全があると推定される[9]。何か活動をする場合には，気が散らない環境構成を整えるよう配慮したり，多動性による過度の疲労を避けるため意図的に休憩時間を設定したり，指示を出す場合には順序立てて明確に伝えるといった対応の仕方が必要である[10]。

b．発達障害のある子どもの家族への支援

発達障害のある子どもを早期から支援することは，彼らが抱えている困難を改善または軽減し，自尊心の低下など二次的障害を予防するうえでも重要なことである[11]。そのためには，発達障害のある子どもについての正しい理解と支援に関する知識を習得しておかなければならない。支援にあたっては，障害の名称を安易に口にしない，保護者の「わが子の受入れ」を見極める，一般的な子育て論ではなくその子に合った支援方法を伝える，関連機関などとの連携や関連機関へのつなぎ方などのポイントがある[12]。

例えば，ペアレントトレーニングでは，発達障害に対する基礎的知識を養育者に理解しても

らうことからはじまり，子どもの行動に焦点をあて，その特徴を理解し，それに対してより効果的な対処法を学んでいく[13]。その親子のありのままの姿への「肯定のまなざし」という視点が家族支援の基本であり，ペアレントトレーニングには，問題を抱え込んでいる家族に「問題の外在化」を促し，保護者が気付いていなかった子どもの良い変化を見つけられるようになり，親自身が自信を回復できたと意識できるようになるなどの効果があるという[14]。

3）乳幼児期の家庭生活

a．基本的信頼と基本的生活習慣　子どもにとって家庭は，基本的信頼と基本的生活習慣を獲得していく大切な場である。基本的信頼とは，養育者と子どもとの間につくられる安心感や信頼感のことであり，人との関わり方の土台となるものである。子どもの中に基本的信頼の感覚を育成するためには，食欲，睡眠，運動などの生物学的な快感体験を充足させることが必要である[15]。家庭生活において，子どもの生理的欲求のリズムを把握し，そのリズムに合わせて育児を行っていくことが大切である。

生物学的な快感の他に，情緒的な快感（愛情をもって接することで，自分が愛されているという感覚をもつ）を体感させることも必要である。基本的生活習慣には，「食事・睡眠・排泄・着衣（着脱）・清潔」が挙げられる。子どもはこれらの習慣を，大人の全面的な世話によって身に付けていく。基本的生活習慣を身に付けるためには，世話をする大人と子どもの間に基本的信頼感が築かれていなければならない。基本的生活習慣の自立を達成することで，自分のことは自分でできるという自信を付けると同時に，肯定的な自己評価が得られることで親からの心理的な自立が促されるのである[16]。基本的生活習慣の獲得には個人差がある。家庭生活の中で，家族とのさまざまな関わりをもちながら徐々に基本的生活習慣を身に付けていくのである。焦らず，根気よく接していくことも大切である。

b．生活のリズムを整える生活環境　近年，子どもの基本的生活リズムの乱れが指摘されている。朝食を摂らない子ども，睡眠不足のまま登園する子どもなどの問題がある。その背景には，親自身の基本的生活習慣の崩壊や生活リズムの乱れが考えられる。

乳幼児は，自分で家庭の生活環境を整え作っていくことはできない。子どもにとって望ましい生活習慣を育成していくためには，まず，親自身が基本的生活習慣を身に付けることや規則正しい生活を送ることの大切さを理解する必要がある。そのうえで，子どもが，「早寝早起き」「3食規則正しく食事をする」などの基本的生活リズムを身に付けていくことができるよう，家庭内の生活環境を整えていくことが大切である。また，生活環境を整える際には，病気やけが，事故といった危険から守る配慮をすることも必要である。

4）乳幼児期の遊びと学び

遊びは，子どもの発達に欠かすことができない。身体的，社会的，教育的，道徳的などさまざまな側面において大切な役割がある。乳幼児は遊びながら感覚や認識を発達させ，全身を使って遊ぶことで運動機能や統制機能も発達させている。遊びを通して自主性も育ち，自分の気持ちを相手に伝える方法や順番やルールを守ること，相手を思いやる気持ち，言葉や社会性など，コミュニケーションの仕方を学び多くの社会的スキルを身に付けていく。特に幼児期では，遊びが生活の中心となる。しかし，少子化や核家族化といった社会環境の中，家庭や地域

の中で，子どもが集団で遊ぶ機会は少なくなり，テレビやテレビゲーム，インターネットなどの室内での遊びが増え，屋外で自然と触れ合う遊びの機会も減ってきている[17]。子どもの遊びと環境・自然について，自分の身体全体を使ってものに働きかけることができる環境，自然や自然物にじっくり接することのできる場面での活動，友達と一緒に活動できる環境が必要である[18]。家庭生活において子どもが自然と触れ合い，自然の中で遊ぶ機会を少しでも多くもてるよう配慮することが大切である。

(3) 乳幼児期の子育てと社会的支援

1) 子育て支援策の現状

　子育て支援策に注目が集まるようになったのは，少子化が進み社会問題となった1990年代からといわれている。女性の社会進出と子育ての両立が主な課題とされ，保育所入所の待機児童の解消へ向けた取り組みが取り上げられるようになった。2003（平成15）年に「次世代育成支援対策推進法」（2009（平成21）年一部改正）が成立し，2005（平成17）年から，国，地方公共団体および企業などの事業主は，次世代育成に関わる行動計画を作成し実施することになった。児童手当や育児休業の充実へ向けた取り組みも進められている。2010（平成22）年に「子ども・子育てビジョン」が策定され，保育所待機児童の解消，男性の育児参加促進，地域の子育て力の向上などについて具体的な数値目標が掲げられている。2012（平成24）年には「子ども・子育て関連3法」が成立した。

　子ども・子育て関連3法とは，「子ども・子育て支援法」「認定こども園法の一部改正法」「子ども・子育て支援法及び認定こども園法の一部改正法の施行に伴う関係法律の整備等に関する法律」の3つの法律をいう。子育てをめぐる課題の解決を目指し，質の高い幼児期の教育・保育の提供，地域の子育てを一層充実，待機児童の解消のため保育所の受入れ人数の増加，地域の保育機能確保と支援への取り組みを行う「子ども・子育て支援新制度」が2015年度から実施される予定となっている。

2) 子育て支援とネットワーク

　子育てを支えるサービスは，行政機関だけでなく，民間福祉関連団体や企業，NPOなどさまざまな所で多様なサービスが提供されている。大豆生田（2007）は，保育施設における地域子育て支援機能として，居場所機能，相談・助言機能，保育体験・イベント交流機能，学習機能，一時保育機能，情報発信機能，アウトリーチ機能，ネットワーク機能を挙げ，これらの機能がいつでも親子が気軽に訪れることができる場（ひろば）を中心に相互に関連し合いながら機能していくことに大きな意味があると指摘している[19]。ひろば（居場所）を支援の拠点として，地域の子育て支援に必要なサービスを充実させていくことが必要である。子育て支援のネットワークには，子育て当事者を中心としたものや，子育てに関係する機関や行政によるものなどがある。

　最近では，インターネット上の情報交換やコミュニティも当事者を中心としたネットワークとして身近なものになってきている。関係機関や行政による子育て支援の代表的な機関には，保健所や保健福祉センター，保育所や幼稚園，子育て支援センターやファミリーサポートセン

ター，児童相談所，療育機関などさまざまな児童福祉施設がある。しかし，それぞれの機関で多様なネットワークが作られているが，ネットワークがネットワーキングとして働かず十分に機能できていないことも多い[20]。

3）乳幼児期の子育て支援へのニーズと課題

　政府の子育て支援は，仕事と家庭の両立を支援する事業が中心に展開されている。一方，子育てに不安や悩みをもちながら相談相手がいない親が増加している現状にあり，共働き家庭の子育てから親が家庭にいる子どもの子育てに対する支援へと広げられつつある。大日向（2005）は，子育て支援とは親育ち支援であり，親が子育ての知識と態度を学び，子どもと共にある暮らしに喜びを見いだせるような支援が必要であり，地域の支援者の支援力向上のために，①乳幼児保育の知識や技術，②親のニーズの背後にある個別の事情を把握し理解する力，③子どもにとって望ましくない言動については「親としてのあり方」を助言する見識，④アドバイスが親の心に届くためのカウンセリングマインド，⑤自分ができる支援とできない支援を見極めて必要に応じて専門機関に託す分別，⑥地域の支援者間のネットワークに参加して連携を保つ能力の養成を指摘している[21]。今後，多様化する家族や家庭環境に伴って具体的なニーズや課題は変化するかもしれない。子どもたちが健やかに育つことができる環境を保障するための支援を行っていかなければならない。

ワークショップ　子育て支援機関リレーゲーム

【概要】

概　　要	まず個人で，子育ての支援機関にはどのようなものがあるか思いつくだけ書き出す。次に，全体で，1人1個ずつ重複しない支援機関を挙げていく。
目　　的	子育てを支援している機関を知り整理していくことで，現在，乳幼児の子育て中の親が利用できる支援機関やサービスにはどのようなものがあるのかを理解する。
所要時間	30分
方　　法	ブレーンストーミング，全体
準備物	ホワイトボード，ホワイトボードマーカー，ワークシート

【ワークショップの進め方とその評価方法】

〈進め方の手順〉

・子育て支援機関を思いつくだけ書き出す。
・全体で，1人1個ずつ重複しない支援機関を挙げていく。司会者は挙げられた支援機関をホワイトボードに書き出していく。
（アイスブレーキングに，「子育て」「子ども」などのイメージマップを作成してもよい。）

〈振り返りの手順〉

・子育ての支援機関には行政機関だけでなく民間機関などもあることを確認する。
・挙げられた支援機関の支援内容・対象・利用方法を理解する。

〈応用例〉　乳幼児期の家庭のエコマップ

【概要】

概　　要	真ん中の円を親（母親・父親）として，そのまわりの円の中に子育てを支えてくれる社会資源を書いていく。今関わりがある資源，今後関わりたい資源を考えながら書いていく。円が足りなければ書き足していく。その後，円を線でつないでいく。普通の関係，強い関係，弱い関係，ストレスのある関係の4つを線の種類を分けて引いていく。
目　　的	乳幼児期の子育て中の親が置かれている環境を理解し，子育て支援に必要な社会的資源とその有効な活用方法について考える。
所要時間	30分
方　　法	グループディスカッション
準備物	ワークシート（エコマップ作成用）

2. 子育てと子ども虐待*

（1）子ども虐待問題を捉える視点と取り組みの流れ
1）子ども虐待の背景

　第1節で述べているように，近年，日本においては非常に早いスピードで超少子化と高齢化が進んでおり，それに伴って家庭や地域社会の変容が生じてきている。現代を生きる私たちは，その生涯の中で遭遇する新たな課題に向き合い，それらに対応できる力を育成することが必要とされている。家庭や地域社会の変容は，「子どもの育つ環境」，すなわち「子どもを産み育てる環境」にも大きく影響し，「子育て」という側面に焦点をあてたときに，「育児不安」「育児ストレス」「子ども虐待（児童虐待）」という事象が大きな課題となり，それらへの支援が国レベルで行われてきている。子ども虐待問題は「子育て」の中で起こる最も先鋭化した問題であり，この問題への取り組みは，すべての子どもが安全で健やかに育つ取り組みにつながる。本節ではこの視点のもとに，子ども虐待問題の概要および現状と対応について概観する中で，子育てに不安や困難を抱える人を支援する際に必要なことについて述べる。

2）子ども虐待問題への取り組み

　「子ども虐待」は近年に始まった問題ではなく，人類の歴史の中でずっと以前から存在してきた問題である。その事象が「子どもへの虐待」であるか否かの認識は，その時代や社会における「家」や「家族」「子ども」に対する考え方や習慣などによるため，この問題に社会が介入するためには，「子どもの権利」という視点が必要であった。

　才村は，「子ども虐待というものが，子どもを保護すべき立場にある親による子どもへの基本的人権への侵害行為であるとするならば，洋の東西を問わず，昔から子どもへの虐待は存在していた」と述べ，松井らの「虐待は極めて普遍的な現象であって，人の存在そのものに付随する根の深い現象である」との考えを紹介している[22]。また日本における状況について，明治時代に入るまでは貧困による生活難や迷信などのために間引きや子捨てなどが頻繁に行われていたこと，また明治期に入って以降も身売りや徒弟奉公などの労働搾取が行われていたと述べている[23]。このような状況の中，1933（昭和8）年に「児童虐待防止法」が施行されたが，子どもへの虐待はあとを絶たない状況があった。その後，「児童虐待防止法」は，第2次世界大戦後に廃止され児童福祉法に統合された。明治期以降から第2次世界大戦前までの日本における子ども虐待問題の状況や取り組みに関しては，二井が詳細に述べている。

　その後，1970年代後半から医療関係者や児童福祉関係者などによる子ども虐待への取り組みが始まり，1990年代の社会的な関心の高まりを背景に，2000（平成12）年に「児童虐待の防止等に関する法律」が議員立法により制定された。各地で，自治体や民間団体の取り組みが活発化したが，その後も相談件数の増加や深刻な事例が頻発することを受けて，2004（平成16）年に児童虐待防止法と児童福祉法が改正されて虐待通告先として市町村が加えられ，また地域の関係機関が連携対応するために「子どもを守る地域ネットワーク（要保護児童対策地域協議会）」も設置された。その後も現在に至るまでに改正が行われてきている。

＊本節は，「子ども虐待」で統一したが，一部厚生労働省の統計資料については「児童虐待」とした。

虐待件数の増加に関して，才村は，「社会的貧困と子どもに対する人権意識の低さを背景とした子ども虐待＝従来からあった虐待」から，絶対的貧困からの脱却や子どもの人権に関する意識が高まる中で新たに「文明社会型子ども虐待」が深刻な問題として顕在化してきたと指摘している。また，文明社会型子ども虐待が顕在化した要因の1つとして，「子育て不安の増加とこれに起因した虐待の増加」を挙げており，そのことは「虐待は一部の特別な事情にある家庭に発生すると矮小化してとらえられてきたが，今やどの家庭においても発生しうるという現実を直視せざるを得なくなった」と述べている[24]。

(2) 子ども虐待の定義と現状
1) 子ども虐待の定義
現在の児童虐待の防止等に関する法律における児童虐待の定義は，「保護者（親権者，未成年後見人，児童を現に監護するもの）が，その監護する児童（18歳未満）に対して行う行為（第2条）」とし，4つのタイプに分類されている。
- **身体的虐待**：児童の身体に外傷が生じ，又は生じる恐れのある暴行を加えること
- **性的虐待**：児童にわいせつな行為をすること又は児童をしてわいせつな行為をさせること
- **ネグレクト**：児童の心身の正常な発達を妨げるような著しい減食又は長時間の放置，保護者以外の同居人による「身体的虐待」「性的虐待」「心理的虐待」として揚げる行為と同様の行為の放置その他保護者として監護を著しく怠ること
- **心理的虐待**：児童に対する厳しい暴言又は著しく拒絶的な対応，児童が同居する家庭における配偶者に対する暴力（配偶者（婚姻の届出をしていないが，事実上婚姻関係と同様の事情にあるものを含む）の身体に対する不法な攻撃であって生命又は身体に危害を及ぼすもの及びこれに準ずる心身に有害な影響を及ぼす言動をいう）その他の児童に著しい心理的外傷を与える言動を行うこと

2) 子ども虐待の現状と対応課題
a．児童相談所での相談対応件数からみる実態　全国の児童相談所が相談対応した児童虐待件数は，2011（平成23）年度の統計（厚生労働省）[25]では59,919件と，厚生労働省（当時は厚生省）が児童虐待の統計を取り始めた1990（平成2）年と比較すると約60倍の数値となっている。これに市町村独自で対応している件数を加えると，実際の件数はもっと多いと考えられる。

また2011（平成23）年度の統計では，主たる虐待者は，実母59.2％，実父27.2％，実父以外の父6.0％，実母以外の母1.0％と実母が一番多く，虐待を受けた子どもの年齢は乳幼児43.2％，小学生36.2％，中学生13.6％と年齢が幼いほどその比率は高い。虐待のタイプは身体的虐待36.6％，ネグレクト31.5％，心理的虐待29.5％，性的虐待2.4％となっており，近年の傾向として心理的虐待の件数が増えている。これはDV被害者が子どもを同伴している場合など，警察からの通告の増加の影響と分析されている。

以上のように全体統計では虐待者は実母が多く，被害児年齢は乳幼児期〜小学生が多いが，この傾向は，件数が多い「身体的虐待」と「ネグレクト」の傾向を反映している。

b．性的虐待（特別の視点を要する虐待）　性的虐待は統計を取り始めたときから，全体統計では2.4％〜4％前後で推移しているため，その実態は全体統計からは見えてこない。児童相談所が取り扱った家庭内性暴力被害の調査によると，被害を受けた子どもは女児が多く，相談受付時年齢は小学校高学年から中学生が多い。また虐待者（加害者）は，父親的存在（実父・継父・母のパートナー）が多く[26]，これらの結果は上述の身体的虐待やネグレクトの態様とは明らかに異なっている。

c．子ども虐待による死亡事例等の検証報告からみる実態　子ども虐待による死亡件数は，検証が始まって以降，1年間に心中以外の虐待で死亡した子どもは50〜70人を推移している。第8次報告では，主たる虐待のタイプは身体的虐待とネグレクトであり，死亡した子どもの年齢は1歳未満が45.1％と最も多く，3歳以下を入れると84.3％となっている[27]。また出産したその日に死亡する事例も少なくない。この死亡事例の分析からはリスク要因として，望まない妊娠，若年妊娠，妊娠中の医療機関の未受診，乳幼児健診未受診などの因子が指摘されており，全戸訪問事業（こんにちは赤ちゃん事業）などが取り組まれるようになった。

d．対応課題　これらの現状をふまえて，子ども虐待への対応課題としては，①発生予防，②早期発見・早期対応，③子どもの保護・支援，保護者支援が挙げられている[28]。このことを家庭科との関連でみると，近い将来親になり得る10〜20歳代の若者への虐待予防のための啓発や広報活動の必要性が指摘されており，また家庭教育推進委員会の報告書では中学生・高校生への子ども理解教育の必要性が指摘されている。

（3）子ども虐待はなぜ起こるのか──子ども虐待の起こる背景

身体的虐待，ネグレクト，心理的虐待は，保護者と子どもが親子として家族を形成していく過程で起こる虐待である。しかし性的虐待は，加害保護者と子どもの間に"性"が入る虐待で，このことは親子として家族を形成する過程には必要がないことであり，性的虐待の起こる背景は他の虐待とは異なっている。

1）身体的虐待・ネグレクト・心理的虐待

子ども虐待は単一の要因では起こらず，身体的，精神的，社会的，経済的要因が複合的に重なって起こる問題で，虐待に至るおそれのある要因（リスク要因）は次のように整理されている。（子ども虐待対応の手引きより一部抜粋）[29]

① 保護者側のリスク要因

　妊娠そのものを受容することが困難（望まない妊娠，若年の妊娠），子どもへの愛着形成が十分に行われていない，産後うつ病など精神的に不安定な状態，医療につながっていない（未治療あるいは継続的な治療を受けていない）精神障害・アルコール依存・薬物依存，育児への不安やストレス（保護者が未熟など），保護者自身が虐待を受けて育ち，現在に至るまで適切なサポートを受けていない場合，体罰容認などの暴力への親和性など。

② 子ども側のリスク要因

　乳児，低出生体重児，障害児など，何らかの育てにくさをもっている子どもなど。

③ 養育環境のリスク要因
　・夫婦不和，配偶者からの暴力（DV）など不安定な状況にある家庭
　・未婚を含むひとり親家庭
　・内縁者や同居人がいて安定した人間関係が保てていない家庭
　・転居をくり返す家庭
　・親族や地域社会から孤立した身近なサポートが得られない家庭
　・生計者の失業や転職のくり返しなどで，経済不安のある家庭

　上記の整理は，さまざまな実態調査や事例検証を通して抽出された要因であるが，リスク要因があるから必ずしも虐待が起こるとは限らないことに注意が必要である。すなわち，支援者が支援を行う際に，それらの要因があり，支援を必要としている家庭かどうか判断し，早期に支援することが大事である。

　また原田らは，健診に訪れた保護者を対象に行った調査をふまえて現代の子育て状況を分析し，育児不安や育児ストレスから子ども虐待につながるリスクを指摘しているが，最近の新たな傾向として，女性の自己実現と子育てのはざまの葛藤と虐待傾向との関連性も指摘している。

2）性的虐待

　フィンケルホーは性的虐待が起こる背景として，「①子どもを性的に虐待しようという動機の存在，②子どもを性的に虐待することに対する心理的抑制がきかなくなる，③子どもを性的に虐待することに対する外的抑制がきかなくなる（非加害親が機能しない状況：物理的・心理的な監視の欠如），④子どもの示す抵抗が通用しなくなる」と述べている。このように性的虐待の起こる背景要因は他の虐待とは異なるため，その家族支援のあり方も他の虐待とは異なる。

（4）子ども虐待による発育・発達への影響

　子ども虐待による心身の発育・発達への影響は，2つの要因，すなわち直接的な虐待行為による傷と劣悪な環境による傷（長期にわたる虐待的環境で育つこと，トラウマを癒す場がないこと）によって生じ，その影響は，身体面や心理面への影響にとどまらず，脳の発達への影響があることが明らかになっている。このような影響を及ぼす虐待的環境とは，①発達に必要な刺激が不足している，②信頼できる対象の不在，③常に脅威や不安にさらされている，④一貫性・恒常性のない不安定な環境，と整理されている。

　心身の発達への影響はどの年齢でも起こり得るが，ことに乳幼児期は神経発達が鋭敏な時期であるため，この時期の虐待は脳のシナプス形成や経験依存性の神経ネットワークの成熟に影響を及ぼし，また愛着や感情調整，衝動のコントロール，自己概念の統合，認知発達などの基本的な心理発達の過程にも影響を及ぼすことが指摘されている。

　これらの結果，虐待を受けたすべての子どもは自尊感情が低く，またほとんどの子どもが「虐待を受けたのは自分が悪いから」と思っている。表5-1は虐待を受けた子どもにみられる臨床的問題（治療的アプローチが考慮される）を示している。しかし横断的研究からは，支援者が出会う時点で虐待を受けたすべての子どもに臨床的問題がみられるのではなく，何らの問

題を示さない子どもがいることも知られている。

　子ども時代の虐待の予後として，支援が行われず成人した場合は，①自尊心の低さ，②悲観的な自己イメージ，③うつなどのメンタルヘルスの問題，④アルコールや薬物乱用の問題，⑤他者と良好な関係を築く力の低さ，⑥虐待関係をはらむ人間関係，⑦学歴の低さ・雇用の機会の乏しさなどの，否定的な影響があると指摘されている。

表5-1　虐待を受けた子どもにみられる臨床的問題

1	身体面の問題	
	・身体障害（虐待の結果）	・成長障害（低身長・低体重）
	・食行動の問題	・腹痛や頭痛などの身体症状　など
2	心理的影響	
	・自尊感情の低下	・情緒発達や認知発達の遅れ
	・多動や落ち着きのなさ	・衝動統制の問題
	・トラウマ関連症状	・不安，うつ，解離
	・自傷行為	・不登校や学業の問題
	・非行行動　など	

（5）子どもと保護者への支援

　子どもと保護者への支援は，早期発見・早期対応に始まり，続いて虐待の影響からの回復への支援が行われる。ここでは回復への支援について述べる。

1）子どもへの支援

　虐待を受けた子どもへの支援は，一般的に子どもへの修復的アプローチを行いながら保護者へのアプローチを行い，子どもと保護者との関係修復を行うという構造になる。子どもへの支援は，まずは安全で安心できる環境と信頼できる他者の存在が必要で，それを通じて自己を受容することができるようになる。そしてそれらをベースに，その時点での問題となっていることにアプローチしながら，各発達段階の発達課題を獲得していく作業となる。具体的には，自尊感情を高める・適切な対人関係がもてる・感情の発達や情動コントロール，学習や自立の支援などが，すべての子どもに必要である。そのうえで，何らかの問題や困難を抱えている場合は，どの時期にどのような支援を行うのか，専門機関との連携のもとに適切なアセスメントに基づいて判断する必要がある。その際，すべての子どもが狭義の治療的アプローチ（医療や心理治療）の対象になるのではない。また早い時期に適切なケアを行っていくことで，子どもが更なる被害にあうこと（再被害）を予防し，また"虐待の連鎖"を防ぐことにもつながる。

2）保護者への支援

　身体的虐待・ネグレクト・心理的虐待の場合は，家族再統合を目標に虐待をした保護者と家族への支援が行われる（注：家族再統合とは，必ずしも物理的に一緒に生活するということを

意味していない)。一方、性的虐待の場合は、加害者排除の原則に基づき非加害保護者（虐待をしていない保護者）を中心にした支援が行われている。ここでは、身体的虐待とネグレクトの保護者支援を中心に述べていく。

身体的虐待・ネグレクトを中心とした保護者の抱える問題として、①子どもへの対応の技術が不足している、②子どもの発達に関する知識が不足している、③保護者自身が不安や怒りを覚えたときの自己コントロールの技術が未熟あるいは不適切、④保護者自身のコミュニケーションスキルの問題がある、⑤未治療の精神疾患がある、⑥子育てに困難をもつ保護者への地域の支援体制が整っていないなどが指摘されている。加えて金井は、虐待の背景には「余裕の無さ」が必ずあり、支援の方向性としては「孤立」の軽減と「余裕の無さ（心理面、生活面、心身の健康面など）」の軽減、そして精神的な治療が必要な場合は、その導入と治療の継続が重要になると述べている。

保護者への支援は、妊娠中～出産後の育児期（乳幼児期から思春期）の、それぞれの段階における支援が行われるが、支援内容や主たる支援機関は、虐待の重症度や問題状況により異なる。また経過中に局面が変化することも少なくないため、関わる時点でどのような支援を行う必要があるかアセスメントし、自分の役割と責任を明確にしたうえで支援することが重要である。図5-1は、虐待の重症度と支援内容を示している。

家族生活支援者が関わるのは、主として予防的啓発層や、子育て支援などによる見守り層になると思われる。

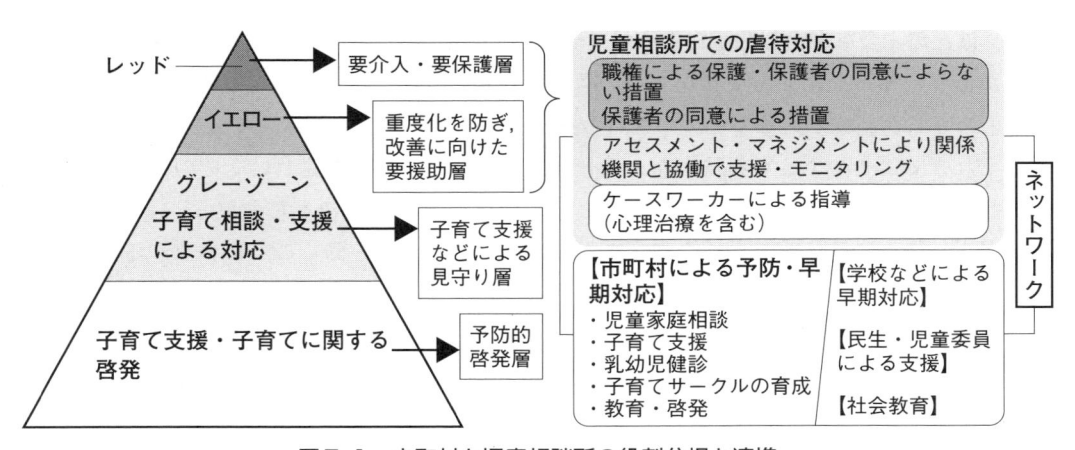

図5-1　市町村と児童相談所の役割分担と連携
出典）岡本正子、二井仁美、森実編著(2009)：教員のための子ども虐待理解と対応、生活書院、p.12、一部改変

子育てに困難感をもつ人や虐待傾向にある人への支援の枠組みは、①孤立させない、②育児不安や困難感へ適切に対応する、③現在の生活の問題点を明確にする、④ケースワーク的支援、⑤心理教育的アプローチ、⑥カウンセリング、⑦グループワークへの参加などがある。

現在、子育て支援の現場では、第1節でも述べているように、保健センターや保育所、子ども家庭相談センター、NPOなど、さまざまなところで多様な支援が行われており、その中で

子育て支援プログラムとして確立されてきているものには，トリプルP，ノーボディズ・パーフェクト，コモンセンス・ペアレンティングなどがある。また各自治体などによる，子ども家庭支援員などの研修も行われ，子育て支援が必要な家庭への派遣も試みられている。

支援の重要なテーマには，第4章4節で述べている適切な感情表出やコミュニケーションスキルの学びと同時に次に挙げるテーマがある。①共感性（子どもへの応答力につながる），②セルフエスティーム，③SOSを出す力（支援を受ける力），④衝動のコントロール，⑤時間や経済の自己管理を含んだ生活マネジメント力，⑥ストレスマネジメント，⑦自分の周囲の助け手（人的リソース）や，⑧支援機関やサービスを知っていることなどである。（③と⑧は，第4章4節と第5章1節のワークショップとして扱われている。）

また支援に際しては，まず保護者を理解することから始まり，支援する自分の立場の役割とその責任を明確にしておくこと，1人で抱え込まず誰か相談できる人がいること，機関連携も視野に入れながら対応すること，そして自分自身のケアに留意することが必要である。その際，支援者と支援を受ける側との距離のもち方（関係性）を十分意識して関わることも重要である。

（6）子ども虐待に関するワークショップの理解を深めるために

ここでは，第4章4節のワークショップで扱われている内容のうち，「SOSを出す」ということと，「子どもを愛せない」ことについて理解を深めていく。

1）人が他者にSOSを出せるにはどのような力が必要か，またもしSOSを出せない場合はどのような場合が想定されるか，そしてその場合，どのような支援が考えられるか

人が他者にSOSを出す力を獲得するには，その人のそれまでの人生の中で，他者から共感的に応答された経験があること，すなわち誰か1人にでも愛された体験があることが大きい。もしそれまでにそのような経験がない場合は，SOSを出すことが難しい。そのようなときの対応として，なぜその人が支援を受け入れにくいのかという視点をもちながら，急に距離を詰めすぎず，徐々に具体的な生活の支援を行っていくことで心を開くことにつながることが多い。またそのような場合は，支援者がいないと思っていることが多いので，自分の周囲にいる助け手（人的リソース）や支援機関についてのエコマップを作成する（第5章1節　ワークショップ，エコマップ）ことで，周囲の人的資源を再認識し，どのような支援を頼むことができるか一緒に考えることができる。

SOSを出すことが難しい状況には，上記に加えて，うつ状態などのメンタルヘルスの問題や，現在までに失敗経験がなく生きてきた場合などもある。このような場合，配偶者や保護者自身の原家族の理解に基づいた支援が重要であるが，メンタルヘルスの問題が疑われる場合には，保健所の精神保健相談員などの専門家につなぐことが必要になる。

失敗経験がなく生きてきた人の場合は，どのような支援が必要かの判断のもとに適切な支援を考えていくことになる。ワークショップで扱うように，援助を求めるのは恥ずかしいことではないということを育児困難に陥る前に理解していると，この状況は改善されるのではないかと思われる。

最後に，SOSがうまく機能するためには，出されたSOSを適切に受け止める環境整備が必要であることは言うまでもない。

2）「子どもを愛せない」と感じている人への支援

「子どもを愛せない」と感じている人は，自身が愛されたことがないと思っていたり，子育てに失敗感を持っていることが多い。その場合，子どもと楽しく遊んだ経験が乏しいことが多く，支援ベースでのアプローチとしては，「子どもと楽しく遊べる」支援が大切である。

また子どもへの肯定的な声かけを行うことで（いくつかのプログラムがある），子どもから肯定的な応答があり，それがきっかけで子どもといる時間が楽しいと思えるようになることもある。親子で一緒に遊ぶセッティングでは，支援者も一緒に遊びながらモデルとして機能することや，何組かの親子が一緒に遊ぶグループを設定して他の親子の交流から学ぶということもある。このような経験を通じて子どもとの間によい交流が生まれると，子どもを可愛いと思えるようになることが多い。しかし，保護者自身の抱えている精神的問題が深い場合は，保護者自身のカウンセリングが必要なこともある。

3．学齢期の子どもと家族

（1）学齢期の子ども

小学校・中学校・高等学校の学校在籍期間を総称して，「学齢期」と呼ぶ。「学齢期」の子どもにとって「学校」は，「家族・家庭」と「社会」をつなぐ中間存在としての意味づけをもち，子どもの成長にとって欠かせない「社会性」を学ぶ重要な教育的機能を有している。「社会性」は，集団や社会の関係性の中で育まれるものであり，子どもたちの「自己」は学校生活を通して相対化され，社会の中で自己実現するための基盤となることができるのである。しかしながら，この時期は，子どもたちの心身の発達もめざましく，学校生活を基盤とする人間関係において「個」と「集団」をめぐる葛藤や家庭生活での問題が，学校教育を通して顕在化することもあるため，問題はより複雑になる傾向がある。

小学校入学から「思春期」までの時期を一般に「児童期」と呼び，この時期は小学校在籍期間であるので「学童期」とも呼ばれている。親や教師との関係では比較的従順であるが，学校という公の生活による仲間，教師との関係が大きな問題になってくる。特に，小学校中・高学年は，大勢の同性の仲間で徒党を組んで活動することから「ギャング・エイジ」と呼ばれ，仲間の凝集性とともに閉鎖性も特徴とする時期を迎える。

（2）学齢期の子どもにおける学校教育の役割

1）現在の学校教育改革の動向

a．グローバル化　現代は，知識には国境がなく，競争と技術革新が絶え間なく生まれ，パラダイム転換に対応する幅広い知識と柔軟な思考力・判断力が必要であり，性別や年齢を問わず参画する「知識基盤社会」を特徴とした「グローバル化」が進行している。

その中で日本の児童・生徒は，国際的な学力調査である経済協力開発機構（OECD）の行っ

た「生徒の学習到達度調査（PISA：Programme for International Student Assessment）」や，国際到達度評価学会（IEA）の実施した「国際数学・理科教育調査（TIMSS：Trends in International Mathematics and Science Study）」で，思考力・判断力・表現力などを問う読解力，記述式問題，知識・技能を活用する問題に課題を残し，読解力の成績分布の分散が拡大し，学習意欲が低く学習習慣が確立していないことなどが問題とされている。

　　b．生きる力　　現代の学校教育では「生きる力」が重視されている。「生きる力」とは，「①知識や技能を身に付け，活用する力，②学ぶことへのやる気・意欲，③自分で考える力，④自分で判断する力，⑤自分を表現する力，⑥問題を解決し，自分で道を切り開いていく力」のことであり，先に述べたOECDのKey Competencyで示された「①自律的に活動する力，②道具を相互作用的に用いる力，③異質な集団で交流する力」と同義であることがわかる。

　学校教育の教育内容の基準となっている新学習指導要領（小・中：2008（平成20）年版，高：2009（平成21）年版）は，「生きる力」の育成，知識・技能の習得と思考力・判断力・表現力などの育成，豊かな心や健やかな身体の育成，言語活動・情報教育・理数教育の充実，発達段階に応じた学校段階間の円滑な接続（小中連携等），小学校で「外国語活動」の新設，年間総授業時間数の増加，「総合的な学習の時間」の授業時間数減などを特徴とする。

　その中でも特に言語活動の充実には期待が寄せられている。言語活動は，子どもの日常意識の対自化・相対化をする基本であり，学校教育を通して自我が錬磨され，形成されることは家族・家庭生活上も重要であるからである。

2）学力と家庭科――家庭科教育の役割

　先に述べたPISA型学力で示された「知識や技能を実際生活のさまざまな場面で直面する課題にどの程度活用できるかを評価」（問題解決能力）や，全国学力調査で示された「知識・技能等を実生活のさまざまな場面に活用する能力やさまざまな課題解決のための構想を立て，実践し評価・改善するなどに関わる内容」（主として活用）の活用型学力で重視されていることは，まさに，「家庭科」教育が従来から行ってきたことである。このように，体験を通して学ぶ「家庭科」教育の学校教育における役割は，ますます重要になってきているといえよう。

（3）学齢期の学校教育における問題状況

1）学級崩壊

　学級崩壊とは，子どもたちの自己中心的な行動や態度によって，学級全体の規律が崩れ，教師の指導が通らず，学級活動が機能不全に陥る状態である。1998（平成10）年ごろから問題状況が指摘されるようになり，その様相は学齢段階によって違いがみられる。

　　a．小1プロブレム　　小学校1年生の学級崩壊は，総称して「小1プロブレム」と呼ばれ，高学年の学級崩壊とは異なる学級未形成（学級集団形成困難）状況を特徴とする。

　その背景には，その前段階の幼児教育で，集団形成より個（自由保育）が推進されたことにより，幼小のギャップが生じたとする見方がある一方で，幼児教育関係者からは，学校教育の旧来型の一斉教授を中心とした学びのスタイルに対する子どもたちの抵抗である（汐見, 2013）とする見方がある。

現在，小学校では，幼小の子どもと教師の連携，ティーム・ティーチング体制，少人数学級，上級生（6年生）による生活分野での兄弟姉妹関係づくりなど，学校教育を改善していこうとする方向性が築かれつつあるが，子どもたちが子どもたち同士の縦横の関係性や教師との関係性を通して，個を集団の中で生かしながら，真に学ぶ意味を見いだすことのできるような息の長い取り組みが必要となっている。

b．中学年の学級崩壊　「ギャング・エイジ」の状況に「無規律」が加わる中学年の学級崩壊が，一番指導が困難であるとされている。学校・家庭が共に，子どもの不満やイラツキをていねいに受けとめることが必要となる。家族の複雑な問題や経済状況などを背景とした心理状態が背後に隠されていることも多いため，面談などを通して学校と家庭の連携した協力が必要となる。学校では，学級生活の基本的ルールを確立するとともに，レクリエーションなどにより子どもたちのイライラの発散や，学級などの所属グループへの愛着や親近感を醸成することが必要となる。

c．高学年の学級崩壊　高学年の学級崩壊は，思春期の葛藤から，不満や怒りをぶつけてくる激しさを伴っている。また，授業についていけない子どもが「学習からの逃避」をしたり，逆に，リーダー的子どもが学校生活に関する投げやりな学習・生活態度（「真剣塾に遊び学校」）をみせることもある。さらに，仲間関係優先のピア・プレッシャー（同調圧力）の現象もある。これらが「担任いじめ」として現れることもある（尾木，下村監修，2006）。

学校と家庭が協力し，思春期の発達特性を理解し，子どもの自主性を促しながら，学級の中で正義や思いやりが育まれ，学校で学ぶことが「楽しい学び」の場となることが求められている。

2）いじめ

昨今のいじめは，被害者の自殺にまで至る深刻な事態になってきており，すでに学校だけの責任に転嫁すべき問題ではなく，子どもを取り巻く学校・家庭・社会の全体の問題として捉え，支える視点が必要になっている。

いじめの定義と件数の捉え方は，文部科学省2007（平成19）年度調査（2006（平成18）年度における状況）から変更になった。いじめとは，「自分より弱い者に対して一方的に，身体的・心理的な攻撃を継続的に加え，相手が深刻な苦痛を感じているもの」から，2007（平成19年）度調査から「当該児童生徒が，一定の人間関係のある者から，心理的・物理的攻撃を受けたことにより，精神的な苦痛を感じているもの」と変更され，件数は「発生件数」（学校がいじめ発生と確認した件数）から，「認知件数」（本人がいじめと感じ，学校がその状況を把握した件数）に変更された。新基準では「個々の行為が『いじめ』に当たるか否かの判断は，表面的・形式的に行うことなく，いじめられた児童生徒の立場に立って行うものとする」とされ，旧基準の形式的適用への反省から，あくまで被害者の立場に立って判断するものとなった。いじめをするのは「一定の人間関係にある者」すなわち，「身近な仲間や友達」であることが多いことは多くのデータの裏付けがある。

いじめは，見えにくい部分もあり，必ずしも実態が確認されていない場合も多い。様態はさまざまであるが，「冷やかし，悪口」などの言葉の暴力が最も多くなっている。これに関連して，昨今ではネットによる誹謗・中傷などもいじめの温床となっており，問題となっている。

さらに最近では，スマートフォンの普及によるさまざまなソーシャルネットワークを介した「サイバーいじめ」も多くなっているといわれ，より実態が周りからはみえにくいため，事態はより深刻さを増している。

学齢では中学1・2年生が群を抜いて多く，前後の学年の2～3倍になっている。いじめがひとたび起こると陰湿に執拗に繰り返されるのが日本のいじめの特徴であるといわれ，いじめを苦に自殺に追い込まれるほどの深刻な問題となっている。

いじめを教室の病理と捉え，現代のいじめ集団の構造として，「四層構造論」を示した森田によれば，いじめは「加害者」「被害者」「観衆」「傍観者」の4つの役割により行われ，「観衆」はいじめを積極的に促進し，「傍観者」はいじめを消極的に促進する（森田，1994）という。いじめの生起や消長は，いじめに対する集団の反作用によって左右される。この「観衆」「傍観者」の反応によって，いじめの消長が規定される。すなわち，「四層化」が進行し，いじめをなくそうという「仲裁者」に代表される反作用力を弱めていくことは，学級内の人間関係が共同性を欠き，ますます希薄になり子どもたちを孤立させることになる。そのことは同時に「被害者」の子どもを孤立させ，追い詰めていくことにもつながるのである（森田，2010）。「観衆」がはやし立てるのをやめ，「傍観者」が見て見ぬふりをやめ，「加害者」を支持せず，「仲裁者」に代表される反作用が学級において十全に機能するようにすることが何より重要なのである。

したがって，いじめ問題は，被害者の心のケアだけを行うことによって解決する問題ではなく，すべての子どもたちに人間関係の共同性の重要さに気付かせるよう学校だけなく，家庭や社会において支援することが重要となっている。

3）不登校

文部科学省の学校基本調査では，不登校を「何らかの心理的，情緒的，身体的あるいは社会的要因・背景により，登校しないあるいはしたくともできない状況にあるため年間30日以上欠席した者のうち，病気や経済的な理由による者を除いたもの」と定義している。

ただし，この30日以上の長期欠席がそのまま，進級の認定につながるものではない。進級の認定にあたっては，「各学年の課程の修了……を認めるにあたっては，児童の平素の成績を評価して，これを定めなければならない」（学校教育法施行規則）とされ，出席日数については明記されていない。また，長期欠席児童・生徒の卒業認定で「学校の定めた授業日数に満たない児童生徒についても適当な方法でその成績を評価することにより卒業を認定することはあり得ることである。しかし，一般的に第3学年の総授業時数の半分以上も欠席した児童生徒については，特別な事情のない限り，卒業の認定は与えられないのが普通であろう」（昭28．3．1委初28号初中局長回答）との見解もなされている。しかし，これも法的な拘束力をもつものではなく，「特別な事情のない限り」といった条件についても，いじめ問題で文部科学省の調査研究協力者会議が，いじめによる欠席を緊急避難として容認する見解を示したことからも，不登校は「特別な事由」にあたるとの見解がなされている。そのため，進級の認定は，出席日数のみでは単純には判断されず，基準を定める権限は校長にあり，保護者や本人の納得のもとで慎重に措置されることになっている（伊野，下村監修，2006）。

不登校となったきっかけと考えられる状況については，小学生では本人・学校・家庭の順に起因，中学生では学校・本人・家庭の順になっている。「家庭生活に起因」の内訳では，「親子関係をめぐる問題」が最も多くなっている。

また，学年別では，小学校から中学校への移行期に急増し，学年が進むにつれて増加する傾向があり，中学生で不登校になった生徒の3分の2が，小学校時代に不登校の経験やその傾向があったとされている。このように，一度不登校になると学校復帰がなかなか難しく，学校復帰を果たしても再び不登校になりやすい傾向がみられる。

さらに，不登校の要因は多様化・複雑化している状況にあり，いじめ・暴力，LD・ADHD（学習障害・注意欠陥多動性障害）などの子どもへの対応，さらには高校生の中途退学者やその後の「引きこもり」など，長期化・継続化することにこの問題の困難さがある。

2003（平成15）年，文部科学省の「今後の不登校への対応の在り方について」によれば，学校が「心の居場所」「絆づくりの場」としての機能することが求められている。学校がそのような場として機能するよう，家庭との連携がますます必要になっている。

不登校の児童・生徒の支援については，児童・生徒の個々の状況をよく見極め，その時々に適切な働きかけを行う必要がある。そのためには，相談機関は学校内だけでなく，学校外の機関との支援体制を組織的に行い，支援する必要がある。今日では民間教育施設やNPOなどのさまざまな取り組みもあり，適切な教育機関による多様な学習の機会を提供することが必要になっている。その際，学校は民間教育施設における相談や指導が適切であるかどうかについて，校長と設置者である教育委員会とが連携をとって判断し，校長は出席認定に必要な情報収集を行う。適切な登校刺激は重要であるが，必ずしも登校を最終目標とするのではなく，児童・生徒自身が主体的な進路選択を目指すよう，支えることを第一に，家庭と学校および相談機関の三者の連携した取り組みが求められている。

（4）学齢期の子どもと学校・家庭の関わり，危機理解・解決の方途

家庭生活の側から学校生活を考えるとき，学校は中間存在として重要な教育的機能を有するということは忘れてはならない。学校では，むきだしの個人の欲望のぶつかり合い（諏訪，2005）から脱却する必要があり，「受け止めてくれるか，受け止めてくれないか」だけでない関係づくりを構築（中井，2005）する必要がある。

また，他者との関係性の構築のために，子ども自身が自我を錬磨し形成するうえで「言葉」（中井，2005）のコミュニケーションは，学校生活，家庭生活においてともに重視されなければならない。さらに，指導においては，子ども自身が独りよがりにならないように，過度に自己に注視しないこと（吉田，中井，2003　齋藤，2011）も重要である。

子どもは，学齢期を通して中間存在としての学校生活におけるさまざまな人間関係を経験することによって，他者を通してみた自分を知り，自分自身を鍛え，子どもにとって最も密接な私的領域である自身の家族・家庭生活を客観的に捉えることができるようになるのである。そのことを通して，「社会性」や「自己肯定感」を育み，自律する基盤を自身のうちに獲得していくのである。

したがって，学齢期の危機理解・解決の方途としての子どもと家族の関わりを考えると，今後はますますソーシャル・サポートとしての役割の強化，すなわち，子どもの生活の質を高めることを目的に，子どもとその生活環境との相互関係と調整を行うためのサポートを強化する必要があるといえるだろう。

ワークショップ　子どもが「家事参加」することの意義を考えよう

【概要】

概　　要	日本の子どもは，家の仕事（手伝い）が国際比較からして実践率が低いことが指摘されている。そのことは，家族への帰属感の機会をもちえず，落ち着いた学習習慣や実践力などの問題，ひいては学力や人間形成，発達と直接，間接に関係しているのではないかという立場から，課題として参加者で検討し分析交流を行う。
目　　的	・小学校中学年および高学年の子どもたちにとって家庭生活に参加することによる自己有効感や，学力発達の観点から考察し，家庭と学校の連携のあり方を考える。 ・家庭生活の中に子どもの発達を保障する場面があること，そのような家庭生活をつくっていくことの重要性を考える。 ・人の意見を聞くことや，自分の考えを発表する態度を身に付ける。 ・みんなの考えを整理しまとめていく方法を身に付ける。 ・多様な考え方が相互に関連があることに関心をもつ。
対 象 者	保護者，教師，学生，子ども
所要時間	考えを出し合い整理するまで45分，発表交流15分
方　　法	・ファシリテーターが最初に全体の進め方を説明する。 ・近くの席の人たちで4〜5人のグループをつくる。 ・課題に沿って話し合いを中心に進める。 　①「家の仕事（家事）を分担すること」の良さを考えられるだけ挙げてみよう。付箋に記入しよう。（ブレーンストーミング） 　②付箋を模造紙に貼りながらグルーピング（KJ法）して，タイトルを付けよう。 　③グルーピングした項目の相互の関係を線結びしよう。多くの線が集まった項目は何だったか見直してみよう。 　④家の仕事（家事）を分担する機会が実現し普及するには，どのようなことが必要か話し合ってみよう。特に学校と家庭の連携について考える。 ・グループの数にもよるが，グループの話し合いやまとめを紹介し合う。 ・ファシリテーターは全体の傾向とまとめの方向を整理し示す。
準 備 物	模造紙，付箋，筆記用具，色のマジックペン

注）本ワークショップは，日本家政学会家政教育部会編（2011）:家族生活の支援と実践，p.108（吉原崇恵作成）をもとに加筆したものである。

4. キャリアデザイン

(1) キャリアとは

1) キャリアとは

　キャリア（career）という言葉は，過去，時代や場面によって多様に使用されてきた。それゆえ，現在もさまざまな意味で使われている。キャリアの語源は，中世ラテン語のcarrus（車）およびcurrere（走る），車道を起源とし，英語で競技場や競馬場のコースやトラック（行路，足跡）を意味するものであった。そこから，その道に沿って人が進むこと，経歴，遍歴，生涯などという意味に発展したといわれている[30]。

2)「キャリア」概念の変遷

　　a．スーパー（Super, D.E.）のキャリア発達理論的アプローチ　職業心理学の草分け的存在であるスーパーは，キャリアを生涯発達の視点で検討し，職業を選択する人間のもつ可能性である発達と，職業と直接関連のない生活全体に注目して，キャリア発達理論的アプローチを展開した。彼は，キャリアとは，「人生のある年齢や場面のさまざまな役割の組み合わせ」であると捉え，人々は，自分にとって重要な価値観を，仕事あるいは他のライフ・ロール（役割）において達成しようとするということを実証しようとした。具体的には，**図5-2**のようにライフ・キャリアの虹（ライフ・キャリア・レインボー）を，個人的な生活と職業生活の全体を統合的に表す図として表した。

　スーパーによると，キャリアを出生から，成長 → 探索 → 確立 → 維持 → 衰退と生涯を段階に分けて説明しており，その中で，人々は，「子ども」「生徒・学生」「余暇人」「市民」

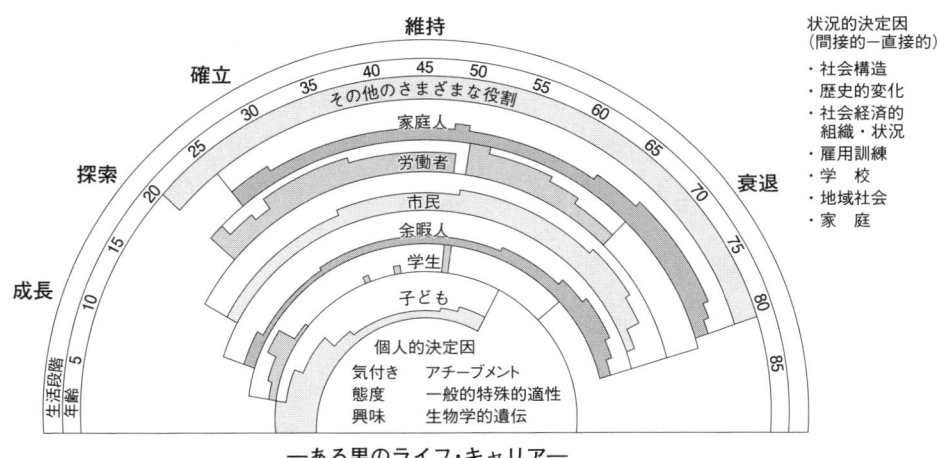

「22歳で大学を卒業し，すぐに就職。26歳で結婚して，27歳で1児の父親となる。47歳の時に1年間社外研修。57歳で両親を失い，67歳で退職。78歳の時妻を失い，81歳で生涯を終えた。」スーパーは，このようなライフ・キャリアを概念図化した。

図5-2　ライフ・キャリアの虹

出典）文部省（1992）：中学校・高等学校進路指導資料集第1分冊（平成4年）

「労働者」「配偶者」「家庭人」「親」などのライフ・ロール（役割）を1つあるいは複数を並行して，「職場」「家庭」「地域」「学校」を舞台として演じているとしている。

　　b．ホランド（Holland,J.L.）の職業的パーソナリティ理論　　ホランドの職業的パーソナリティ理論は，人の行動は，その人のもつ「パーソナリティ」とそのパーソナリティを発揮できる「環境」によって生み出されるという考え方から成り立っているとされ，6つのパーソナリティ・タイプの頭文字を取り，RIASEC（リアセック）と呼ばれている[31]。

〈6つのパーソナリティ・タイプ〉
　R：現実的（Realistic）
　I：研究的（Investigate）
　A：芸術的（Artistic）
　S：社会的（Social）
　E：企業的（Enterprising）
　C：慣習的（Conventional）

図5-3は，パーソナリティ・タイプの構造を示し，距離はその類似性を表している。つまり，隣接するタイプは類似性が強く，対角線上のタイプはその反対である。

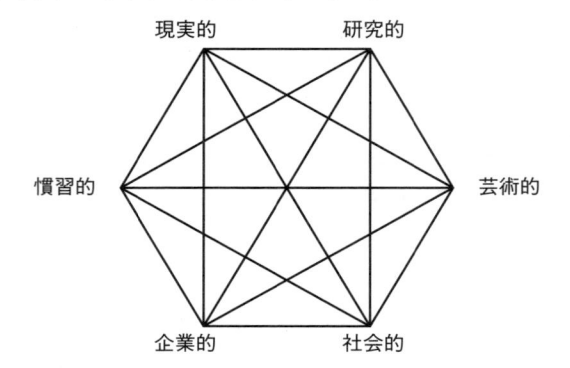

図5-3　パーソナリティ・タイプの六角形モデル
出典）Holland（1985），渡辺三枝子，松本純平，舘暁夫訳（1990）：職業選択の理論，雇用問題研究会，p.15より作成

　　c．ホール（Hall,D.T.）の関係性アプローチ理論　　ホールは，「キャリア」という言葉が使用される際に意味するものを，
1．階層の中での昇進を主として念頭において捉えられる情報への方向性としてのキャリア
2．定型化された地位の経路の存在する専門職としてのキャリア
3．生涯を通じた職務としてのキャリア
4．生涯を通じた役割に関連した諸経験としてのキャリア
の4つに分類したうえで独自のキャリアの定義を提唱している。
　キャリア発達の最終的な目標が心理的成功であること，キャリアは人間関係における相互学習の中で発達していくことが強調されており，「自分と他者との関係性を大事にすることによってその人なりのキャリアを築いていくことが大事である」と述べている[32]。

　　d．中央教育審議会答申におけるキャリア　　中央教育審議会「今後の学校におけるキャリア教育・職業教育の在り方について（答申）（2011）」において，キャリアとは，以下のように定義されている。

　　「人は，他者や社会とのかかわりの中で，職業人，家庭人，地域社会の一員等，様々な役割を担いながら生きている。これらの役割は，生涯という時間的な流れの中で変化しつつ積み重なり，つながっていくものである。また，このような役割の中には，所属する集団や組織から与えられたものや日常生活の中で特に意識せず習慣的に行っているものもあるが，人はこれらを含めた様々な役割の関係や価値を自ら判断し，取捨選択や創造を重ねながら取り組んでいる。人は，このような自分の役割を果たして活動すること，つまり

『働くこと』を通して、人や社会にかかわることになり、そのかかわり方の違いが『自分らしい生き方』となっていくものである。」

このように、人が、生涯の中でさまざまな役割を果たす過程で、自らの役割の価値や自分と役割との関係を見いだしていく連なりや積み重ねが、「キャリア」の意味するところである。

また、「キャリア発達」とは、「社会の中で自分の役割を果たしながら、自分らしい生き方を実現していく過程」と述べている。

関連して、「働くこと」については、人が果たす多様な役割の中で、「自分の力を発揮して社会（あるいはそれを構成する個人や集団）に貢献すること」としている。「働くこと」には、職業生活以外にも家事や学校での係活動、あるいは、ボランティア活動などの多様な活動が含まれ、個人がその学校生活、職業生活、家庭生活、市民生活などの生活の中で経験するさまざまな立場や役割を遂行する活動として、幅広く捉える必要があるとしている[33]。

（2）キャリアデザインに関わる現状と課題

子育て・子育ちにおいて、昨今は生涯発達におけるキャリアデザインという視点が重要になってきている。キャリアデザインとは、職業や仕事のみに関連するものではなく、自分らしい生き方の実現を目指して、生涯発達の視点から人生を設計していくことである。

経済のグローバル化、科学技術の進展などにより、求められる知識や技能、人材の需要が高度化するとともに、職業の多様化、雇用の流動化、ワーク・ライフ・バランスの進展等々、産業構造や就業構造、労働環境が大きく変動している。子どもたちは、自分の将来を考えるのに役立つ理想とする大人のモデルを見つけにくく、将来に向けて明るい希望溢れる夢を描くことが容易ではなくなってきているといわれている。また、人間関係を上手に築くことができない、自分で意思決定できない、自己肯定感をもてない、将来に希望をもつことができないといった子どもの増加も指摘されてきている。このような変動の時代にこそ、早期に、将来を見通したキャリアデザインを考えることが重要であり、必要となってくる。

1）学校から職場への移行に関する課題

近年、ニート・フリーターの増加、いわゆる「七五三」問題（中学卒7割、高校卒5割、大学卒3割の人が就職してから3年以内に最初に務めた会社を辞めてしまうという問題）と呼ばれる若者の早期離職の加速など、「学校から職場への円滑な移行」が大きな問題となっている。若者自身の勤労観や職業観の未熟さ、社会の一員としての経験不足と意識の未発達、社会人、職業人としての基礎的資質・能力の発達の遅れなども指摘されている。

a．新規学卒就職者の在職期間別離職率 中学、高校、大学の卒業3年後の離職率は、それぞれ62.0%、39.2%、31.0%となっている（図5-4参照、いずれも2010（平成22）年3月卒業者）。

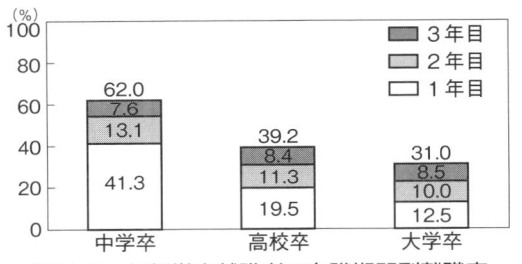

図5-4　新規学卒就職者の在職期間別離職率
出典）厚生労働省：職業安定業務統計

b．フリーター数の推移　フリーター（15～34歳の男性または未婚の女性（学生を除く）で，パート・アルバイトとして働く者またはこれを希望する者）は，やりたい職業が見つかるまでの「モラトリアム型」，正規雇用を志向しながらそれが得られない「やむを得ず型」，明確な目標をもったうえで生活の糧を得るための「夢追求型」などに分類される。フリーター数は2003（平成15）年に217万人に達して以降，5年連続減少していたが，その後2年連続で増加をしている（**図5-5**参照）。

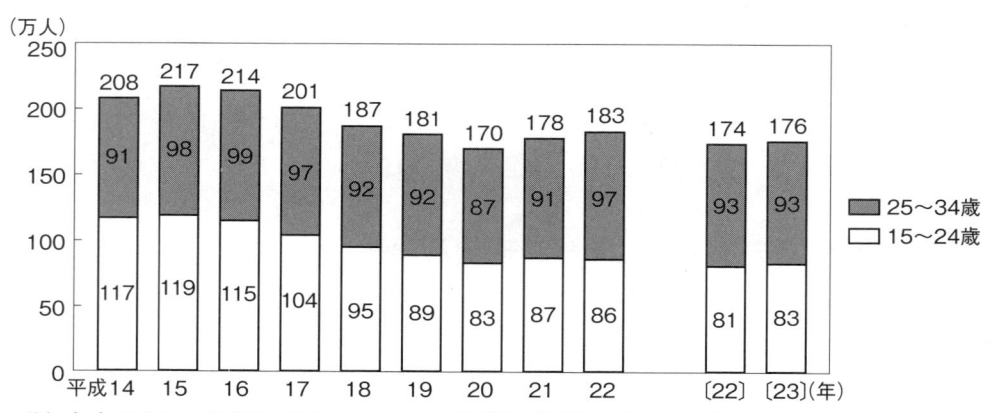

注）〔　〕を付した平成22・23年のデータは，岩手県・宮城県・福島県を除く全国の結果。

図5-5　フリーター数の推移

出典）総務省統計局：就業基本調査，労働省政策調査部で特別集計
　　　総務省統計局：労働力調査詳細集計

c．ニート状態の若者の推移　ニートの状態にある若者（日本では，若年無業者を指し，15～34歳の非労働力人口のうち，通学，家事を行っていない者）は，2002（平成14）年以降60万人台で推移しており，2011（平成23）年は60万人となっている（**図5-6**参照）。

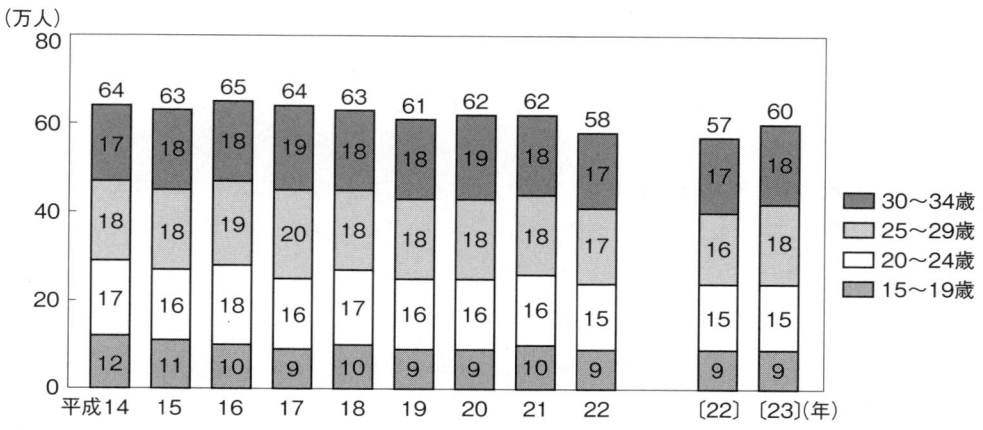

注）〔　〕を付した平成22・23年のデータは，岩手県・宮城県・福島県を除く全国の結果。

図5-6　ニート状態の若者の推移

出典）総務省統計局：労働力調査

2）子どもたちをめぐる課題

a．中学生・高校生の悩み　図5-7・8において，中学生の心配事として，勉強や進学を筆頭に，悩みがないとの回答以外は前回調査より増加している。また，高校生の約半数が進路を考えるとき，「自分がどうなってしまうのか不安になる」と回答しており，「自分の可能性が広がるようで楽しい」と回答した者を大きく上回っている。また，他の調査では，進路選択に関する気がかりとして，「自分に合っているものがわからない」約37％，「やりたいことが見つからない，わからない」約32％，「社会に出て行く能力があるか自信がない」約25％となっている（全国高等学校PTA連合会・リクルート「高校生と保護者の進路に関する意識調査」，2007）。また，将来就きたい仕事がわからない児童・生徒は，小学生・中学生・高校生となるにつれて増加傾向にあることも明らかとなっている。

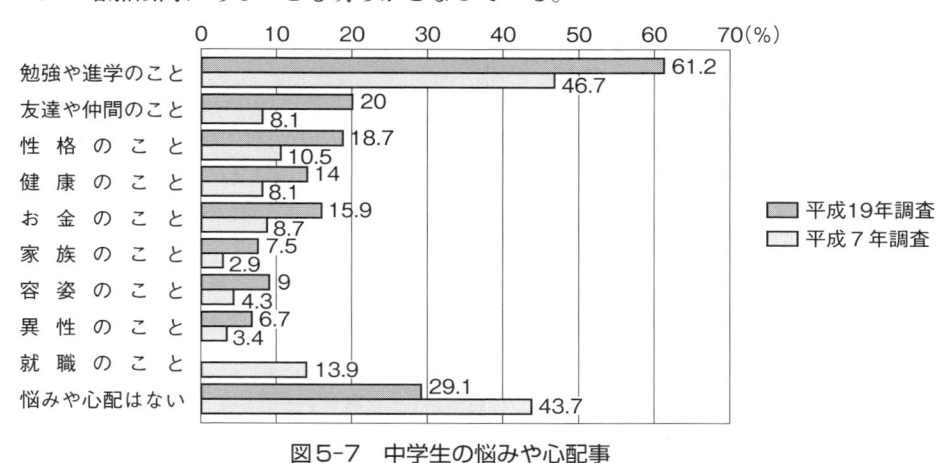

図5-7　中学生の悩みや心配事

出典）内閣府（2007）：低年齢少年の生活と意識に関する調査により作成

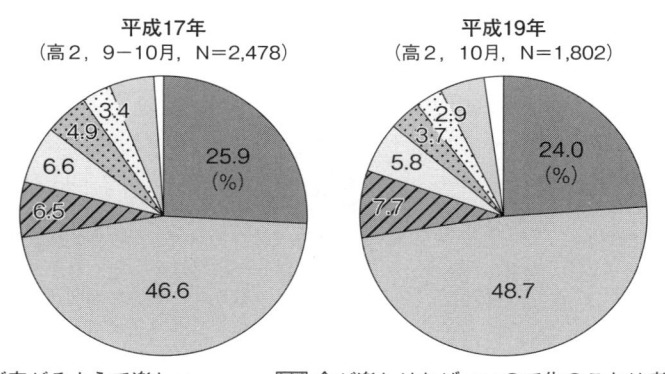

図5-8　高校生が進路を考えるときの気持ち

出典）全国高等学校PTA連合会・リクルート「キャリアガイダンス」合同調査「第3回高校生と保護者の進路に関する意識調査」（2007）

b．教育・学習に関する課題　TIMSS（2011）（IEA，国際数学・理科教育調査）やPISA（2009）（OECD，生徒の学習到達度調査）の結果によると，日本の児童・生徒は，教科の得点は上位グループに入っているが，数学・理科の「勉強が楽しい」と答えた割合，「勉強すると日常生活に役立つ」と答えた割合，「将来，自分が望む仕事に就くために良い成績をとる必要がある」と答えた割合，教科に対する自信，興味・関心などが，世界の平均値よりもかなり低い割合となっている。また，趣味として読書をする生徒の割合は下位から10位以内であり，マンガは読むが，ノンフィクションや新聞などを読まない傾向も明らかとなっている。すなわち，学びに対する興味・関心が希薄で，将来との関連性が見えないままでの学びが，教育での大きな課題となっている。

（3）日本におけるキャリア教育の取り組み

1）キャリア教育の取り組みの推移

表5-2は，日本のキャリア教育に関する取り組みの主なものをまとめたものである。1999年の中央教育審議会答申「初等中等教育と高等教育との接続の改善について」において，「学校教育と職業生活との接続」の改善を図るために，小学校段階から発達の段階に応じてキャリア教育を実施する必要があると提言され，ここで初めて「キャリア教育」という文言が登場している。以降，小・中・高等学校においてキャリア教育の充実が喫緊の課題として図られてきている。

表5-2　主なキャリア教育推進施策

年	法律等	内容
1999 （平成11）	中央教育審議会答申 「初等中等教育と高等教育との接続の改善について」	○「キャリア教育」という文言が初めて登場 ○改善の方策 ・キャリア教育を小学校段階から発達の段階に応じて実施する必要がある。 ・家庭・地域と連携し，体験的な学習を重視する必要がある。 ・学校ごとに目的を設定し，教育課程に位置付けて計画的に行う必要がある。
2003 （平成15）	「若者自立・挑戦プラン」 文部科学大臣，厚生労働大臣，経済産業大臣，経済財政政策担当大臣による「若者自立・挑戦戦略会議」	「若者が自らの可能性を高め，挑戦し，活躍できる夢のある社会」と「生涯にわたり，自立的な能力向上・発揮ができ，やり直しがきく社会」 政府，地方自治体，教育界，産業界が一体となった取り組みが必要であるとした。
2006 （平成18）	教育基本法改訂	第2条（教育の目標）「個人の価値を尊重して，その能力を伸ばし，創造性を培い，自主及び自律の精神を養うとともに，職業及び生活との関連を重視し，勤労を重んずる態度を養うこと」が規定された。
2008 （平成20）	「教育振興基本計画」	子どもたちの勤労観や社会性を養い，将来の職業や生き方について自覚に資するよう，小学校段階からのキャリア教育を推進 中学校を中心とした職場体験活動・普通科高校におけるキャリア教育の推進
2011 （平成23）	中央教育審議会答申「今後の学校におけるキャリア教育・職業教育の在り方について」	キャリア教育の定義を新たに設置 「4領域8能力」→「基本的・汎用的能力」

2）キャリア教育の定義

中央教育審議会「今後の学校におけるキャリア教育・職業教育の在り方について（答申）（2011）」において，一人ひとりの社会的・職業的自立に向け，必要な基盤となる能力や態度を育てることを通して，キャリア発達を促す教育として新たに定義されている。

3）キャリア教育で育成すべき力

各省庁で関連のある能力は以下のとおりである。

① 基礎的・汎用的能力（文部科学省：中央教育審議会答申，2011）

「人間関係形成・社会形成能力」「自己理解・自己管理能力」「課題対応能力」「キャリアプランニング能力」の4つの能力で構成されている。

② 人間力（内閣府，2003）

社会を構成し運営するとともに自立した1人の人間として力強く生きていくための総合的な力であり，「知的能力的要素」「社会・対人関係力的要素」「自己制御的要素」から成り立っている。

③ 社会人基礎力（経済産業省，2006）

「前に踏み出す力（Action）」「考え抜く力（Thinking）」「チームで働く力（Teamwork）」の3つの能力（12の能要素）から構成されており，「職場や地域社会で多様な人々と仕事をしていくために必要な基礎的な力」とされている。

④ 就職基礎能力（厚生労働省，2004）

企業が採用にあたって重視し，基礎的なものとして比較的短期間の訓練により向上可能な能力。コミュニケーション能力，職業人意識，基礎学力，ビジネスマナー，資格取得が挙げられている。

以上，学校・産業界・地域・国・地方公共団体が一体的になって，生涯を通したキャリア教育の推進を行っている。個々人のキャリアデザインがより具体的に，現実的に，長期的に行うことができるよう，また，職業の選択のみに偏らず，家庭，地域，社会での一員としての視点を取り入れるなど，空間軸を広げたキャリアデザインができるよう，キャリア発達を促す取り組みが社会全体の喫緊の課題といえよう。

（資料） キャリア教育アンケート一例 （高校生向け）

※自分で各能力の実態を把握し，課題を把握するなどの分析を行うことができる。

あなたの日常生活の様子を振り返って，当てはまる番号に○をつけてください。

		当てはまる	やや当てはまる	あまり当てはまらない	当てはまらない
①	あなたは，友達や家の人の意見を聞くとき，相手の立場を考慮して，その人の考えや気持ちを受け止めようとしていますか。	4	3	2	1
②	あなたは，自分の考えや気持ちを整理し，相手が理解しやすいよう工夫して，伝えようとしていますか。	4	3	2	1
③	あなたは，人と何かをするとき，自分がどのような役割や仕事を果たすべきか考え，分担しながら，力を合わせて行動しようとしていますか。	4	3	2	1
④	あなたは，自分がすべきことがあるときに，喜怒哀楽の感情に流されず行動を適切に律し，それに取り組もうとしていますか。	4	3	2	1
⑤	あなたは，自分を振り返り，長所や短所を把握して，良いところを伸ばし，悪いところを克服しようとしていますか。	4	3	2	1
⑥	あなたは，不得意なことでも，自ら進んで，取り組もうとしていますか。	4	3	2	1
⑦	あなたは，調べたいことがあるとき，自ら進んで資料や情報を収集し，信憑性が高く，かつ，必要な情報を取得選択しながら活用していますか。	4	3	2	1
⑧	あなたは，何か問題が起きたとき，次に同じような問題が起こらないようにするために，原因を調べ，課題を発見し，解決のための工夫をしていますか。	4	3	2	1
⑨	あなたは，何かをするときに，見通しをもって計画し，評価・改善を加えながら実行していますか。	4	3	2	1
⑩	あなたは，学ぶことや働くことの意義について考えたり，さまざまな働き方や生き方があることを理解したり，今学校で学んでいることと自分の将来とのつながりを考えたりしていますか。	4	3	2	1
⑪	自らの将来について具体的な目標を立て，社会の現実を視野におさめながら，その実現のための方法について考えていますか。	4	3	2	1
⑫	あなたは，将来の目標の実現に向けて具体的な行動を起こしたり，それを振り返って改善したりしていますか。	4	3	2	1

①～③：人間関係形成・社会形成能力　　④～⑥：自己理解・自己管理能力
⑦～⑨：課題対応能力　　　　　　　　　⑩～⑫：キャリアプランニング能力

出典）文部科学省（2011）：高等学校キャリア教育の手引き，p.74

4. キャリアデザイン　105

ワークショップ　あなたのライフ・キャリア・レインボーを作成してみよう

【概要】

概　　要	ライフ・キャリア・レインボーの図に，自分の人生における役割（ライフ・ロール）を記入し，いつごろ，どのような比重で，どのような役割を担うのか創造的に見通す。
目　　的	キャリアについて多面的に捉え，複数の立場や役割を調整しながら人生を描くことができるようになる。
対 象 者	家族生活支援者およびその志望者
所要時間	20～30分
方　　法	図5-2を参考にして，自分の「ライフ・キャリア・レインボー」を作成する。8つのライフ・ロールをもとにして，それ以外の役割があれば追加する。 ①現在について 　今の自分について，どのような立場で，どのような役割を，どの程度担っているのか，色分けして表現してみよう。 ②過去について 　過去にさかのぼり，当時の自分が担っていた役割についても同様に表現してみよう。 ③未来について 　10年後，30年後…の未来の自分を想像し，そのときにどのような役割を担っているのか，それをどの程度重視しているのか，比率で表してみよう。 作成できたら，4～5人の小グループで交流し，それぞれのキャリアについて紹介し合おう。
準 備 物	ライフ・キャリア・レインボーの図

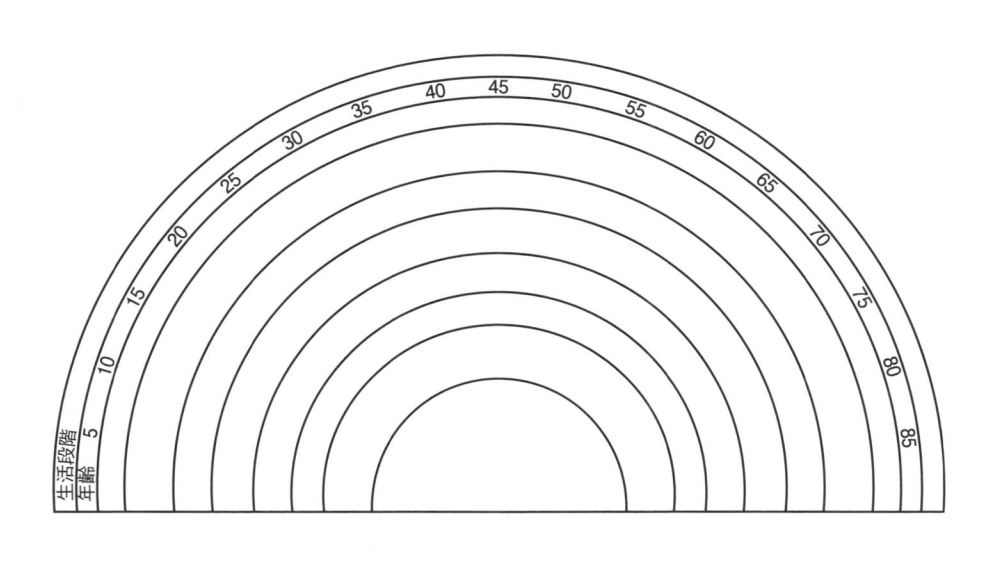

●引用文献

1）牧野カツコ，渡辺秀樹，船橋惠子，中野洋恵編著（2010）：国際比較にみる世界の家族と子育て，ミネルヴァ書房，pp.47-59
2）ベネッセ教育総合研究所（2009）：第3回子育て生活基本調査報告書（幼児版），研究所報，**54**，p.108
3）柏木惠子（2008）：子どもが育つ条件，岩波新書，pp.157-160
4）小関康之（2004）：乳幼児の発達と子育て実践，中央法規出版，p.178
5）日本家政学会編（2004）：新版家政学事典，朝倉書店，p.858
6）同上，p.859
7）文部科学省：主な発達障害の定義について
8）福井逸子，柳澤亜希子編著（2008）：乳幼児とその家族への早期支援，北大路書房，pp.47-48
9）前掲7）
10）前掲8），pp.53-54
11）前掲8），pp.42-46
12）石川洋子編（2008）：子育て支援カウンセリング―幼稚園・保育所で行う保護者の心のサポート，図書文化社，pp.100-103
13）小野次郎，上野一彦，藤田継道編（2010）：よくわかる発達障害［第2版］LD・ADHD・高機能自閉症・アスペルガー症候群，ミネルヴァ書房，pp.80-81
14）中田洋二郎（2009）：発達障害と家族支援―家族にとっての障害とはなにか―，学研教育出版，pp.94-97
15）前掲4），p.34
16）前原武子編（2008）：発達支援のための生涯発達心理学，ナカニシヤ出版，p.63
17）同上，p.76
18）幼少年教育研究所編著（2009）：新版・遊びの指導，同文書院，pp.6-7
19）大豆生田啓友編著（2007）：50のキーワードでわかる子育て支援＆子育てネットワーク，フレーベル館，p.36
20）同上，p.79
21）大日向雅美，荘厳舜哉編（2005）：子育ての環境学，大修館書店，p.120
22）才村純（2005）：子ども虐待ソーシャルワーク論，有斐閣，p.1
23）同上，p.2
24）同上，p.8
25）厚生労働省雇用均等・児童家庭局総務課（2013）：児童家庭福祉の動向と課題―児童相談所長研修〈前期〉，pp.11-15，p.54
26）全国児童相談所所長会（2013）：全国児童相談所における子どもの性暴力被害事例（平成23年度）報告書，p.95
27）前掲25），pp.24-27
28）前掲25），p.26
29）日本子ども家庭総合研究所編（2009）：子ども虐待対応の手引き，p.22，一部2013改変
30）Patridges, E.（1963）：*ORIGINS*, Routledge & Kogan Paul，p.78
31）三村隆男（2004）：キャリア教育入門，実業之日本社，p.40
32）渡辺三枝子編著：キャリアの心理学，ナカニシヤ出版，p.125
33）文部科学省（2011）：高等学校キャリア教育の手引き，p.16

●参考文献

- 秋田喜代美，伊藤葉子監修（2014）：子どもの発達と保育，教育図書
- 改訂　保育士養成講座編纂委員会編（2007）：家族援助論，全国社会福祉協議会
- 佐川寛子，成瀬美恵子（2007）：これだけは知っておきたい保育者のためのカウンセリングマインド入門，チャイルド本社
- 牧野カツコ編著（2002）：家庭科ワークブック人間の発達と保育，東京書籍
- 吉田眞理（2006）：児童の福祉を支える家庭援助論，萌文書林
- Finkelhor,D.（1984）：*Child Sexual Abuse*, The Free press, pp.53-68
- 原田正文（2006）：子育ての変貌と次世代育成支援，名古屋大学出版会
- 家庭教育支援の推進に関する検討委員会（2012）：つながりが創る豊かな家庭教育，文部科学省，p.17
- 金井剛（2009）：福祉現場で役立つ親と子どもの精神科，明石書店
- 桐野由美子，家庭訪問支援プロジェクトチーム編著（2003）：子ども家庭支援員マニュアル，明石書店
- 小林美智子，松本伊知朗編著（2007）：子ども虐待──介入と支援のはざまで，明石書店
- 二井仁美（2009）：近代日本における子ども虐待と子どもの権利．教員のための子ども虐待理解と対応（岡本正子，二井仁美，森実編著），生活書院，pp.143-168
- 岡本正子，薬師寺順子（2009）：子ども虐待をとらえる基本的視点．教員のための子ども虐待理解と対応（岡本正子，二井仁美，森実編著），生活書院，pp.13-51
- 岡本正子，渡邊治子（2011）：性的虐待・家庭内性暴力被害を受けた子どもの家族支援の現状と課題──児童相談所における非加害親を中心に．子どもの虐待とネグレクト，**13**(2)，pp.42-50
- 友田明美（2012）：新版　いやされない傷──児童虐待と傷ついていく脳，診断と治療社
- 下村哲夫監修（2006）：事例解説　事典　学校の危機管理　第2版，教育出版
- 中井孝章（2005）：学校教育の言語論的転回，西田書店
- 汐見稔幸（2013）：本当は怖い小学一年生，ポプラ社
- 森田洋司（2010）：いじめとは何か──教室の問題，社会の問題──，中公新書
- 森田洋司，清永賢二（1994）：新訂版　いじめ──教室の病い──，金子書房
- 諏訪哲二（2005）：オレ様化する子どもたち，中公新書
- 吉田武男，中井孝章（2003）：カウンセラーは学校を救えるか──「心理主義化する学校」の病理と変革──，昭和堂
- 齋藤孝（2011）：日本人の心はなぜ強かったのか──精神バランス論──，PHP新書

第6章 最期まで自分らしく生きる

1．高齢者と家族生活

(1) 今日の時代的背景と高齢者
1) 今日の社会的背景と高齢者

　2005（平成17）年の国勢調査結果で，日本の総人口が1億2,776万8千人で，前年の推計人口（1億2,779万人）を2万2千人下回っていることが判明した。10月1日現在の人口が前年を下回ったのは，第2次世界大戦後初めてのことであり，わが国が「人口減少社会」に突入したことが明らかとなった。

　また少子化が進む中，高齢化率（高齢人口の総人口に対する割合）は，2010（平成22）年の23.0％から2013（平成25）年には25.1％，4人に1人が高齢者となり，国立社会保障・人口問題研究所の推計（2012）によると50年後の2060年には39.9％，2.5人に1人が高齢者になることが予測されている（図6-1）。

　今後，わが国は人口減少が加速度的に進行していく少子高齢・人口減少社会が想定されている。人口減少による社会への影響は，次の事柄が予想されている。それらは，①労働力人口の減少，②地域社会における活力の低下，③高齢者人口の増加による年金や高齢者医療費・介護費の増大，④労働力減少を背景として国や社会の存立基盤に関わる問題である。

　日本社会は，戦後の経済成長を前提とし，国や企業，家族の意識や価値観がその目標に向けてまい進することで豊かさを手に入れてきた。広井（2005）が示すように，現在の日本社会が抱える多くの面での閉塞状況は，こうした社会構造や発想そのものからの転換ができていないという点にあり，彼の示す「定常型社会」とは，「経済成長ということを絶対的な目標としなくても十分な『豊かさ』が実現されていく社会」のことである[1)]。すなわち，それは，少子高齢社会における人口減少社会と，資源や自然環境の有限性による社会の持続性という視点から，経済の規模の「定常性」が"要請"される社会であり，「少子高齢・人口減少社会」と「持続可能な環境親和型社会」という2つをキーワードとする社会である。

　そのような社会においては，個人の機会の平等と選択の自由を保障する社会保障制度が大きな意味をもつ。すなわち広井が述べるように「社会保障とは，個人の自由の実現のためにある制度である」という新たな認識をもつことである。つまり，その社会は「潜在的な自由」に基づく「個人の機会の平等（の保障）」ということを理念として再編される社会である。社会保障というシステムは，さまざまな個人，そして高齢者がその「潜在的な自由」（アマルティア・

図6-1　日本の人口推移

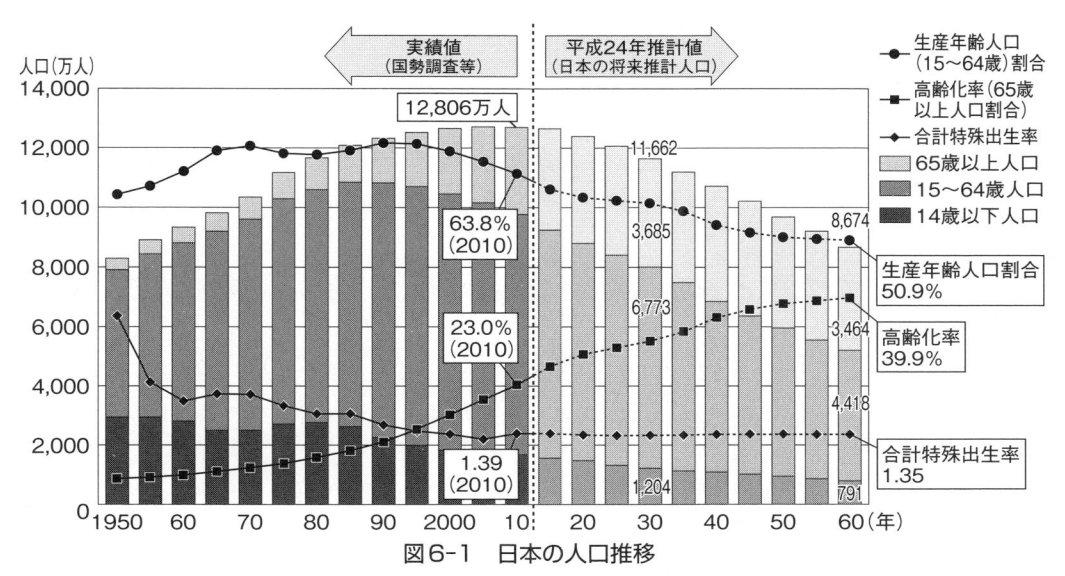

出典）総務省「国勢調査」および「人口推計」，国立社会保障・人口問題研究所「日本の将来推計人口（平成24年1月推計）：出生中位・死亡中位推計」（各年10月1日現在人口），厚生労働省「人口動態統計」

センの「潜在能力」とも関わる考え）を実現できること――「自己実現」とも言い換えられよう――を保障する制度に他ならない。

2）人口減少社会，定常社会における高齢者

　人口減少社会では，労働力人口が減少する。労働力人口減少社会では，1人当たりの労働生産性を技術革新や規制改革，若年者の労働能力の開発，中高年層の労働能力の再開発などで向上させない限り，経済的安定に影響を与えることになる。急速な高齢化の進行などに対応し，高年齢者の安定した雇用の確保などを図るため，改正高年齢者雇用安定法が2004（平成16）年6月に成立し，12月1日から施行（高年齢者の安定した雇用の確保などを図るため措置については2006（平成18）年4月1日から施行）された。この法律は，定年退職者などに対する臨時的かつ短期的な就業などの機会の確保に関する措置の充実を図ることを内容とするもので，事業主は，①定年の引上げ，②継続雇用制度の導入，③定年の定めの廃止，のいずれかの措置を講じなければならないと同時に，高年齢者などの再就職の促進に関する措置の充実を図ることを求められている。また，2012（平成24）年8月，60歳などで定年を迎えた社員のうち，希望者全員の65歳までの継続雇用制度の導入を企業に義務付ける改正高年齢者雇用安定法が成立し，2013（平成25）年4月から施行され，雇用を背景として高齢者の経済的自立が求められている。

　人口減少は，地域の存立基盤とも関わり，過疎化や高齢化集落の出現，そのような地域に取り残される高齢者の医療，介護などを含めた生活問題と関わるものである。地方では，過疎化・高齢化集落が一層進行する中で，地域間格差の拡大や限界集落の増加など新たな問題が出現している。地域の暮らしが直面する厳しい現状に対処し，その地域に暮らす高齢者がいきいきと安心して暮らすには，過疎化・高齢化集落の再生に向けた新たな制度の創設が重要であり，人

口減少下において地域社会の活力を維持していくさまざまな取り組みが必要となってくる。また，高齢者人口の増大は，年金や高齢者医療費・介護費用の増大を意味する。2005（平成17）年の介護保険制度の改正，介護予防サービスのその後の見直しなどにより，高齢者医療費・介護費の増大への対応が進められているが，高齢者自身も「生涯現役」を掲げ，自身のもてる力を発揮し地域住民のよりよい生活維持のための多様な活動に従事することが迫られている。

（2） 高齢者の介護と家族

1）高齢者の疾病と介護

総務省統計局（2010（平成22）年10月1日現在）によると，疾病率の高くなる75歳以上の後期高齢者人口は，総人口に対して11.5％となっており，1950（昭和25）年の1.3％から比較すると，大幅に増加している。

介護保険制度における要介護者または要支援者と認定された人は，高齢社会白書（2012年版）によると，2009（平成21）年度末で484.6万人となっており，2001（平成13）年度末から186.3万人増加している。さらにそのうち，65歳以上の人数は，2009（平成21）年度末で469.6万人となっており，2001（平成13）年度末から181.9万人増加，第1号被保険者の16.2％を占めている。また，65～74歳と75歳以上の被保険者について見てみると，それぞれ要支援，要介護の認定者割合は，65～74歳で要支援認定者1.2％，要介護認定者3.0％であるのに対して，75歳以上では要支援認定者は7.5％，要介護認定者は21.9％となっており，75歳以上になると要介護認定を受ける人の割合が大きく上昇する。

要介護者などからみた主な介護者の続柄をみると，6割以上が同居している人が主な介護者となっており，その内訳は，配偶者が25.7％，子が20.9％，子の配偶者が15.2％となり，性別では，男性が30.6％であるのに対し女性が69.4％と女性が多くなっている。また，要介護者などと同居している主な介護者の年齢についてみると，60歳以上の男性は64.9％，女性は61.0％で，いわゆる「老老介護」のケースが目立つといえる。

2）高齢者の世帯と家族

高齢者の家族を世帯数から見てみると，その数は増え続けており，全世帯（4,864万世帯）の42.6％を占めている（2010（平成22）年）。高齢者世帯総数のうち「単独世帯」と「夫婦のみの世帯」が過半数を占め，三世代世帯は減少傾向である一方，単独世帯，親と未婚の子のみの世帯は増加傾向を示している（図6-2）。

また，一人暮らし高齢者が高齢者人口に占める割合は，1980（昭和55）には男性4.3％，女性11.2％であったが，2010（平成22）年には男性11.1％，女性20.3％となっている。

高齢者数における後期高齢者割合の増加は，医療・介護の問題とも関わり，高齢者夫婦世帯や女性の一人暮らし高齢者世帯の問題として，終末期の介護問題や人生のエンディングの問題とも関わり，これからの日本社会にとって大きな課題になるといえよう。

1. 高齢者と家族生活　*111*

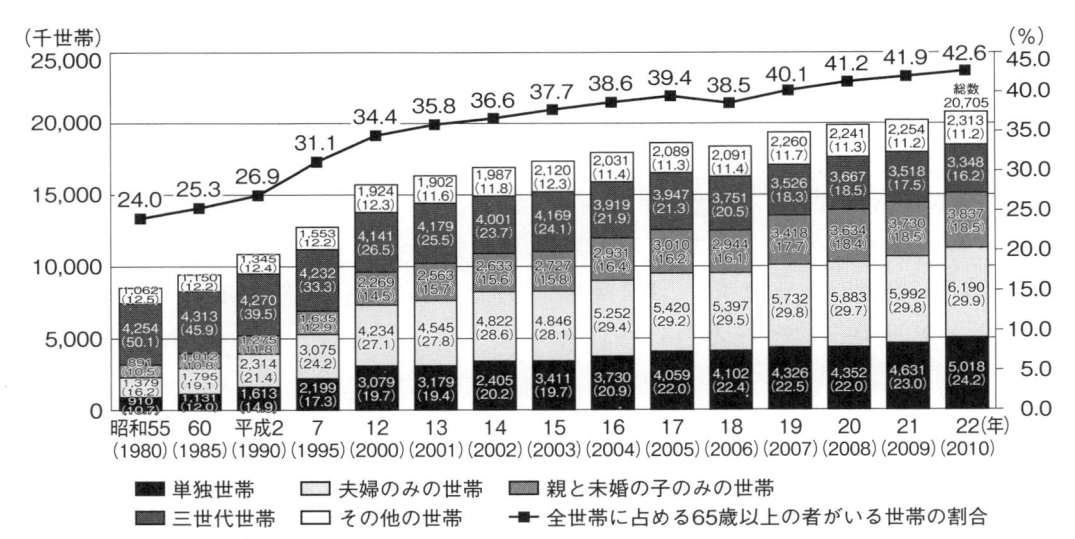

資料）昭和60年以前は厚生省「厚生行政基礎調査」，昭和61年以降は厚生労働省「国民生活基礎調査」
注1）平成7年の数値は，兵庫県を除いたものである。
注2）（　）内の数字は，65歳以上の者のいる世帯総数に占める割合（％）
注3）四捨五入のため合計は必ずしも一致しない。

図6-2　高齢者世帯数および構成割合と全世帯に占める高齢者のいる世帯割合
出典）内閣府：平成24年版　高齢社会白書

（3）　老化概念の変化と高齢者のウエル・ビーイング

1）老化概念の変化

　これまで老化とは，身体の成熟が終了した後に徐々に起こる生理的機能の衰退を意味し，内容的には生理的老化と病的老化が考えられてきた。生理的老化現象としては，免疫機能の低下，運動機能や内臓機能の低下，記憶力の低下，皮膚のしみ・しわ，老眼などがある。これらは程度の差はあるが，誰にも認められるいわゆる「老化」である。病的老化は，動脈硬化，白内障，骨粗鬆症，老年期認知症（アルツハイマー）などがあり，生理的老化に遺伝子要因や環境・ライフスタイルなどが関与して病的な老化に進むという見方である。

　しかし，1960年代以降の社会老年学を中心とする「社会的・文化的エイジング」研究で，老化は，老年期を生涯発達（life-span development）の視点から，低下・退行という意味合いを含めない成長・発達後の心身の機能変化と捉えている。また今日では，生涯発達理論に後押しされるかたちで，新たにサード・エイジという概念が登場している[2]。ラスレット（Laslett, 1996）は，さらに誕生から死までの人間のライフコースを以下の4段階に分けている。

①　ファースト・エイジ：依存・社会化・未熟・教育の時代
②　セカンド・エイジ　：成熟・自立・生殖・稼ぎと貯蓄・家族と社会への責任の時代
③　サード・エイジ　　：達成の時代
④　フォース・エイジ　：依存・老衰・死の時代

　この長いライフスパンの中で，終末期であるフォース・エイジは，人間として固有の成長・発達を成し遂げた後の，心身の機能衰弱とそれに伴うさまざまな病理現象とも重なって，程度

や期間の差こそあれ，誰もが迎える「依存・老衰・死」の時代となり，自立から依存を余儀なくされる時期となる。この時期を高齢者がいかに豊かに過ごすことができるかは，生きる日々の生活環境といかに上手につながることができるかということ（人ともの，人と人との相互作用）と深く関わってくる。

特に介護の必要な場合，介護者（する側）は，いかに日常生活の介護用品などのものを有効に使い（人とものとの相互作用），自分や自分の家族をサポートしてくれる社会の専門家集団や，非専門家集団といかに連携し，要介護者（受ける側）との信頼関係をいかに構築できるか（人と人との相互作用）が問われてくるのである。

2）高齢者のウエル・ビーイング

ウエル・ビーイングは，個人の権利や自己実現が保障され，身体的・精神的・社会的に良好な状態にあることを意味する概念である。この概念は，世界保健機関（WHO）の憲章（1947）で「健康」を定義する記述の中で初めて用いられたものであり，具体的には，"Health is a state of complete physical, mental and social well-being and not merely the absence of disease or infirmity."「健康とは，完全に，身体，精神，および社会的によい（安寧な）状態であることを意味し，単に病気でないとか，虚弱でないということではない」という健康の定義の中に示されたものである。わかりやすく解説すると，健康とは病気や虚弱でないというだけではなく，身体の体力値が高く，知的には適切な教育を受け，社会的（家族，地域社会，職場）には豊かな人間関係があり，精神的にも安定している状態である（精神的健康・社会的健康・身体的健康のバランスが取れた状態）といえる。さらに，1998年のWHO執行理事会（総会の下部機関）において，WHO憲章全体の見直し作業の中で，「健康」の定義を「完全な肉体的（physical），精神的（mental），スピリチュアル（spiritual）および社会的（social）福祉のdynamicな状態であり，単に疾病または病弱の存在しないことではない」"Health is a dynamic state of complete physical, mental, spiritual and social well-being and not merely the absence of disease or infirmity." といった形で修正がなされている。

前にも述べたが，後期高齢者の増加は，虚弱や障害ある高齢者の増加を意味する。この事実は，これまでの前期高齢者を想定した高齢者の「自己実現」や「自律」・「自立」概念のみでは対処できなくなる事態に我々が直面することを意味する。つまり，個人個人の「終の棲家」（施設居住であれ，地域存住であれ）となる場所での障害を抱えながらもフォース・エイジにおいて「より高次のウエル・ビーイング」を追求することが求められる。それは，高齢者が多様な問題を抱えながらも自分らしく尊厳をもって生を全うすることである。すなわち，袖井が述べる「自分の力では生活を営むことが困難なものが，何らかの援助を得て自分の力で生活できるようになり，自分の生き方に自信と誇りをもつようになる」[3] 生き方への模索である。そして，それは家族や地域における人と人とが関わる協働・共同の中で生み出すことができるといえ，人ともの，人と人との相互作用の中でのウエル・ビーイングの追求でもあるといえる。

(4) 高齢者に対する家族・社会の生活支援

1）介護制度を補完する家族・社会の気付きと声かけ

　わが国の介護保険制度によるケアのかたちには，「終の棲家はわが家で」と多くの高齢者が望む在宅ケアから，特別養護老人ホームへの入所，あるいは「在宅・入所相互利用制度」を活用するなどさまざまある。しかし，この制度を補完する家族や地域社会のささやかな「気付き・声かけ」など，協働の力が欠かせない。

　筆者が母親の在宅介護生活と向き合い続けた知見からすると，心身の機能が衰弱していく老夫婦，あるいは一人暮らしの人が要介護段階に入ると，老夫婦による「老老介護」「認認介護（認知症同士による介護）」など少子高齢社会における家族間扶助は困難を増していることがわかる。

　こうした生活環境の中で，介護保険制度によりヘルパー・看護師による定期訪問介助・介護が可能になったが，娘・息子家族による仕事の合間をぬっての対応も少なくない。しかし，家族間では本来の暮らしが優先され，介護への経験不足も重なって，加齢による高齢者の心理的・精神的・身体的低下や衰退に気付きにくく，気付いても「まあ大丈夫だろう」と安易な声かけで自己満足しがちである。

　ある日，筆者は空き時間をみつけて，健康状態を主治医に直接尋ねるべく母と一緒に診察室に入ると，開口一番「そろそろお付添いが必要ですね」との一声に頭を殴られた思いがした。受付から会計，薬の受け取りまで，病院の皆さんの手をたくさんお借りしていたことに気付かなかったのである。それからは微妙な変化に一喜一憂，リスクを未然に防ぐための平素の声かけから気付く行動の変化を，家族と共有することにした。また，隣人の観察（「夕方になるとお母さんが門の庭石に腰掛けていますよ。」）にも耳を傾けることで，母の内面的な不安にも気付かされ，改めて地域社会の協働の力を痛感したのである。

2）認知症，認知症候群との付き合い

　高齢者はもとより最近では若年性の発症も多い認知症・認知症候群の特徴は，記憶障害であることはよく知られるようになった。そのパターンには「記銘力低下（ひどい物忘れ）」「全体記憶の障害（体験を丸ごと忘れる）」「記憶の逆行性喪失（現在から過去に向けて記憶を失っていく）」があることを理解すれば，普通の物忘れと峻別できるとの専門医の指導である。しかし，母に当てはめてみたが判断は難しい。まずは家庭・家族だけで抱え込まず，専門医の診察を受け，そのアドバイスに従うことが肝要かと思う。

　体験的には，食べたことを忘れ，行きたい，やりたいという強い思い込みへの過度な否定はかえって興奮を高めてしまうことが多い。押し問答は早めに切り上げて，思いをほどほどに遂げさせることが必要である。失禁して汚れても，「水をこぼしただけ」とごまかし上手になった本人を前にすると，介護者は情けなくなり立場を忘れて対等に向き合ってしまうことがある。その結果，脱力感（介護放棄）に襲われ，悲しみが怒りに変わって，要介護者に手をかける高齢者虐待（親への暴力や殺人に発展）という残念な事態を招いてしまうのである。この現実は年々増える傾向で，その対応が急がれている。

　こうした最悪の状態をどう乗り切るか，「必死に頑張る介護」は禁物である。両者が傷つく

前に介護サービス（ショートステイ，デイサービス，ヘルパーによる支援，訪問看護など）を活用して，心身ともに疲弊している介助・介護者ケアを，場合によっては優先させたいものである。また，体験者同士が語ることで知恵を学び合い，苦労を分かち合うとともに，社会全体の理解と見守りも不安を除く鍵として必要である。

3）在宅介護（ケア）を支援する社会サービス[4]との連携

　高齢者の精神的・肉体的元気の源は，なんといっても「家族と共に生きている」という実感である。その実現のためには，要介護者の就寝，テレビ，好きな手仕事など，暮らしの大半を占める生活空間（部屋）を，できるだけ家族の顔が見える・声が聞こえるリビングルームに隣接する屋内リフォームから始めたい。屋内外のバリアフリー化には各自治体による経費補助があるので調べてみよう。車椅子使用でも移動することにより，食事の準備・家族との食事や会話を見聞きすることは，要介護者の安全・安心はもとより，共に楽しみながら個（孤）食を避けること，あるいは栄養のバランスをとることや飲み込みのトラブルを防ぐことにもつながる。

　介助・介護で厄介な着替え，排便，入浴などは，一旦体調を崩すと単独では難しくなる。このようなときは定期的な健康チェックを兼ねて，入浴介助を中心に週2回程度のヘルパーによるサポートは極めて有効であろう。

　また，車椅子での外出にはウエルキャブ装備の自家用車の選択を除くと，事前の計画が必要になる。緊急時は救急車の要請ができるが，検診・治療には数日前の介護タクシーの予約が必要である。各施設の利用では送迎を希望すれば通常有料で受けてくれるなど，社会サービスとの密な連携は「一人で頑張らない介護」には極めて重要である。

　2010（平成22）年から65歳未満で発症する「若年性認知症」に対する国の支援で，電話相談を無料で受け付ける「認知症コールセンター（都道府県・政令都市に開設）」が動き始めている。また，不十分ながらDV，児童虐待問題と合わせて，家庭内高齢者虐待報道「虐待を受けた6人に1人は，生命に関わる危険な状態」（朝日新聞2013.9.19）の現実に，多くの自治体が24時間電話相談窓口を設け，虐待の深刻化を予想し，48時間以内の事実確認と迅速な対応にも乗り出している。

　これからは高齢者自身による介護予防への取り組みも大切で，「受けたい介護サービス」が期待される「地域包括ケアシステム（地域によっては特別養護老人ホームに併設）」が，地域の目，自治体によるサポート拠点として一層充実することが望まれる。

ワークショップ 1　高齢者との対話能力を高める＝言動の不安定な高齢者(認知症候群)との対話

【概要】

概　要	症状の異なる2人の高齢者（単なる物忘れ，認知症候群*）との団らん・おしゃべりサロン（「おやつ，折り紙」）で，介助・介護者は両者の会話の違和感に気付き，状況に応じた適切な対話ができているか観察・評価し合う。
目　的	認知症候群と加齢に伴う物忘れの差異に気付き，要介助・介護者の不安を取り除く適切なコミュニケーション能力と判断力・対応スキルを学ぶ。
対 象 者	家族生活支援者（家族，ヘルパー，ケアマネジャーなど）
所要時間	10～15分
方　法	ロールプレイ：それぞれ期待される役割を演じながら，対象者の気持ちを類推し（疑似体験），ケアのあり方や，介護福祉の現状について観察者と演技者で話し合う。
準 備 物	介護施設（デイサービス・団らんテーブルを囲む，おやつ，折り紙）

＊認知症候群は，夕方になると落ち着かなくなる（不安）ことから「夕暮れ症候群」とも呼ばれている。現実を正しく理解させることに執着すると混乱を深めるので，できるだけ本人の世界に合わせることである。

ワークショップ 2　ケアプランの自己作成

例：65歳，一人暮らし，脳梗塞で左半身麻痺

　介護保険サービスを使う際のケアプランは，ケアマネジャーに作成を依頼することが多いが，自己作成も認められている。自らの人生や生活を振り返りながら，自分の意思で組み立てていくプランは介護予防にもつながる。「全国マイケアプラン・ネットワーク」（http://www.mycareplan-net.com）の手引き書を参考に作成しよう。

●自己作成のポイント　①自分の1日の生活リズムを考える，②必要最低限のサービスを利用する，③介護保険制度や地域の介護施設の内容を知る。

ワークショップ 3　聞き書きによる「思い出の記(古い記憶をたどる)」を届けよう

　傾聴ボランティアの一環として，語り手となるお年寄りに「ご主人や友達との思い出を聞かせてください」と，聞き手と話し手が一体となって泣いたり笑ったりしながら，一緒に古い記憶をたどってみる。喜怒哀楽で彩られた人生の経験を数回に分けて聞き書きし，「思い出の記」にまとめて語り手に届けるボランティア活動である。冊子づくりにはグループ作業もよい。きっと，聞き手の私たちの心を豊かにし，高齢者と向き合う姿勢も変わってくるはずである。

2．人生の終わり方

（1）どこで死にたい？

　人生の終わり方はさまざまである。生き方は死に方でもある。生まれ方は選べないが終わり方は選べるのではないか。やはり自分の死に方は選べないという人もいる。さらに難産があるように，難死もあるのではともいわれている。一言断りを書くが，ここでの終わり方の選択とは自殺を意味してはいない。なぜなら自殺は「追い詰められた末の死」であり，遺書があったとしても背景や社会条件などを考慮すると，本当に自分で選んだ末の死かどうかは疑問であるからである。このことは紙面を要するので，ここでは省略する。

　あなたは，死ぬときはどこで，どのような人生の終わり方をしたいと思っているだろうか。そんなことは考えたこともなく，考えたくもないと思っているのだろうか。

　死ぬ場所については，現代の大半の日本人は，病院で死ぬことを当たり前と思っている。しかし，自分に当てはめると，できるなら自宅で死にたいと思っている人が多い[5]。実際に死ぬ場所を見てみると，病院78.6％（診療所を含む），自宅12.8％，介護老人保健施設1.7％，老人ホーム4.6％である（2012（平成24）年）[6]。それに対して，希望する人生最期の場所は，自宅44％，病院15％，緩和医療病棟19％，公的施設10％である（2012（平成24）年）[5]。このように実際に死ぬ場所と死にたい場所にはギャップがある。このギャップをギャップのままにしてよいのであろうか？　希望の場所で，希望するような死を迎えることに近づくためにはどうしたらよいのであろうか？

　超高齢社会の現在，人生の終わりにまつわる諸事は，医療・福祉・政治・経済上，個人的にも社会・国家的にも重要課題である。また，有史以来，哲学・宗教・芸術・文学上での普遍的な課題であり続けている。にも関わらず，科学や医療の発達した現代社会に生きる私たちは，どのように自分の最後を生き，死を迎え，どのように大切な人を看取り，見送ったらいいのかについて，迷い，悩む場面が多くなった。

　その難しくなった要因の1つに挙げられることは，日本ではわずか半世紀の間に，病院死と自宅死の割合が全く逆転したことである。約半世紀前の1950年代までは，脳死という言葉もなく自宅で死ぬ人は約82％，病院死は約10％（診療所も含む）であったが，現代は，すでに紹介したように両者は逆転した数値である。

　しかし，その逆転は，単に死に場所が変わったという表面的な数値を意味するだけではない。家族で死を看取り，看取られ，家庭で死を迎えるということは，無意識的に，遺される家族や看取る人たちへの死生観教育になっていた。現代は家族形態の変化や地域社会の衰退で，家庭や地域社会の機能不全と疲弊が起こっており，そのフォローとして当然，医療や福祉対策は重要である。しかし，十分な福祉政策が整わないうち，死に場所が逆転してしまったことは，人の心や生き方に重大な結果をもたらしている。つまり，現代は，病人は第三者である病院・福祉関係者から看病・介護を受け，死ぬ直前になって家族は病院から呼び出され，死にゆく人のところに駆けつけ臨終を見守る。看取りもせず死に目にも会わないという状況すらあ

る。このように死が家庭や日常生活から切り離された現代では，結果として，家族を看取る中で学ぶ「死生観（生き方・死に方）」や地域共同体の中で学ぶ，死にまつわるさまざまな儀式での助け合いや，死別の悲しみから立ち直る手助けなどを学べなくなってしまった。いわゆる，自然発生的な死生観教育は機能しなくなった。看病や介護の大変さから家族は解放されつつあるものの，その代償として，死にゆく人も望む死に方ができにくくなり，遺される者たちも死にゆく人から学べなくなり，かつ，死別後の悲嘆が癒されにくくなってしまった。

（2）死生観と教育

　辞書で死生観を調べると，「死と生についての考え方。生き方・死に方についての考え方」（広辞苑　第六版），「生きることと死ぬことについて，判断や行為の指針となるべき考え方。生と死に対する見方」（精選版　日本国語大辞典）と書かれている。

　教育現場で死生観に触れることについて，「生きることを考えることは必要だが，死について考える必要はないのでは」「死を考えることは怖い」，ましてや「教員自身も死生観なんてわからないのに，子どもと語れない」と思う人もいるのではないだろうか。筆者の研究室の本棚には，「死」「自殺」「悲しみ」「いのち」という言葉の入ったタイトルの本が多い。教員を目指す学生，特にいのちを育てる主要教科である家庭科の教員を目指す学生に，一度は真摯に「生きること，死ぬこと」について考えて欲しいという願望と方針があるからである。これらの背表紙を見て，「こんな本を読むと気が滅入りませんか？」と聞かれることがある。筆者は凡庸で人生や生死も，何も悟っていないが，「いいえ」と答える。そのような中，その話題に符合した腑に落ちる本に出合った。「戦後思想界の巨人」と呼ばれている吉本隆明著の『新　死の位相学』である。以下，少し長くなるが引用する。

　　「よくそのことを知るということには，そのことの怖れをすこしずつ薄らげる作用があります。つまり，死をよくかんがえていけばいくほど，死の怖れのなかにつきまとっている一種の迷信とか迷妄とかがだんだん薄らぎ，剥げていって，知らない前よりははるかに怖れは少なくなっていくということがあります。それでも死の怖れはのこるにちがいありません。しかし，人間はそういうかたちでどこまでも死についてよりよく知ることができる存在だとおもいます。（中略）
　　それが宗教とは違ったかたちで死を知るということの効用であります。（中略）
　　そのくせぼく自身は，ちょっと熱が出ると，もうくたばりかけたみたいになっちゃって，娘たちによく大げさだと言われるんです。（中略）
　　いくら死について知るということができていったとしても，そしてそれによって死の怖れがふだん，より少なくなっていったとしても，そのことと，いざ死にかけたときに大騒ぎするかどうか，怖い怖いと叫ぶかどうかというのは，まったくべつの問題だというふうにおもいます。死とはそういう存在のしかたをするものだとおもっています。（中略）
　　日本のばあいは，年をとったらかんがえることがあるかもしれませんが，若いときはそれを避けてきたというのが一般だとおもいます。だけど，死のことを追いつめてみること

は，とても大切ないいことだとおもいます（中略）。
　フーコーの『臨床医学の誕生』という本にもっとよく書いてあります。みなさんがその本を読むことで，たぶん近親の死に立ち合われることがあっても，怖がらないし，眼をそらさないし，また悲しみもそらさないで，なおかつその人の死をちゃんと見つめながら，それを体験することができるようになるとおもいます。」[7]

　M.フーコーは『臨床医学の誕生』の中で「死は一挙にくるのではない，時間的にも空間的にも（身体の中の全部）にも，〈分布〉して存在する」（要約）と述べている。筆者自身の体験でも，父の臨終に際して「死の分布」を感じた。老年で心臓の働きも弱くなっていた父は，すい臓がん手術1週間後，心不全を起こし死に至った。とっさに聴感覚の残存機能のことを思い出し，仁王様のように眼を見開いたまま医師たちから心臓マッサージされている父の耳元で，これまでの感謝を伝え，遺された母のことは安心して欲しいと語りかけた。するとただの生理上の偶然かもしれないが，痙攣のように首を縦に数回振り，両眼から一筋の水（涙）が流れ父は目を閉じた。また，自宅に連れて帰り，柔らかさの残っている青白い父の顔を撫でて「お疲れ様，家に帰ったよ」と語りかけたときの手の感触を思い出すにつれ，死は一挙にこないという言葉を確認する。

　死生観や死の知識をもっていたとしても，大切な人（二人称）の死や死別体験に慣れることはなく，遺された者は悔やみや自責，怒り，悲しみなど複雑な感情を抱く。しかし，自分の死生観を築きつつ，必ずくる自分の死や，大切な人の死，死別の悲しみなどについて，たとえ知識としてでも学ぶことは，よりよく生きるために必要な知恵の1つであろう。

（3）死ぬ前までになすべきこと

　「死ぬときには誰にも世話をかけずに死にたい」と言う人がいる。果たして誰にも世話をかけないで死ぬことはできるのであろうか。1人で死ねば医師の死体検案か警察が入って検死が行われる。そうでない場合でも，葬儀とその費用はどうなるのか。入院費の支払は？　貯金は？　家賃は？　税金は？　などについて，自分が死んで幽霊になって後始末できるわけでもなく，必ず家族を含めた周囲の人々のお世話になるのである。裏を返せば，できるだけ「少ない世話をかける死に方」ということは可能である。

　そのためには，生きている内になすべきことや決めておくことがある。そこで，逆に「遺された人がしなければならないこと」について視点を当てて，「しなければならないこと」がスムーズに進むように生前にすべきことを考えてみたい。

　筆者は父の死を通して「遺された人がしなければならないこと」について「知っている」つもりでいた。しかし，松島著『死ぬ前に決めておくこと』[8]を読んでみると，筆者の経験は，わずかな不動産や貯金の名義変更，葬儀とその一連の葬送儀礼についてだけであり，今のこの状態で自分が死んだら周囲の人にとんでもない迷惑をかけることがわかり，焦ってしまった。「おひとり様」である筆者としては，エンディングノートや生前契約の実践に向け猛省している次第である。

松島は「遺された人がしなければならないこと」について、①身体の後始末、②暮らしの場の始末、③社会関係の始末の3点に集約している。この3点について簡単に記す。

1）身体の後始末

生物学的な死の証明として、病院で死ねば病院で死亡診断書をもらい、そうでない場合は医師の死体検案書、異状死の場合は警察官の立ち合いのもとで検死調書の交付がいる。

生物学上の死の証明を受けた後に、法律上の死の確認である死亡届の提出をしなければならない。死亡届と連動して、次は、埋火葬許可が必要である。日本の場合は、遺体処理は火葬が99.9％なので、ほとんどの場合、火葬がすめば身体の始末は終了である。

2）暮らしの場の始末

暮らしの場とは、住居、家具、書籍、衣類、装飾品などを指す。これらは、可能な限り生前処分が望ましい。宝石はともかく着物や背広などの形見分けは、もらっても迷惑な場合が多い。生前に思い出の品として、つながりのある人にもらってもらうことが理想である。一人暮らしの場合、生前指定がない限り生活関連用品はすべて消去処分が通常である。品物は廃棄処分で済むが、住居などの契約解除や返還事務は手間を取る。

3）社会関係の始末

これに関しては、葬儀とその後の一連の儀式がまず頭に浮かぶ。それ以外に年金・医療保険などの社会保障や貯金・不動産・株などの財産の整理と処分、市民税・所得税・自動車税などの税金の納入、免許や許可証の返還、会社・団体の役員やメンバーの後任手続きなどが含まれる。主人を待ち続ける忠犬ハチ公物語は涙を誘われペットと人間の関係を考えさせられるが、同じように「うちの子」と呼ばれるペットを飼い主の死後どうするかは重大問題である。保健所に持っていけば殺処分が待っているし、飼い主の死後の餌代としてお金を残すケースでは、逆にペット虐待に至った例もあるとのことである。

自分の死後始末をしてくれるのは、家族かもしれないし、福祉関係者・友人・地域の人かもしれないが、誰かが始末してくれるのである。その処分には費用や時間、労力が必要である。「余らないは足りない」と松島は書いているが、まさにそうであろう。死後処理には、思いもかけない出費や時間、手間ひまがかかるのである。死後、財産トラブルや世話を少なくするためには、遺言書（公証人役場で手続きしたもの）作成は最良であるが、公式でないものとしてエンディングノートはお勧めである。ただ、死後、見いだされずにごみとして破棄されないような工夫がいる。希望の場所で、希望するような死を迎えるためには、生前契約は有効なものの1つである。

死は誰にも必ず訪れるというものの、いつ訪れるのかわからない。ゆえに、若く健康なときから「死ぬ前になすべきこと」や「生と死」について、つまり、自分の死生観を日々の生活で築いていくことは大事である。

ワークショップ　擬似喪失体験

【概要】

概　要	参加者一人ひとりが最も大切にしている人・もの・ことをワークシートや付箋に記入することで視覚化し、それらを運命の神（黒いマントを羽織った進行役）に奪われる「擬似喪失」を経験する。それは、自らのライフコースで実際に生じ得る予期しない喪失である。その際、どのような感情を抱き、何を考えたかを整理する中で、現在の自分にとって最もかけがえのないものは何かに気付き、「生きる」ことについて考えを深める活動である。
目　的	自分がいかに大切な人・もの・ことといった存在に支えられて生きているのかに気付く。さらに、生きるうえでのかけがえのなさに気付き、感謝の気持ちを育むことにより家庭生活経営者・家族生活支援者としての素地の涵養を図る。
対象者	小学生から成人までどの年齢段階でも展開可能。20人程度
所要時間	50分
方　法	・一斉形式（※方法を工夫すればペアやグループ形式でも実践可能） 〈事前確認事項〉 ・本授業の秘匿性、安全性、信頼性を確認する。そのために授業ルールの共通認識を図る。 ・授業者は2種のぬいぐるみを準備し、その意味を全員で確認する（安全性・信頼性）。 　例）発言権と尊重権：「言うくま（くまのぬいぐるみ）」を受け取った場合、発言権があるとともに、クラス内はその人に注目し、敬意をもち聴く。 　　　発言のパス権：「パスパンダ（パンダのぬいぐるみ）」。言いたくない気持ちは無理して言わなくてもよい権利。ただし、言い逃れではないこと。 ・授業者は、付箋の内容について本人以外は誰も見ないことを知らせる（秘匿性）。 〈ワークショップ詳細〉 1．参加者は、ワークシートに大切な人・もの・ことを具体的に記入する。 　【注意】大切な人は代名詞ではなくきちんと名前を書く、大切なものはどのような思い出のあるものか具体的に書く、大切（大好き）なことも代名詞・集合名詞ではなく、どのようなときに行うどのようなことかを書く。できるだけ率直に記すことを伝える。 2．参加者に付箋を配布する。1人3色、各3枚ずつ。 3．「1」でワークシートに記した中から3項目ずつ選び、付箋の裏側に記入する。 　【注意】必ず1枚の付箋に1つの事柄を書く。※複数のことを書かない。 　　　※付箋の表面には各自任意の絵や記号を記入する（後で本人に返却する目印）。 　例）ピンク付箋：大切な人、ブルー付箋：大切なもの、グリーン付箋：大好きな行動 4．参加者は、全9枚の付箋を机上に自分でもわからないようにランダムに貼り、目を閉じて待機する。 5．音楽と共に運命の神が、おもむろに教室に入り各色の付箋を各1枚ずつ奪う。 　【注意】必ず裏面のまま取り、個人ごとに分けてボードに貼り付けながら奪う。 6．参加者は、音楽が止まった時、目を開け、どの付箋がなくなったかを確認する。 7．参加者は、大切な何かを失ったときの気持ちを見つめ、それをワークシートに記入する。 ［5～7を計3回繰り返す。］ 8．すべてを奪った後、授業者は「自らの死＝すべての大切な事項との別れ」であると語る。 9．進行役はすべての付箋を各自に返却し、参加者に大切なものを有していることに気付かせ、喪失時の負の気持ちを陽へと揺り戻しを行う（瞑想、呼吸法、イメージ法など）。 10．参加者は、ワークショップ全体を通じての感想をワークシートに記入する。 11．シェアリング　→　参加者は感じたことや考えたことを述べる（述べない）。
準備物	2種類のぬいぐるみ、劇的な音楽（例：交響曲第5番）と再生機器、黒いマント、人数分各付箋3色、筆記用具、付箋回収用板（ライティングボード）
留意点	・プライバシーが守られ、安全を感じ自由に意見交換できる雰囲気や環境を整える。 ・発言は2種のぬいぐるみ（尊重権とパス権）を活用し、決して発言を強要しない。 ・参加者が自分自身を見つめ直すことができるよう時間的余裕をもって進行する。

2. 人生の終わり方

【ワークシート】

喪失ってなんだろう
～大切な存在について考えよう～

★あなたが現在，最も大切に思う人，もの，こと（行動）を，それぞれ3つ以上書き出してみましょう。　※3つ書けない場合は，1〜2つでもよいです。

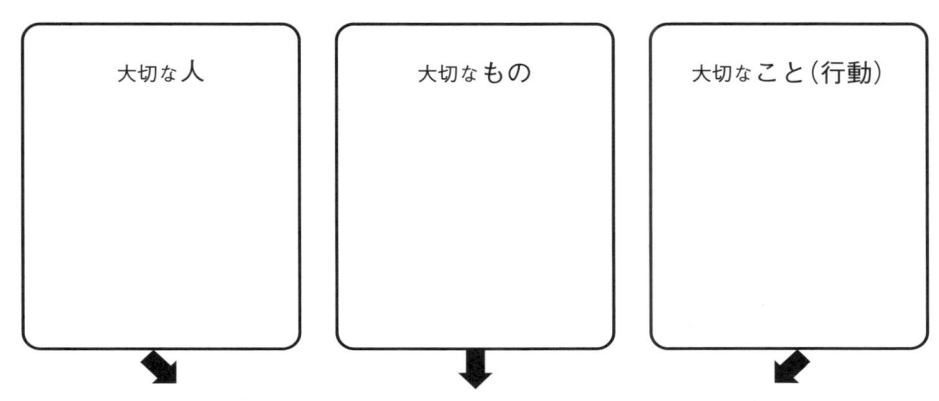

大切な人	大切なもの	大切なこと（行動）

これらから3つずつを選び，付箋に書き写しましょう。
※選び方は自由です。

★1回目の喪失体験を終えて感じたこと，考えたことを記入してください。

を喪失

★2回目の喪失体験を終えて感じたこと，考えたことを記入してください。

を喪失

★3回目の喪失体験を終えて感じたこと，考えたことを記入してください。

を喪失

★本ワークショップを通して感じたこと，考えたことを記入してください。

▼このワークシートは、文章・絵・記号などを用いて自由に記入してください。枠やスペースに収まらない場合は、別紙に記入してもよいです。▲

第Ⅱ部　現代の家族問題と発達課題

●引用文献

1）広井良典（2005）：「持続可能な福祉社会」の構想―定常型社会における社会保障とは―，会計検査研究，**32**(9)，会計検査院，169-171
2）小田利勝（2001）：いま，なぜサード・エイジか，人間科学研究8-2，神戸大学発達科学部人間科学研究センター，2-3
3）袖井孝子（2001）：福祉環境と生活経営―福祉ミックス時代の自立と共同―，家政学会生活経営部会，朝倉書店，p.4
4）厚生労働省（2010）：平成22年版厚生労働白書，pp.144-164，pp.303-336
5）日本緩和医療学会（2012），ニューズレターMay，p.55
6）厚生労働省：人口統計年報主要統計表（平成24年9月公表）
7）吉本隆明（1997）：新　死の位相学，春秋社，pp.416-417，p.433，p.438
8）松島如戒（2002）：死ぬ前に決めておくこと―葬儀・お墓と生前契約，岩波書店，pp.55-85

●参考文献

・袖井孝子（1992）：高齢者の自立―その意味を問う―，女性教育問題，No.50
・国立社会保障・人口問題研究所（2012）：日本の将来推計人口（平成24年1月推計）
・総務省（2012）：情報通信白書　平成24年版，http://www.soumu.go.jp/johotsusintokei/whitepaper/ja/h24/html/nc112120.html
・内閣府（2012）：平成24年版　高齢社会白書
・中部経済連合（2010）：人口減少時代に適応した新しい地域社会づくり―地域目標像と社会経済制度に関する3つの提言―
・広井良典（2002）：定常型社会　新しい「豊かさ」の構想，岩波書店
・アマルティア・セン（2000）：自由と経済開発，日本経済新聞社
・厚生省大臣官房国際課：WHO憲章における「健康」の定義の改正案について
・柴田博，長田久雄，杉澤秀博編（2007）：老年学要論―老いを理解する―，建帛社
・Richard M.Lerner（2010）：The Handbook of LIfe-Span Development, John & Sons. Inc.
・Peater Laslett（1996）：A Fresh Map of Life：The Emergence of the Third Age, 2nd edition. London：Macmillan Press
・小田利勝編著（2004）：サクセスフル・エイジングの研究，学文社
・天田城介（2010）：老い衰えゆくことの社会学，多賀出版
・天田城介（1999）：〈老衰〉の社会学―「再帰的エイジング」を超えて，関東社会学会　年報社会学論集，**12**，1-13
・週刊朝日編（2000）：ひと，死に出会う，朝日新聞社
・ミッシェル・フーコー，神谷美恵子訳（1986）：臨床医学の誕生，みすず書房

第Ⅲ部　家族生活と生活資源

第7章　生活のベーシックスキル

1. 食生活のベーシックスキル

(1) 食生活の現状と課題

1) 健康志向と食生活

　日本人の食生活は，第2次世界大戦後の復興に伴ってさまざまな変化をしてきた。その変化には大きく分けて2つの傾向がある。食物内容の多様化と食事形態の外部化である。

　生活意識，ライフスタイルの多様化を背景として，食生活はさまざまに変化し，多くの種類の食品を食べることができるようになった。従来，日本人の食生活における主食は米飯であったが，現在はパンやパスタなども主食となっている。主菜の食材には，魚介類や大豆製品（豆腐，納豆など）に畜産物（肉，卵，牛乳など）やそれらの加工品が加わり，多種多様化している。このように，米や魚・大豆などを中心とした栄養バランスのとれた「日本型食生活」は，次第に脂肪エネルギー比率の高い欧米化の食生活へと移行してきている。

　これらの結果，今日，栄養の偏り，不規則な食事，肥満や生活習慣病，メタボリック・シンドロームの増加，過度の痩身志向による摂食障害なども問題視されるようになった。

　しかし，健康志向が高いあまり，マスコミなどで流される身体に良いとされる食品を過度に摂取するような人々も少なくない。また，健康志向が高じ，食品ではないサプリメントなどへ過剰に依存するフードファディズムも心配されている。

2) 食生活の安全性

　食物は，私たちの生命や健康を維持するものとして安全でなくてはならない。食物が私たちの口に届くまでには多くの関係者が関わっているが，それまでの過程すべてにわたって安全性が保たれなくてはならない。昨今は，原発事故による放射性物質による影響に関心が高まっており，不当表示の問題，健康食品の被害などの問題も起こっている。

　実際に食育白書（平成25年版）における「食生活への関心度調査」によると，関心度は，食の安全性に関するものが一番高く，次いで健康づくりのための食生活，食品ロス，子どもの健全な発育のための食生活と続く（**図7-1**）[1]。

　家族の安全な食生活に関しては，正しい食品情報への関心を高めることが必要である。中でも表示は手軽で具体的な情報といえる。それに関わる法律としては，2003（平成15）年に新

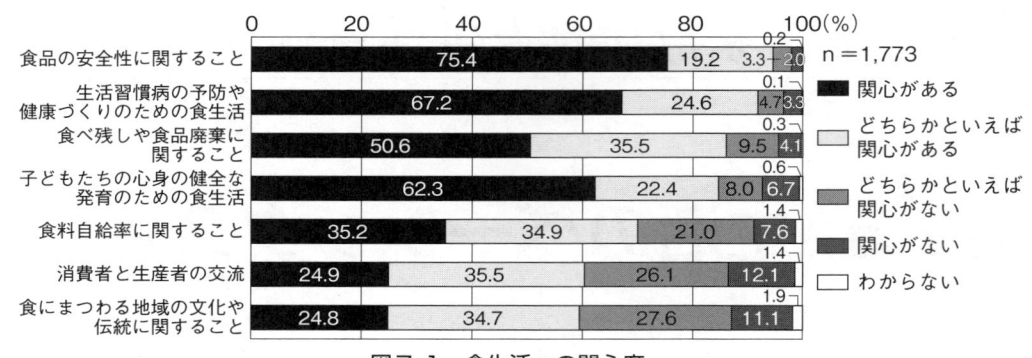

項目	関心がある	どちらかといえば関心がある	どちらかといえば関心がない	関心がない	わからない
食品の安全性に関すること	75.4	19.2	3.3	2.0	0.2
生活習慣病の予防や健康づくりのための食生活	67.2	24.6	4.7	3.3	0.1
食べ残しや食品廃棄に関すること	50.6	35.5	9.5	4.1	0.3
子どもたちの心身の健全な発育のための食生活	62.3	22.4	8.0	6.7	0.6
食料自給率に関すること	35.2	34.9	21.0	7.6	1.4
消費者と生産者の交流	24.9	35.5	26.1	12.1	1.4
食にまつわる地域の文化や伝統に関すること	24.8	34.7	27.6	11.1	1.9

図7-1　食生活への関心度
出典）内閣府（2012）：食育に関する意識調査．平成25年版　食育白書より作成

規に制定された食品安全基本法や食品衛生法，JAS法（農林物質の規格化及び品質表示の適正化に関する法律），健康増進法，計量法，景品表示法（不当景品類及び不当表示防止法）がある。消費者庁が設立された2009（平成21）年9月以降，表示に関しては消費者庁の所管となり，2013（平成25）年には食品衛生法，JAS法，健康増進法などの食品表示の関連法令を一元化した「食品表示法」が成立した。これは，より多くの消費者が実際に商品を選ぶ際に役立つわかりやすい食品表示の実現を目指したものである。また，牛肉・米などに関しては，すべての履歴をトレーサビリティで追跡可能になっている。食品偽装や表示偽装などの不祥事については，企業倫理の欠如，行政の責任は責められるべきではあるが，消費者自身が企業や行政に厳しく対処していくことが重要である。

3）食品ロス

食品廃棄物のうち，食べられるのに捨てられてしまうものを「食品ロス」という。食育白書（平成25年版）によれば，日本では，年間1,700万トン＊の食品廃棄物のうち，食品ロスは約500～800万トンと試算され，日本の米の年間収穫量約813万トン＊＊にほぼ匹敵する（＊2010（平成22）年度推計，＊＊2011（平成23）年産水稲の主食向け）。このような状況下でも開発途上国を中心にこの10年あまりで飢餓人口が1億人以上増加している現状がある。

日本におけるこの食品ロスの約半分は一般家庭のものである。家庭での1人当たりの食品ロス量を試算すれば，1年間で約15キログラムに及び，60回の食事分に相当する（一度の食事で食べるご飯の量を250グラムと仮定）。

一方，日本の総合食料自給率は，2012（平成24）年度の食料需給表によると供給熱量ベースで約39％と相変わらず低い。食料輸送にかかる負担を表したフード・マイレージが日本は世界第1位といわれている。この点からも外国からの食料輸入ばかりでなく，地域で生産された産物を消費する地産地消を推進することが大切である。

このように食料の多くを外国に依存している現状からすれば，食べ残しや賞味期限切れ，消費期限切れなどで，食料を無駄にしないように，常日頃から計画的に適量を購入し，できるだけ廃棄せずにすむように食材を有効に利用することが望ましい。また，生ごみは，水気を切って捨て，焼却時のエネルギーを減らすことなどを心がけたい。

家庭などから出る生ごみや，家畜の排せつ物などの再生可能な資源であるバイオマスの利用，食品ロスや食品の容器包装の削減，リサイクル推進なども循環型社会に向けた重要な課題といえる。

4）日本の食文化

利用度の高いファストフードに対して，スローフードと呼ばれる各地の食文化を尊重し，将来に伝えようとする運動も世界的に行われている。その中で，日本の気候風土に適した米を中心に，魚，肉，野菜，海草，豆，発酵食品などの多様なおかずを組み合わせた「日本型食生活」は，健康的で栄養バランスに優れていて，長寿の要因の1つとも考えられ，再評価されてきている。この「日本型食生活」を実施することは，脂質の過剰摂取の抑制，野菜の摂取促進を図るうえで，効果的であるばかりでなく，米の消費拡大を通じた食料自給率の増大や，伝統料理，郷土料理，行事食を食べることによる日本の食文化の継承にもつながるものである。2013（平成25）年12月には，和食がユネスコの無形文化遺産として登録された。ここでいう和食とは，「洋食に対する概念」であり，「一汁三菜の昭和30年代ごろの家庭料理」を基本的な献立としたものとされる。そういう"おふくろの味"的な食事，それに伴う年中行事の食事（おせち料理，年越しそばなど），ライフステージにおける食事（お食い初めの食事など）は，家庭の食事を通じて親から子へ，子から孫へと食文化として伝わっていくものである。このようなライフスタイルに思いをはせることも人生を豊かにする意味で重要である。

しかし，核家族化が進行している現代社会において，家庭だけの取り組みには限界があり，食文化を継承できる人材の育成など，地域を巻き込んだ継続した取り組みが，今後ますます必要であると考えられる。

（2）食生活における選択

1）買うか作るか

経済成長や女性の社会進出などにより，外食産業の利用も増加し，安価で手軽なファストフードやファミリーレストランなどの利用は生活の中に浸透している。

1990年代以降は，弁当，調理済み食品，調理パンなどを購入し，家庭や職場で食べる中食（なかしょく）も一般化してきている。価値観の多様化により健康志向はあるものの食事をあまり大切に考えない人々も出現し，内食（うちしょく）と呼ばれる家庭内で食材を調理する家庭料理の簡便化も進んでいる。消費者のニーズもあり，豊富な冷凍食品，レトルト食品も出回っている。

これらの食品を利用する場合でも，3色食品群，4つの食品群，6つの基礎食品群，食事バランスガイドなどに則りながら，栄養のバランスを考え，食品を選択，調理することが望まれる。

自分で調理し食事をする頻度は，食育白書（平成25年版）によると，男女や年齢で違いがある。その頻度が「ほとんどない」が，男性ではどの年代でも半数前後あるのに比較して，女性は20歳代は25％あるものの，30歳代以上はわずかである（図7-2）[1]。このように，女性の30歳代以上は自分で調理し食事を作って生活している人が多いことがわかる。

しかし生鮮食料品そのものを利用しての調理は減り，ハム，ウィンナーなどの加工食品，冷

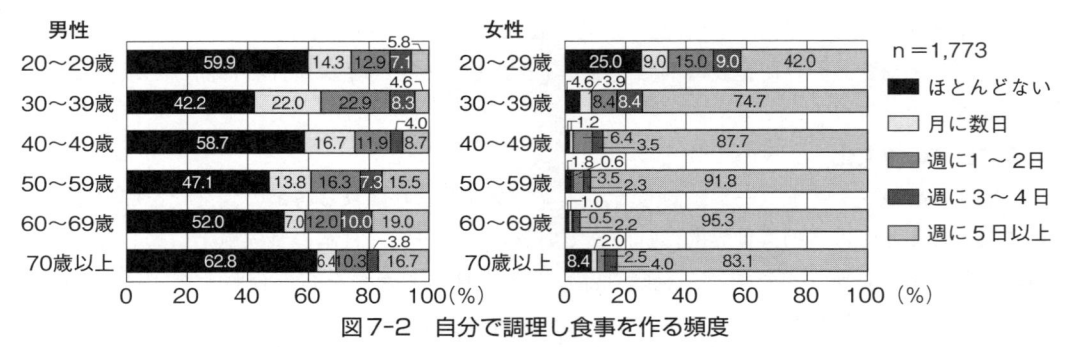

図7-2 自分で調理し食事を作る頻度

出典）内閣府（2012）：食育に関する意識調査．平成25年版　食育白書より作成

凍食品の利用が増えている。とはいえ，折角家族の食事を手作りするからには，できるだけ地域でとれた新鮮な食品を利用し，栄養のバランスのよい地域の食文化を大切にした食事を期待したい。

2）調理することの価値とは

　調理のあり方は食物に関連した行動のかなりの部分を占めていて，それが食文化ともいえる。自分や家族の健康状態，嗜好に合ったメニューを決定し，それにしたがって食材を選択，購入し，自分で調理することで，自分や家族に合った食事ができる。また，調理作業をする際に家族が見ていたり，手伝ったり，味をみたりすることで，家族とのコミュニケーションも図れる。調理しないで，簡単に食べられる加工食品や調理済み食品の利用，外食は，家族のつながりがなくても食べられることから，孤食，個食の問題につながるといえる。

　調理をすることで，知識が増し，技術が培われる。また，時間，空間の段取り設定，調理手順を考える能力が育成される。

　このように，食に関する基礎的知識・技術をもって，それを基本に各自がその場，その場で意思決定をしながら，選び取って食生活を実施していくことが望まれる。

ワークショップ　和食の特徴について考えてみよう

【概要】

概　要	最近食べた料理を書き出し，和食の特徴を参考にし，和食をどの程度食べたかを確認する。次いで，一汁三菜の献立を考え評価しあう。
目　的	日常的に和食をどの程度食べているかを確認し，和食の特徴について考える。
対象者	家族生活支援者およびその志願者
所要時間	ワークシート記入，グループでの話し合いをあわせて40分
方　法 ・ワークシートに記入 ・グループによる話し合い	①ワークシートに，最近食べた料理を記入する。 ②以下のような和食の特徴を参考にして，「和食」に該当すると判断した料理を○で囲む（折衷料理と思われるものは，△印をつける）。 　１．多様で新鮮な食材とその持ち味を活かしている。 　２．うま味を上手に使うことで，動物性油脂の少ない食生活を実現している。 　３．煮物，和え物，揚げ物，焼き物，汁物など伝統的和風調理法が用いられている。 　４．季節の移ろいを表現している。 　５．正月など年中行事と密接な関わりをもっている。 ③自分の食生活を振り返り，和食の摂り方について考える。隣の人と話し合ってもよい。 ④4人程度のグループで，一汁三菜の和食の献立を作成し，配膳図を記入する。 ⑤作成した献立を「材料の持ち味を活かした調理法」「発酵食品の利用」「地域性」「だしのうま味」「季節感」の観点で評価する。 ⑥作成した献立の材料を食品群に分類し，栄養バランスについて評価する。
準備物	・ワークシート ・和食のレシピ集 　（ワークショップ対象者に和食のレシピ集を持参させてもよい。）

128　第7章　生活のベーシックスキル

【ワークシート】　　　　　（　　　）班　記入者（　　　　　　　　）

● 個人作業

1．最近食べた料理を思い出せる範囲で記入しよう。

昨　日	朝食	
	昼食	
	夕食	
一昨日	朝食	
	昼食	
	夕食	

2．上の料理のうち，和食と思われるものを○で囲んでみよう（折衷料理には△印をつける）。
　自分の食生活を振り返って，和食が多いか少ないか考えてみよう。

● グループ活動

3．一汁三菜の献立を考えよう。

	料理名	材　料
汁	A	
三菜	B	
	C	
	D	

配膳図（はし，はし置きも記入のこと）

4．作成した一汁三菜の献立について，和食の特徴についてチェックしてみよう。

	料理名	和食の特徴				
		材料の持ち味を活かした調理法	発酵食品の利用	地域性	だしのうま味	季節感
汁	A					
三菜	B					
	C					
	D					

5．3の一汁三菜の献立の材料を食品群に分類し○印をつけて，この献立の栄養バランスについて評価してみよう。

		食品群										
		1群		2群		3群				4群		
		乳・乳製品	卵	魚介・肉	豆・豆製品	緑黄色野菜	その他の野菜	いも類	くだもの	穀類	砂糖	油脂
汁	A											
三菜	B											
	C											
	D											
栄養バランスの評価												

2．衣・住生活のベーシックスキル

（1）衣生活のベーシックスキル

　現代の日本人が着用している衣服は，大部分が既製服である。ファストファッション（fast fashion）と呼ばれる流行を取り入れた低価格衣服など，価格破壊と思われる業態の登場もある。衣服は，大量に生産され消費されているが，国内生産の減少，衣料障害や取扱上のトラブル，自然環境への負荷などの問題点もある。安全で快適な衣生活を作るために，計画，入手，着装，管理・保管，処分の場面から衣生活のスキルについて考えてみよう。特に今後はエネルギーや資源の有効利用という観点から，衣生活全体を考えた循環型社会の形成のためのシステム作りと，それに基づいた消費者の行動も求められている。

1）ライフスタイルと所持衣服の計画

　家族の衣生活を計画的に営むためには，入手にあたって，現状を把握したうえで，個人および家族のライフスタイル，ライフサイクルにあわせて，入手計画，着用計画を立てていく。これには，短期計画と長期計画が必要となる。季節の変わり目に，家族の衣類の入れ替えをする際に点検のうえ，処分，保管を行い，枚数などを記録して計画に反映させる。

2）入手には品質・性能も重視

　衣服の入手方法には，注文製作，既製服購入，古着購入，自家製作，リフォーム，レンタルなどさまざまな方法がある。入手の際には，デザイン，サイズ，仕立て方，管理の仕方，材質，性能の観点から検討するのがよい。衣服の着心地（圧迫など），燃焼性，安全な着用の仕方（デザイン，ひもの長さ，着丈）などを考えるとともに，今後はユニバーサル・デザイン衣服（年齢や身体機能の障害の有無に関わらずすべての人が着やすいデザイン）も開発されつつあるので利用が望まれる。

表7-1　衣服の品質と衣服材料に要求される性能

要求される品質		関係する衣服材料の性能
着心地のよさ	吸湿性	水蒸気（汗など）を吸着する性質。繊維の水分率が高いほうが大きい。
	吸水性	毛細管現象で水が吸収される性能。繊維と布の構造による。
	透湿性	布が水蒸気を通す性能。吸湿性があるか，布の糸密度が粗い場合に大きい。
	通気性	空気の通りやすさ。糸や布の構造による。
	保温性	熱を外気中に逃がさない性能。布の含気量による。
	伸縮性	布の伸びやすさ，元への戻りやすさ。繊維や布の構造による。
	剛軟性	布の硬さ，柔らかさの性能。繊維，糸や布の構造による。
外観の好ましさ		染色性，染色堅ろう性，防しわ性，毛玉（ピリング）のできにくさ，ドレープ性
丈夫さ		引っ張り強度，磨耗強度，耐光性，耐汗性，耐薬品性
管理のしやすさ		防汚性，耐水性，耐熱性，寸法安定性，型崩れのしにくさ，乾燥の速さ，防しわ性，防かび性，防虫性
安全性		難燃性，耐熱性，帯電性，耐薬品性，撥水性

出典）高等学校家庭科教科書「家庭総合」（東京書籍，2012年，p.187）をもとに作成

3）好みやTPOと環境を考えた着装

着装効果を高めるためには，身体的要素と心理的要素，衣服の物理的要素の3方面からの配慮が求められる。最終目標は「着心地がよく，着脱しやすく，見映えがよく，着くずれしない」が要求される[2]。一方，TPOに合った服装をすることも社会慣習への順応という面で必要である。また，着方を調節して室内の暖冷房に過度に頼らないことは，健康上，エネルギー資源上，重要である。

4）化学物質で環境を汚染しない衣服の手入れ（管理）

日常の手入れとしては，ブラシがけ，洗濯，染み抜き，繕い，アイロンがけなどを行う必要がある。その際には，取り扱い絵表示を参考にする。また，昨今では多様な繊維，織り方，編み方，加工が施されているものが多く，家庭では対応が困難な場合もあるので，商業洗濯等専門業者の利用も必要となる。特におしゃれな素材や縫製の場合は，細心の注意を払って対応することが必要である。クリーニングなどの商品トラブルに関しては，消費生活センターや国民生活センターに相談して解決することもできる。また，環境への負荷を減らすために，消費者としては，適切な洗濯頻度により水，洗剤の使用量をできるだけ減らし，汚濁負荷量を縮減するとともに，適正なドライクリーニングの利用と，ランドリー，ウェットクリーニングといった湿式洗濯への移行，企業レベルでは，自然浄化にかなった生分解性の優れた洗剤・新素材・環境にやさしいドライクリーニング溶剤などの開発が必要である。

5）物を長持ちさせる保管

季節が終わり，着用した衣類を洗濯した後，汚れが落ちているか，よく乾燥しているか，縫製上の問題として，ほころびはないか，ボタンはきちんと付いているかなどを点検して保管する。衣服を折りたたんで長期保管すると，しわができたり，衣服が押しつぶされ，型くずれの原因となる。虫害，かびを防ぐためには，防虫剤，除湿剤を利用することが効果的である。

6）資源として考える処分

衣服は，いずれにしてもさまざまな事情で着用しなくなるので，耐用年数を見極め，リフォーム，譲渡，リサイクル，廃棄などを決め処分する。場合により，資源回収のルートに乗せたり，繊維の種類によっては適当な大きさに切って，家庭の油の処理用としてまたは雑巾に使用するなどのリユースも考えられる。死蔵衣服は整理して，資源として有効利用を考慮に入れて処分することが大切である。活用の可能性のあるものは中古品として，またリフォームして再利用できる。住まいの限られた収納スペースを有効に使うためにも，衣服の必要性を考えて取捨選択し，整理するとよい。

（2）住生活のベーシックスキル

住まいは生活の舞台といわれるように，生活の質に大きな影響を与えるものである。わが国の特に大都市部の住宅事情は狭小過密で，快適とはいえない状況が多い。また，子ども部屋への引きこもりや，子ども・高齢者の住居内外での事故など，住居・住環境に起因する問題は少なくない。一方，コーポラティブ・ハウジング，コレクティブ・ハウジング，シェア・ハウジングなどの住計画や住生活を共同で行う試みや，構造体と内装を分けて作る方法（スケルト

ン・インフィル方式）により建物を長持ちさせ持続可能な社会を目指す試みなども現れている。コミュニケーションを深める住まい方や，環境保全を考えた住まい・街づくりは，高齢社会・国際化社会を住みよいものとし，また防災にもつながる。今後は，住まいが地域に果たす役割も考えていきたいものである。

1）コミュニケーション・プライバシーと住まいの計画

家庭は休息の場であるとともに，家族が共同生活をする中で成長する場でもある。個室は，子どもにも大人にも休息や思索・自立などのプライバシーのために必要であるとともに，居間など家族の団らんの場も人間形成には欠かせない。プライバシーを尊重しながらコミュニケーションを図る間取りと住まい方の例を以下に挙げてみる。

- a 居間（家族が集まる部屋）はくつろげる雰囲気である。
- b 居間はどの部屋からも行きやすく，子どもが個室へ行くときにも通る。
- c 個室もしくは1人になれる場所がある（公私室分離）。
- d 子ども部屋では，部屋の管理は自分で行う（生活自立）。
- e 家事をしながらも家族と話ができる（ダイニングキッチンや対面式キッチン）。
- f 家族が一緒に家事をする空間の広さや設備となっている。

どのような間取りにするか，あるいは間取りが限られていれば部屋の使い方のルールについて，家族で話し合うことが，家族関係を作り上げていくスキルともなる。

2）ライフサイクルと住まいの計画

住まい方は家族のライフサイクルとともに変化する。①未就学の子どもがいて，いつも親の目がとどくようにする時期，②子どもが中学生以上になって性別就寝とするため，子ども部屋を分ける時期，③夫婦だけの時期（老齢期），④三世代同居，⑤介護を必要とする家族がいる場合などに合わせて，間取りや内装・設備を対応させることが望ましい。増改築あるいは住み換えと金銭的な計画を含んだ長期のライフプランを立てておくことが求められる。介護を要する高齢者や障害をもつ人のためにバリアフリー住宅に改造する場合，地方自治体によっては改築補助制度があるので，自治体に問い合わせるとよい。

また，子ども・高齢者のけがや死亡事故は，室内の場合が多い。住居をバリアフリーにするとともに，生活の場での安全教育が重要である。

3）ライフスタイルと住居のデザイン

住まいは，食事・団らんなどの共同生活の空間，就寝・学習などのための個人生活の空間，衛生空間，家事空間を備えている。これらをどう配置したりつなげたりするかは，各家庭のライフスタイルによる。また，インテリアデザインも好みやライフスタイルに合わせて整えることにより快適になる。住みよい快適な空間，美しいたたずまいについては，日頃から関心をもって見聞・体験し，研究することによってよいセンスを磨くことができる。

4）家計・法律の知識と購入・賃貸借

住居の購入は高額な買い物になり，ローンを組むことも一般的なので，経済資源の計画が必要である。住居の設計や選択にあたっては，1）や2）で述べたことを家族で十分に話し合う。また，住居は，民間や公営の賃貸物件を借りる場合も多い。この場合は，改築などを居住

者が勝手にすることはできないが，借地借家法により居住は保護されている。解約の予告期間や現状復帰のための修繕費などについては，契約書などに十分に目を通しておく必要がある。

土地・住居などの不動産の売買・貸借にあたっては，物件の点検調査，業者の選択，不動産所有や売買に関する税と法律や手続きの知識，立地や環境の点検調査などをして，慎重に行いたい。これらの情報は，行政の都市計画課，地域の消費生活センター，インターネットなどで収集することができる。トラブルに合った場合は，消費生活センターに相談すれば，消費者契約法など関連の法的手続きに基づいた解決法を検討することができる。

5）健康・保全と維持管理

住居の日常の手入れは，清潔で健康的な環境をつくる。そのために欠くことのできない清掃は，湿式（水を使う）・乾式（掃除機，空ぶき）のうち，建築素材の性質に合った方法で日常的に行うと汚れが落ちやすくなる。台所，風呂場の湿気や室内の結露の対策には換気をよくしたり，除湿器を用いるなどする。居室の適切な湿度は60％前後で，湿度が高いとカビ，ダニが発生しやすい。

中長期の修繕は，建物の耐用年数を長くする。マンションでは毎年の水槽の清掃，5年ごとの小修繕（手すりの塗装など），10年ごとの大修繕（外壁の塗装）を行うため，修繕積み立て金が必要になる。一戸建ての場合も3，5，7，10，20年ごとに，雨どい，手すり，屋根，壁などの修繕を行うために，短・中・長期メンテナンス計画表を作成しておくとよい。修繕費は通常，収入の数パーセントを積み立てておく必要がある。

6）防災・快適さと住環境づくり

火災，地震や台風に対する防災は，火災報知器の設置，家具の転倒防止，住居の耐震化などを行うとともに，いざというときの避難訓練や防災用品の常備をしておきたい。

安全で安心して住める地域環境は生存の基本条件であり，行政の責任である。しかし，防犯や高齢者の孤立防止には，近隣との日頃のあいさつや地域への関心も大切である。近年，近隣関係が希薄になりがちな集合住宅で，年に1，2回，住民が交流会をもつ試みもある。

住まい方は地球環境保全に少なからず影響を与え，特に家庭での省エネルギーは大きな効果がある。暖冷房，照明，給水や給湯での省エネルギーは環境保全につながる。ウォームビズ，クールビズとして，居室の温度は夏は28℃，冬は23℃とし，室内の通風・採光をよくし，服装で調節することを推奨している。1軒に1本の樹木があれば，地域全体では多くの樹木が，夏の外気温を緩和し酸素を供給して大気汚染を防ぐことになる。個人や家庭の環境への配慮が，環境全体に大きな効果をもたらすことを考えて暮らすことが求められている。

ワークショップ 1　家族の衣服の購入を考えてみよう

【概要】

概　　要	準備された衣服を1点選択し，グループごとに，家族の日常着として選択，購入の際検討すべき事項を検討し，購入の可否と，購入する場合，着用，管理，処分の留意点を研究し合う。
目　　的	家族の日常着の選択，購入に役立つ知識・技術を基に，購入の際，判断し，意思決定をしていく能力を身に付ける。
対 象 者	学生，社会人，地域のサークルなど
所要時間	話し合い，ワークシート記入，発表あわせて40分
方　　法	ケーススタディ，バズセッション グループ（1グループ3〜4人）別に話し合う
進 め 方 ・話し合い	1．家族の日常着について次の観点から検討し，購入の可否と，購入する場合の着用，管理，処分の留意点を研究し合う。 ・色，柄，デザイン，サイズ，着脱のしやすさ，手持ちの衣類との組合せ，手入れの方法（洗濯，アイロンかけ），仕立て方（えり，そで，ボタン，ファスナーの付け方，縫い代の幅やしまつ，布目，縫い目），材質，性能（肌触りなど），処分の仕方（リユース，リフォーム，資源回収，廃棄）
・ワークシート 　記入	2．話し合いの結果を各自ワークシートに記入し，購入の可否と購入する場合，着用，管理，処分の留意点を記録する。
・発表	3．各グループの代表者が発表する。
・評価・反省	4．このワークショップについて評価，反省をする。
準 備 物	家族の衣服として，なるべく多種類のデザイン・材質の，ライフステージ別，性別のものを用意し，家族の日常着の選択に資するものとする。 〔例〕　○○子のTシャツ 　　　　父親のYシャツ 　　　　○○夫のジーンズ 　　　　母親のセーター　など

ワークショップ2　住まいの設計例をチェックしてみよう

【概要】

概　　要	住宅広告の間取り図を見て，想定した構成の家族が住むとしたら，①どのような生活が可能か，②問題点は何か，③購入したいか否かを検討する。
目　　的	住まいと家族のコミュニケーションやプライバシーとの関係，安全性や快適性について評価する目（住生活のスキル）を培うとともに，自分がどのような家庭生活をしたいか，目標を明確にする。
対 象 者	学生，社会人，地域のサークルなど
所要時間	40分
方　　法	実際の広告についてのケーススタディ，バズセッション グループ（1グループ3〜5人）の共同作業
進 め 方 ・話し合い ・発表 ・評価	1．広告の住宅平面図の読み取り方を説明する。 2．各グループで設ける家族構成を決める。 3．平面図の住宅の住み心地について模擬家族の身になって，グループで意見を出し合う。（広さ，室数，動線，日当たり，風通し，近隣関係など） 4．総合評価をしてその住宅を買いたいか否か意思決定する。 5．各グループが経過と結果を発表し，異なる家族構成の場合についても評価の仕方を共有する。 6．作業を振り返り，評価，感想などのまとめをする。
準 備 物	①住宅広告の平面図，またはパンフレットやインターネットで紹介された設計図，②建築平面記号の説明資料，③ワークシート，④用具：家族を現すコマ（円形マグネットなど），マジックペン，鉛筆，大きめの付箋

【資料】

1．模擬家族の家族構成例
　　①就学前の子どものいる核家族　　②中学生・高校生の子どものいる共働き家族
　　③祖父または祖母と同居の家族　　④要介護高齢者のいる家族
　　⑤高齢者夫婦
　　＊それぞれの家族の課題については第3〜6章を参照。
2．応用例：地域の環境を，地図上あるいは実地に歩いて点検し，安全性，近隣のコミュニケーション，快適性について評価する。総合的にみて住みたいか否か意思決定する。

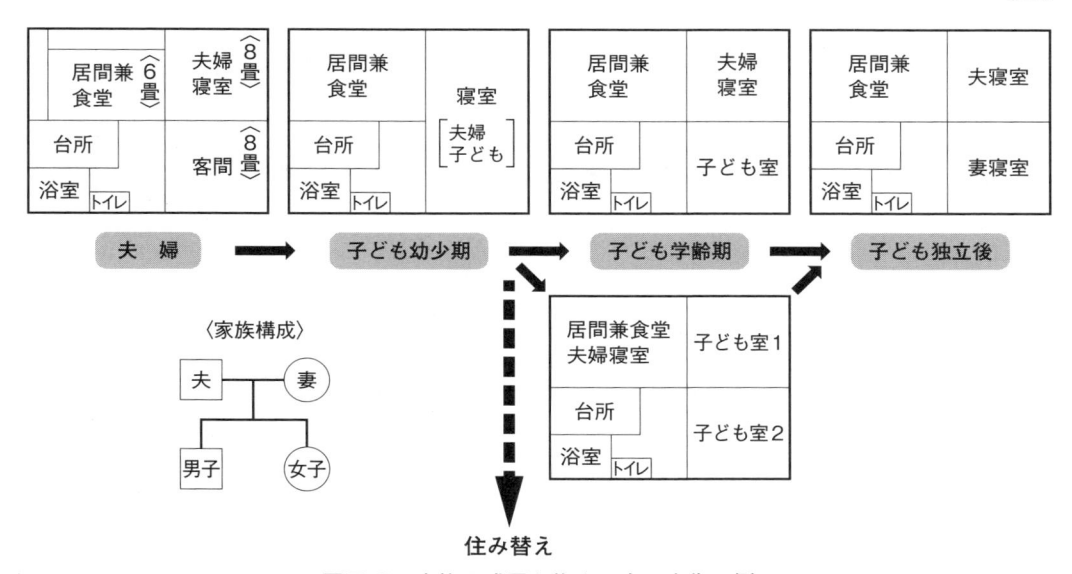

図7-3　家族の成長と住まい方の変化の例
出典）「生活する力を育てる」ための研究会編（2012）：人と生活，建帛社，p.166

●引用文献
1）内閣府（2012）：平成25年版　食育白書，p.103
2）稲垣和子，多賀谷久子，辻禎子ほか（1992）：要説被服学，建帛社，p.124

●参考文献
・米川五郎，馬路粂蔵（2002）：食生活論　第3版，有斐閣
・山本茂，奥田豊子，濱口郁枝（2011）：食育・食生活論．社会・環境と健康，講談社サイエンティフィク
・吉田勉，篠田粧子，高森恵美子ほか5名（2005）：健康と食生活，学文社
・片山倫子（2002）：衣服管理の科学，建帛社
・大野静枝，石井照子（2001）：衣生活の科学―衣生活論，建帛社
・岡田宣子編著（2010）：ビジュアル衣生活論，建帛社
・家庭総合，東京書籍（2012）
・小澤紀美子編著（2002）：豊かな住生活を考える―住居学（改訂版），彰国社

第8章 生活資源のマネジメント

1. 生活時間のマネジメント

(1) 生活時間とは何か

「生活時間」とは、1日、1週間、1年、一生という区切りにおいて、人が何にどれだけ時間を費やしたかを扱うものであり、客観的に1日24時間にはじまって寿命を終えるまでの生涯生活時間の総合である。生活時間の単位となる要素は、人間の生活行動である。人間の生活行動を記録し、24時間の時間の配分がその要素＝指標で示される。さらに、その生活行動を、どこで、誰と、あるいは誰のために行われたかなど、他者との関係性を多角的に把握するものである。

生活時間を考える際、私たちの生活行動はどのように分類されるかという問題がある。表8-1に生活時間の構成例を示した。ここでは、私たちの生活行動を4つに区分し、勤務時間などの「収入労働」、家事、育児、介護といった「家事労働」、学業や趣味、娯楽などの「社会的文化的生活」、睡眠や食事などの「生理的生活」としている。また、経済的側面や時間の性質など時間の捉え方の違いによっても分類の方法はさまざまである。人間は労働をし、そしてさらに労働力を再生産するために休養と余暇を必要とするとして、生活時間を3つに捉える見方や、労働は収入労働と家事労働の2つに分かれ、それがペイドワーク（paid work　有償の労働）なのかアンペイドワーク（unpaid work　無償の労働）なのかを問題とする見方もある。また、労働と学業は自由な時間ではないとして、拘束されている時間と捉える見方もある。

表8-1　生活時間の構成例

区分	時間の性格		例
収入労働	ペイドワーク	拘束	勤務時間、自営業の仕事時間、内職的労働、通勤時間
家事労働	アンペイドワーク		炊事、洗濯、裁縫、掃除、買い物、育児・教育、世話・介護、家計管理
社会的文化的生活		自由	学業、通学時間、社会的活動（PTA・奉仕）新聞・雑誌を読む、教養・娯楽、遊び、休息、団らん、交際、散歩・スポーツ、生涯学習
生理的生活		生活必需	睡眠、休息、食事、用便、入浴、洗面・身じたくなど、医療

（時間の性格: 労働／余暇／休養 が右列に対応）

出典）宮本みち子監修（2005）：家庭総合 自分らしい生きかたとパートナーシップ、実教出版、p.35

生活の意味と時間との関係を多面的に把握することにより、個々人や家庭内での生活時間をめぐる課題も明らかにすることができる。

(2) 個人と家族の生活時間配分

日本の男女の生活時間は、どのような特徴があるのだろうか。**表8-2**に15歳以上の男女の平日と日曜の生活時間の総平均時間を示した。

平日、日曜ともに、収入労働時間と社会的文化的生活時間は女性よりも男性のほうが長く、家事労働時間は男性よりも女性が長いという特徴をもつ。図表には示していないが、過去20年間の傾向をみても、曜日や男女の別による生活時間の特徴は変わっていない。

また、生活時間は家族のライフステージによっても異なるものである。育児期の生活時間を取り上げてみる。**表8-3**に共働きで末子が就学前の子どもがいる夫妻の平日と日曜の生活時間を示した。平日の収入労働と家事労働は、夫妻の差が大きい。**表8-2**と比べると、夫妻ともに収入労働は長く、社会的文化的生活時間は短くなっている。また男性の家事労働時間は、あまり差はないが、子育て期の女性の家事労働時間は、大きな差がみられる。また、日曜の家事労働は夫妻ともに増えるが、妻は夫の4倍近くの時間を家事や育児などに費やしている。すなわち、子育て期の共働きの夫妻は、収入労働時間もある程度長く、育児を含む家事労働時間はより女性が長い時間を費やしている。

この一例のように育児や介護など人生のある時期には、女性は男性より多くの家事を担い、時間的な負担と経済的な不利益が生じることがある。

表8-2 4区分別、平日・日曜、男・女の総平均時間
(単位：時間.分)

区　分	平日		日曜	
	男性	女性	男性	女性
収入労働	7.07	3.33	2.09	1.16
家事労働	0.31	3.42	1.07	3.49
社会的文化的生活	4.43	4.42	7.35	5.49
生理的生活	11.40	12.03	13.11	13.03

表8-3 末子が就学前の子どもをもつ共働き夫妻の、4区分別、平日・日曜の総平均時間
(単位：時間.分)

区　分	平日		日曜	
	夫	妻	夫	妻
収入労働	10.18	5.28	3.05	1.05
家事労働	0.34	5.19	1.55	6.01
社会的文化的生活	2.15	2.06	5.49	4.10
生理的生活	10.50	11.07	13.10	12.45

出典) 総務省統計局：平成18年 社会生活基本調査、生活時間編調査票Aより作成

(3) 生活時間にみる家庭生活とその課題

1) 生活時間配分と個人と家族のライフスタイルの再考

1日24時間の生活時間配分は、個人のライフスタイルによって決まってくる。しかしながら、個人の生活時間は、仕事、家族の生活時間によって制約されてくる。限られた生活時間において、労働と休養のバランスをとり、心身の再生産を図るためには、余暇時間をもつことも

必要であろう。また，家族のコミュニケーションをとるために「家族団らん」の時間を作ることも家庭生活を築くうえで重要な課題であるが，働き方や家族形態，ライフステージなどによって，生活時間の配分や家族間の生活時間の調整の必要性は異なってくる。1999（平成11）年に男女共同参画基本法が制定され，男女共同参画社会に向けて法整備も進んでいるが，**図8-1**にみるように，妻の働き方に関わらず，夫の家事労働時間は，おおよそ30分程度にとどまっている。依然として家事や育児，介護は女性が多く担う仕事となっている。

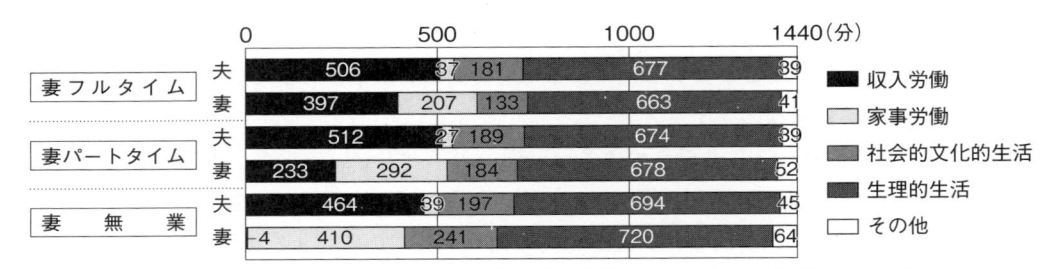

注）共働きのうち雇用されている人で，夫が週間就業時間35時間以上で妻が週間就業時間35時間以上を「妻フルタイム」，35時間未満を「妻パートタイム」，無業を「妻無業」としている。また，時間は総平均時間を用いて算出している。

図8-1　妻の雇用形態別　夫と妻の生活時間（週全体・4区分別）

出典）総務省統計局：平成18年　社会生活基本調査，生活時間編調査票A生活時間編第18表より作成

2）生活時間にみる家庭生活の課題

個々人の生活の多様性は，世界共通の時間という構築された枠組みの中に置かれている。そして，このシステムがワーク・ライフ・バランスに関わる家庭と仕事との時間的調和，長時間労働や過労死，生活の豊かさと時間などの今日的諸課題を生み出している。また，ここ20年でみれば男性の家事・育児時間は微増しているが，諸外国と比較すれば，男性の家事時間は他の先進諸国と比較しても短い（**図8-2**）。特に日本が抱える固有の問題として意識されなければならない。さらにいえば，家庭生活における生活時間の課題は，性役割分業と家族員の生活時間構造の相互関係と深く関わっている。

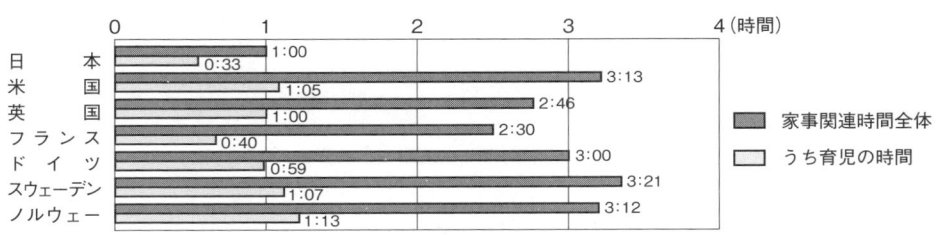

備考）Eurostat "How Europeans Spend Their Time Everyday Life of Women and Men"（2004），Bureau of Labor Statistics of the U.S. "America Time-Use Survey Summary"（2006）および総務省「社会生活基本調査」（平成18年）より作成。日本の数値は，「夫婦と子どもの世帯」に限定した夫の時間である。

図8-2　6歳未満児のいる夫の家事・育児関連時間（1日当たり）

出典）総務省：平成20年度　統計局統計トピックスNo30．夫と妻の仕事，家事・育児，自由時間の状況―「男女共同参画週間」にちなんで―（平成18年　社会生活基本調査の結果から）

3）資源の活用とタイムマネジメント

さまざまな年代の家族員が一緒に暮らす場合，生活時間のずれが生じる。子ども，大人，高齢者では，生活時間が異なるため，調整が必要であり，時間的制約の中で問題解決を迫られることも多くなる。

家族は，問題を解決するために，さまざまな生活資源を使って意思決定をしていく。タイムマネジメントには，活用できる資源をどれだけもっているかが鍵となることも多い。問題解決をする意思決定に至るプロセスには，分け方によりいろいろな説があるが，大きくは次のプロセスをたどる。問題の解決方法は1つではなく，さまざまな生活資源から情報を収集し，選択肢を比較検討して決定し実行する。そして，行動の結果を評価し，次回の意思決定にフィードバックして役立てられる。

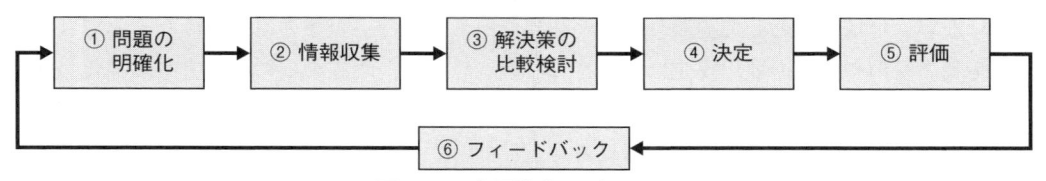

①問題の明確化 → ②情報収集 → ③解決策の比較検討 → ④決定 → ⑤評価
⑥フィードバック

図8-3　意思決定のプロセス
出典）中間美砂子ほか編著（2007）：新家庭総合―生活の創造をめざして，大修館書店，p.47

また，資源の活用とタイムマネジメントにおいて考慮されなければならいのは，誰がそのマネジメントを行い，負担を強いられているのか，そしてそのことによる疲労やストレスの問題である。

忙しい状況にあるときには，与えられた時間で多くの活動を実行することを余儀なくされることが多い。例えば，他のことをしながら，人の世話などの責任や緊張を伴う行動などを同時に行わなければならないことがあるが，このような行動は長く続けることができずに，精神的な負担を伴うものである。したがって，負担によるストレスを回避するため休養やくつろぎ，あるいは趣味，娯楽などの時間は欠かせないにも関わらず，後回しにされ，優先順位が低い時間として扱われることも多い。

これら家庭生活で生ずる問題を，改めて家族員それぞれの生活時間や資源を組み合わせて再度考慮してみることや，自分や家族にとって余暇や自由な時間をもつことの意義や社会的文化的生活時間の質や量を捉え直すことなども重要である。

（4）生活時間とワーク・ライフ・バランス

1）生活時間配分とワーク・ライフ・バランス

現在，新しい時代の生き方としてワーク・ライフ・バランスが，女性が仕事や子育てをしやすい環境づくりという視点からだけではなく，男性の長時間労働，若年者の就労問題からも提唱されている。2007（平成19）年に策定された「仕事と生活の調和（ワーク・ライフ・バランス）憲章」によると，仕事と生活の調和が実現した社会とは，「国民一人ひとりがやりがい

や充実感を感じながら働き，仕事上の責任を果たすとともに，家庭や地域生活などにおいても，子育て期，中高年期といった人生の各段階に応じて多様な生き方が選択・実現できる社会」とある。具体的には，①就労による経済的自立が可能な社会，②健康で豊かな生活のための時間が確保できる社会，③多様な働き方・生き方が選択できる社会，の3つが挙げられており，個人の生活時間配分のあり方を問い直している。

　しかしながら，理想と現実のかい離は大きく，内閣府の「男女共同参画に関する世論調査」（平成19年）では，「仕事と家庭生活をともに優先したい」と6割以上の人が思っているが，男性では「仕事」を優先し，女性は「家庭生活」を優先させている割合が高い。

2）多様なライフスタイルの実現と社会システム

　ワーク・ライフ・バランスを実現するためには，家族の生活時間の見直しだけでは難しい。たえず誰かが見守っていなければならない乳幼児や老親の介護など，家族だけの手に負えるものではない。地域全体としての取り組みが必要である。また，企業の取り組みなくしては，長時間労働の解消や女性の雇用安定は確保されない。さらに，現在人々の生き方も多様化し，多様なライフスタイルに合った働き方や，子育て期，高齢期などライフステージに応じた柔軟な働き方ができる社会システムが求められる。

ワークショップ 1　家族の生活時間と問題解決

【概要】

概　要	家族の生活時間のずれから生じる生活問題のケースを，グループで，生活資源を想定しながら，意思決定のプロセスに従って問題解決を試みる。
目　的	ケーススタディを通して，その問題解決に役立つ生活資源を考え解決策を意思決定することによって，家族生活をとりまく生活資源について認識する。
対象者	一般向け（学生，主婦，社会人），アドバイザー養成向け
所要時間	30分～1時間
方　法	ケーススタディ，ブレーンストーミング グループ（3～4人）
準備物	ワークシート，タイマー

【ワークショップの進め方とその評価方法】

○ワークシートに従って，グループごとに①～⑥のエクササイズを実行する。

ケース	夫，妻，子ども（2歳）の3人家族。夫婦は共働きで，夫は仕事が忙しく帰宅は深夜になり，妻が子どもの保育園の送り迎えをしている。 　あなた（妻）は，夕方6時半までに保育園に子どもを迎えに行かなければならない。ところが，5時ごろ，緊急の仕事が入り残業を余儀なくされ，9時ごろまでかかりそうだ。子どもの保育園のお迎えと夕食をどうすべきか，問題解決に迫られている。	3～4人のグループワーク
（エクササイズ） ①問題の明確化	あなたが解決しなければならない問題は何？	
②情報収集	問題解決に役立つ生活資源をグループで挙げてみよう。	考えられる生活資源を挙げる。
③解決策の比較検討	情報を収集し，解決策を3つ挙げて，それぞれのメリット，デメリットを整理して，解決策を比較検討しよう。 	解決策	A	B	C
---	---	---	---
メリット			
デメリット					意思決定ワークシート
④解決策の決定	グループで1つの解決策を決定し，なぜそれを選んだのか，理由を考えてみよう。	
⑤評価 ⑥フィードバック	子どもは2歳。これからも同じような問題が起こることが予想される。今後のこともふまえ，今回決定した解決策の評価をしてみよう。	次回のときはどうしたらよいか考えてみよう。

○グループで実行した後，全体で各グループが決定した問題解決策を発表する。限られた時間の中で，問題解決するためには，日ごろから家族が使える生活資源を多くもっていることが重要であることに気付かせる。

○応用例：このケースをロールプレイングで夫婦役になって，時間的制約の中でどうするか，演じながら問題解決をしていくことも可能である。

ワークショップ 2　多様なライフスタイルを実現するための社会システム

【概要】

概　要	ライフステージごとに，それぞれの家族の生活時間を挙げて，それを可能にするための社会システムについて，地域社会，企業，行政のあり方について話し合う。
目　的	ライフステージによって，家族の生活時間の違いを理解し，家族が抱える課題を解決するために，問題となることを挙げ，社会システムとの関係を考える。
対象者	一般向け（学生，主婦，社会人），アドバイザー養成向け
所要時間	30分～1時間
方　法	ケーススタディ，ブレーンストーミング グループ（3～4人）
準備物	ワークシート，タイマー

【ワークショップの進め方とその評価方法】

○ワークシートに従って，グループをケース1～4に割り当て，①～③のエクササイズを実行する。

ケース1	夫32歳，妻33歳，子ども2歳，1歳 夫；会社員，妻；仕事探し中，働きたい	3～4人のグループワークで，1つのケースを選ぶ。
ケース2	夫42歳，妻40歳，長女15歳，長男13歳 夫婦共働き，長女受験生，長男部活，家族の時間がない	
ケース3	夫55歳，妻54歳，老親83歳 夫婦共働き，老親寝たきり認知症，介護が大変	
ケース4	夫68歳，妻63歳 年金が少なく生活が苦しい。元気なので働きたいが，旅行など趣味も楽しみたい。	
（エクササイズ） ①家族の状況にあわせた生活時間	それぞれのケースの家族にあった生活時間を考えてみよう。	
②問題点の明確化	それぞれの家族の状況や抱えている課題を考えて，家族にあわせた生活時間を実現するうえで，どのような問題点があるか挙げてみよう。	
③社会システムとの関係	問題点を解決するために，家族，地域社会，企業，行政がどのようになればよいのか，考えられることを挙げてみよう。	

○グループで実行した後，全体で各グループが話し合った①～③を発表する。ライフステージによって，理想の生活時間が異なること，理想の生活時間の実現には家族だけでは問題解決が難しく，社会システムが深く関係していることに気付かせる。

○応用例：ケースをグループで設定して，困っている事例などを社会システムの視点から検討する。

2. 生活経済のマネジメント

(1) 経済生活の変化とマネジメント

　家族生活をとりまく経済状況はめまぐるしく変化している。そのような中で，よりよく生きるために，お金という資源をどのように使っていけばよいのか。本節では，生活経済のマネジメントについて検討を行う。ただし，生活経済のマネジメントといってもその内容はさまざまである。日々の暮らしに関わる収支をどうするか，5年先の暮らしをどのように設計していけばよいのか，さらにはどのような人生を送りたいのかなど，考えるべきことは多岐にわたっている。そこで，本節では具体的かつ実現性の高いマネジメントとするために，短期・中期・長期に分けて検討を行う。

(2) 短期の経済管理

1) 家計の収入と支出

　家庭における短期的な経済管理（家計）は，収入と支出を合理的にバランスさせることが重要となる。そのためには，家計の収入・支出の構造を理解したうえで，それぞれいくら配分しているのか，実態を把握する必要がある。表8-4は，総務省統計局が毎月実施している『家計調査』に基づいて作成した収支項目分類の一覧である。

表8-4　家計の収入・支出項目分類

収入	実収入	経常収入	勤め先収入，事業収入，内職収入，農林漁業収入，財産収入，社会保障給付，仕送り金
		特別収入	受贈金，その他
	実収入以外の収入		預貯金引き出し，保険取金，借入金，有価証券売却，財産売却，その他
支出	実支出	消費支出	食料，住居，光熱・水道，家具・家事用品，被服および履物，保健・医療，交通・通信，教育，教養・娯楽，その他
		非消費支出	所得税，地方税，他の税，社会保険料，その他
	実支出以外の支出		預貯金預け入れ，保険掛金，借入金返済，有価証券購入，財産購入，その他

注）総務省統計局『家計調査年報』に基づいて作成。2007年より「実収入以外の収入」「実支出以外の支出」は「受取（繰入金を除く）」「支払（繰越金を除く）」と変更。社会保険料は，厚生年金保険料，健康保険料，公的介護保険料（40歳以上）を含む。自営業の場合は，国民年金保険料と国民健康保険料。
出典）総務省統計局：家計調査年報に基づいて作成

　家計においては，実収入から非消費支出を引いた「可処分所得」が重要な意味をもつ。「自由に処分することが可能な所得」，すなわちその額が多ければゆとりのある家計となる。それをどう使うのか，あるいは貯めるのか，合理的に判断しなければならない。
　家計収支のバランスは，実収入から実支出を差し引いた額によって計られ，それがプラスであれば「黒字」となる。『家計調査』（総務省統計局）の結果からは，一般的に高収入世帯ほどその額は多く，可処分所得に占める割合（黒字率）も高い。そのため家計の自由度も高く，中長期的な経済計画も立てやすいことで自己実現の可能性も高まる。また，高収入世帯は共働き

比率が高く，エンゲル係数（消費支出に占める食料費の割合）は相対的に低い。

　黒字（率）を増大させるための基本的な課題は，高い労働効率によって高収入を安定的に得ることである。そのためには，新たに資格を取得するなどで各自の労働力の価値を高めたり，未就労者が能力を活かした職に就いたりする必要がある。ただし，就職難といわれる昨今の社会環境の中では，本人の能力を発揮できる職に就くことが難しい場合もあり，また，企業経営の悪化に伴い，いったん職に就いたとしても，生涯安定的な収入を得られる保証もないなど，自助努力のみで解決することが困難なケースも少なくない。

　もう1つの課題は実支出の抑制である。何にいくら支出しているのか実態を把握し，それが合理的か，合目的的か検討することが重要である。具体的には，家計簿の記帳が有効である。1カ月を単位として目的に応じた予算を立て，記帳の結果（決算）を照らし合わせて評価する。レシートを活用したり，支出項目の立て方や集計方法を検討したりして，管理しやすい家計簿を工夫することが重要である。

2）家計のキャッシュレス化

　家計管理が重要性を増してきた背景の1つに，現金（キャッシュ）を介さない取引が増え，その方法も多様化してきたことが挙げられる。家計のキャッシュレス化現象の1つは，賃金や給与の口座振込み，公共料金の自動引き落しなど，直接現金を介さずに口座内で移動する「見えない収支」である。これにより1カ月単位のフロー（収支の流れ）とストック（余剰分）のみでは済まされない管理が必要となってくる。すなわち，記録の上では預貯金やその引出しとして処理されるが，家計管理者が自覚しない中で支出されている場合も多いため，家計管理はきわめて複雑なものとなってくるということである。

　もう1つのキャッシュレス化は，クレジットカードなどの消費者信用の普及による支払の繰り延べ現象として確認できる。それらは，分割払購入（月賦），一括払購入（掛買），借入金（キャッシング）として家計に組み込まれている。おサイフケータイの機能の1つである携帯電話によるクレジット決済を使えばキャッシュレスで自動販売機のジュースを購入できる。デビットカードや電子マネーなどによる決済の多くは口座からの自動引き落しであり，上述の「見えない収支」同様，短期的な周期で会計処理される。

　家計のキャッシュレス化は，これまでの貯蓄や負債の概念を変容させた。結果として，家計収支をフローとストックの両面から包括的に把握することが困難になったと同時に，それまで以上に家計管理が重要となってくることを意味する。

（3）中期の経済管理

1）中期のライフプラン

　中期のライフプランとは，概ね5年くらいの生活設計を立てることで，年齢，家族構成などによって異なる。例えば，20歳代では，学生生活を終え，社会人となるのでキャリア形成のための資金や，結婚を望む人はそのための準備をすることが必要である。そして30歳代では，結婚し子どもを産む場合はその資金や教育費が，住宅を取得する場合はその頭金や家族の生活のために生命保険への加入も必要となる。40歳代では，住宅を購入した場合は住宅ローンの

返済，子どもがいる場合は教育費の負担が増加し，さらに子どもが高校を卒業し進学する場合は多額の教育費が必要である。このため，収入は増加するが貯蓄できる額が少なくなる。また，独身の場合も，このころから老後資金の準備を始める必要がある。50歳代は，子どもが独立し，教育費の負担は少なくなるが，親の介護の問題が出てくる。老後の資金として年金，生命保険，損害保険など，詳細に計画を立てることが必要である。60歳代は，多くの人が退職を迎え，健康な生活をおくることが課題となる。しかしながら，身体が不自由になったとき，どのような援助を受けるかに加え，その資金計画が必要である。

しかし，さまざまな経済計画を作成しても，やむを得ず予定外の支出をすることがある。その支出を助ける1つの方法が，保険制度およびクレジット，ローンなどの利用である。

中期ライフプランのストックについては表8-5のようなバランスシートの作成が有効である。バランスシートは，個人の資産・負債を把握するものである。総資産の内容は，預貯金，債権，投資信託，株式，生命保険の現金価格，土地，建物などである。総負債の内容は，自動車ローン，住宅ローン，教育ローンなどがある。

表8-5　個人のバランスシート（例）

資　　産		負　　債	
預貯金	600万円	住宅ローン	2,500万円
生命保険の現金価値	100万円	自動車ローン	100万円
株式（時価）	100万円	負債合計	2,600万円
住宅（時価）	3,000万円	純資産残高	1,100万円
資産合計	3,700万円	負債・純資産合計	3,700万円

注）総資産－総負債＝純資産残高

2）保険制度と中期経済計画としての損害保険

多くの人からお金を集め，その対象となる事故の被害にあったときに，一定の給付金を払う制度が保険制度である。保険制度には，厚生年金制度や健康保険制度などの公的保険である社会保険と，生命保険や損害保険，共済など任意で加入する民間保険がある。

このうち，中期の経済計画と関連が深いのが，損害保険である。損害保険には，「物」の損害に対して保険金を支払う「物保険」，「人」の身体について発生する事故に対して保険金を支払う「人保険」，他人にけがや損害を与え，法律上の賠償責任を負うことにより保険金を支払う「賠償責任保険」などがある。特に自賠責保険は，自動車事故により他人を死傷させてしまった場合に備える強制保険であり，被害者が死亡したとき最高3,000万円が支払われ，けがや後遺障害にも対応したものである。

3）クレジット

クレジット（credit　信用）は，消費者の返済能力を信用して，金銭が貸し出されるシステムで，クレジットカードや月賦で商品を購入するなどのように代金を後払いにする販売信用と，ローンやキャッシングのように直接金銭が融資される消費者金融がある。

クレジットは，手元に現金がなくてもキャッシングによって借金をしたり，商品を購入した

りすることができるので確かに便利である。しかし、消費者は利息を払わなければならない。クレジットカードの場合、支払方法によってその利息は異なる（**表8-6**）。

リボルビング払いは、あらかじめ毎月の支払額を決めておき、返済していく方式である。手数料は、残高に応じて計算される。毎月の返済額が一定なため、安心できるように思われるが、今いくらの負債があるのか、いつになったら返済し終えることができるかなどを把握することが難しく、可処分所得を超えて容易に商品の購入などを繰り返してしまう可能性があり、多重債務・自己破産など問題を生じる場合がある。

表8-6　クレジットカードの支払方法と手数料

	種類	手数料
一括払い	翌月一括払い	なし
	ボーナス一括払い	なし
分割払い	3・6・10・12・24回払いなどクレジット会社によって異なる	金額、支払回数などによって分割払い手数料がかかる
リボルビング払い	定額方式（毎月一定額） 定率方式（毎月残高の一定率）	残高に応じてリボルビング手数料がかかる

4）多重債務

多重債務とは、いくつかの業者から借金をして、結果的にその合計が返済能力を超えている状況を指す。多重債務の解決方法には、任意整理、特定調停、個人再生手続き、自己破産などがある。解決方法としては、自己破産が主流であり、2003（平成15）年には年間24万人にものぼったが、改正貸金業法が2010（平成22）年6月から施行され、2011（平成23）年には同11万人に減少している。しかし、自己破産者予備軍はその10倍、20倍存在するともいわれ、家計管理スキルを身に付けることが必要である。

（4）長期の経済管理

1）長期のライフプラン

人の一生を長期的な視野でみた場合、ある程度収入が見込める時期や収入以上の支出が予想される時期など、各時期においてその状況はさまざまである。また、そのため、今目の前にあるお金の遣り繰りではなく、生涯を見通した収支の設計を考えることは必須である。さらに、現在では終身雇用による年功序列賃金制度が事実上崩壊し、派遣社員・契約社員など、雇用状況も多様化してきている中で、働き方のみならず、生き方（従来のように一定の年齢を迎えた若者は結婚し、家庭を築き、子どもを産み育てるという生き方）自体も多様化している。加えて、今日の高齢社会において、定年後の暮らしを何の経済的計画もなしに過ごすのは困難である。つまり、長期的な経済設計なしには、現代社会において安定した生活をおくることは難しい。また、一度立てた経済設計も、計画して終わりということではなく、個人・家族・社会の状況に応じて適宜修正を加える必要がでてくる。

2）生涯設計とライフイベント

　生涯を見通した経済設計を立てる際、わが国においてはファミリー・ライフサイクルの観点で論じられることが一般的であった。その場合、どのようなライフステージにいるのかにより、生活課題（ここでは経済的な生活課題）も異なってくる。例えば、家族形成期においては、結婚、そして子どもの誕生といったライフイベントが考えられ、その際の生活課題として結婚費用の捻出や子どもの出産・育児に関わる支出の増加などが挙がってくるであろう。そのようなファミリー・ライフサイクルの観点からみた場合、主要なライフイベントとして、結婚、出産・育児、子どもの教育、住宅取得、老後の準備などが挙げられる。一方で、従来の枠にとらわれず、生き方自体も多様化し、以前に比べて個人の自己実現が重視されるようになった現在では、個人の生活を「デザインする」という意識も強くなった。ただし、自由度の高くなったライフデザインとはいっても、例えば自身の能力を活かして起業をしたい、定年後に再度勉強がしたい、等々、人生の各場面において各人のデザインするイベントへの金銭計画が必要である。

　また、それらの支出は生涯収入の中で考える必要がある。生涯収入に関しては、フリーターで過ごした場合の生涯賃金と、正社員として雇用された場合の生涯賃金の差が億単位になることは広く知られるようになってきたが、そういった生涯収入を考えたうえで支出配分を検討する作業も重要である。

3）高齢期の経済設計

　長期生活設計を考える際に、高齢社会が進む今日のわが国において、高齢期の経済設計は特に重要となってくる。

　2012（平成24）年の家計調査年報によれば、2人以上の世帯のうち世帯主が65歳以上で無職の世帯の1カ月の支出は22万8,819円となっている。しかし、その時期にその支出額を賄うだけの収入は見込めず、同家計調査年報によれば、上記高齢者無職世帯の実収入は18万1,028円である。すなわち、4万7千円程度の不足となっており、不足分は預貯金などの金融資産の取崩しなどで賄われているという現状である[1]。なお、収入のうち約9割弱が公的年金などの社会保障給付ということであるが、公的年金、厚生年金の受取額は加入期間などによっても異なるため、日本年金機構のホームページや近くの社会保険事務所などで確認するのが望ましい。

　このような状況からも理解できるように、高齢期の収支については、支出が収入を上回る結果が出ている現状もふまえて、公的年金はもちろんのこと、個人年金、預貯金の計画も含めて早い段階からの設計が重要となる。

4）経済的な自立を目指して

　　a．予防教育としてのマネジメントスキルの育成　　時代とともに、消費者の位置づけも変容した。2004（平成16）年の「消費者基本法」は、それまでの「消費者保護基本法」が改正されたものであるが、法律の名称から"保護"の文字が削除されたことからもわかるように、消費者は"保護"の対象から"自立"を求められる存在へとその立場は大きく変わった。ただし、消費経済に関わる法・制度は、その活用能力（リーガルリテラシー）を身に付けた、自立した

消費者・生活者の存在が前提となっている。持続可能性を目指す21世紀は，自立した消費者・生活者，判断し意思決定できる消費者・生活者，責任ある倫理的な消費者・生活者が求められている。

そうした，社会システムや政策形成過程に主体的・積極的に関与できる市民性（シティズンシップ）が不可欠である。今後は，そのために必要な知識や情報を的確に収集・活用できる「予防教育」として，家計を中心とした経済的なマネジメントスキルを身に付けることが重要であろう。

　b．**生涯設計とリスクマネジメント**　　長期的な視座でライフプランを考えても，予期せぬ出来事により，プラン通りに進められないこともある。その原因の1つとして，病気や災害をはじめ，事故，盗難，失職など生活において発生する多種多様なリスクが挙げられる。また，広義に捉えれば，長生きをすることもリスクといえる。長寿は喜ばしいことである一方，老後の生活資金に対して不安な毎日をおくらなければならないかもしれないからである。そしてこれらのリスクは，予測不可能な出来事であることも多く，家計運営上はそれらの経済的な損失への対策として貯蓄を選択することが多い。金融広報中央委員会の「家計の金融行動に関する世論調査　2人以上世帯調査」（2013年）によれば，金融資産の保有目的では，「老後の生活資金」が，従来もっとも多かった「病気や不時の災害への備え」を若干上回り1位となっている（「老後の生活資金」は65.8％，「病気や不時の災害への備え」は63.8％）[2]。このように起こるか起こらないかわからないリスクに対しては，貯蓄として準備しておくのも有効であるが，他にも，リスクによる損失を補てんしてもらうための代表的な策として保険制度も利用されている。

　めまぐるしく変化する経済社会の中では，一人ひとりが主体的に生活を考え，自助努力・自己防衛に努めるとともに，なりゆきや他人任せではない主体的な生活経済マネジメントが重要となってくる。その力を付けていくことで，家族の生活がよりよいものとなってこよう。

ワークショップ　中期の経済計画

クレジットの分割払いの支払計算をしてみよう

　この春，引っ越しをするため，家電製品を買い替えたい。日常の生活費を確保するため，これらの購入はクレジットの分割払いを利用してみようと考えている。分割払いをすると金利（分割手数料）が発生する。金利には，いろいろな返済方法と計算方法があるが，1回払い→0％，5回払い→5％，12回払い→10％，24回払い→15％，36回払い→20％とした場合，金利（利息）の合計，毎月の支払い額はいくらになるだろうか？

〈購入予定の家電製品〉
- 冷蔵庫　10万円
- 電子レンジ　3万円
- 洗濯機　8万円
- テレビ　5万円
- エアコン　10万円

合計　36万円

例1　1回払い　年利0％の場合	支払い　360,000円
	金利　　　　0円

例2　5回払い　年利5％の場合	（右側が数式，太字が回答）
年間の利息＝元金×分割手数料率	360,000 × 0.05 ＝ **18,000**
1カ月当たりの利息＝年間の利息÷12	18,000 ÷ 12 ＝ **1,500**
5カ月分の利息＝1カ月当たりの利息×5	1,500 × 5 ＝ **7,500**
元金の毎月の返済＝元金÷支払回数	360,000 ÷ 5 ＝ **72,000**
毎月の返済＝毎月の元金＋1カ月当たりの利息	72,000 ＋ 1,500 ＝ **73,500**

● 以下の支払い回数と金利（年利）の場合の，金利（利息）の合計と毎月の支払い額を計算してみよう。
①　12回払い。年利10％の場合。
②　24回払い。年利15％の場合。
③　36回払い。年利20％の場合。

〔解答〕

	金利の合計	毎月の支払い額
①	36,000	33,000
②	108,000	19,500
③	216,000	16,000

3. 生活情報のマネジメント

(1) 生活における情報の意味

1) 生活情報とは

　情報は，一般的には「ある物事の内容や状況に関する知らせ」を指す。これを「生活情報」として捉えた場合，「生活主体である個人や家族が，生活目的を実現するための意思決定行動を調整するのに役立つような事実・データに関する知らせで，生活目的をより確実に実現するために必要なもの」[3]と定義される。

　生活情報は，日常の暮らしの中で合理的な問題解決を進めるために重要な意味をもつ。意思決定において不確実性を減らすためには，合目的的な生活情報を的確に収集し，吟味し，選択するといった一連のプロセスが不可欠である。

　生活情報に意味を発見し，価値を付与するのは，それを手にした人である。ある人にとって有意義な情報が，他者にとっても有意義とは限らない。そのため，自分が実現したい価値を含んでいるのか，意思決定において不確実性を減らすうえで有効なのか，生活情報を分析・評価しなければならない。

2) 生活の情報化

　かつてA.トフラー（A.Toffler）は情報化社会の到来を予告し，「生活の情報化」について展望した。現代は，高度に情報化が進行した社会である。インターネットの普及が，それに拍車をかけたことは言うまでもない。情報システムが急速に発展した結果，情報ツールが多様化し，我々の生活環境を著しく変化させたのである。

　生活の情報化の進行は，同時にマネジメントの難しさをもたらした。大量にあふれる情報の中から意味のあるものを峻別し，それらを合理的に活用するためには，情報管理能力の習得はもちろんのこと，インターネット・リテラシーを身に付けることが不可欠といえる。

(2) 高度情報化社会における通信利用の実態[4]

1) 情報通信機器の普及状況

　2012（平成24）年の情報通信機器の世帯普及率は，携帯電話・PHSが94.5％（うち約半数がスマートフォン）で，固定電話（79.3％）を大きく上回っている。パソコンの世帯普及率は75.8％であり，2009（平成21）年（87.2％）をピークに漸減しているが，可搬性の高いタブレット型端末や携帯電話・スマートフォンがパソコンの代替機器として機能していると推測される。

2) インターネットの利用状況

　また，インターネット利用者数（推計値）は9,652万人で，人口普及率は79.5％と約8割にのぼる。利用端末別では，自宅のパソコン69.5％，携帯電話42.8％で，スマートフォンの利用も3割以上となった。

　インターネット利用率を年代別にみると，13～29歳（97.2％）で最も高く，30歳代・40歳代で約95％，50歳代で85％となっている。しかし，60歳以上では大きく低下し，70歳代で半

数を割り込み，80歳以上では約4分の1と世代間における利用格差が存在する。

また，所属世帯年収別の利用率を比較すると，年収400万円未満世帯では人口普及率の約8割に満たない。特に年収200万円未満世帯では63.7％と大きく下回り，経済状況による利用格差の存在が確認できる。

3）インターネットの利用目的

家庭内からのインターネット利用の目的は，電子メールの送受信（63.2％）およびホームページ・ブログの閲覧（62.6％）が6割を超えているが，商品・サービスの購入・取引も56.9％にのぼる。インターネットで購入する際の決済方法は，6割がクレジットカード払いによる。このことから，我々の消費生活において，インターネットが重要な役割を果たしている様子がうかがえよう。

4）インターネット利用に伴う被害経験と対策（世帯単位）

過去1年間にインターネット利用に伴って何らかの被害を受けた経験は，自宅のパソコン51.1％，携帯電話48.2％，スマートフォン47.6％と，およそ半数を占めた。いずれも迷惑メールの受信（架空請求を除く）が最多で4割前後であった。

世帯における情報セキュリティ対策をみると，9割近くが何らかの対策を導入している。内訳は，ウイルス対策ソフトの導入が6割弱と最も多く，次いで「知らない人からのメールや添付ファイル，HTMLファイルを不用意に開かない」41.8％，「開封したメールにある不審なURLリンクをクリックしない」32.6％であった。インターネットウイルスや迷惑メールへの対策への意識は一定程度あると考えられるが，パスワードの使い分け（6.2％）や定期的な更新（5.0％）の実施率は必ずしも高いとは言えない状況にある。

（3）高度情報化社会の影響

生活情報は，生活資源の中で近年劇的に変化し，情報ツールの進化が生活の情報化を加速させた。では，生活の情報化が私たちの暮らしにどのような影響を与えたのだろう。

家族員間で行われる情報の伝達は，一般的に会話や文字を軸に直接的な双方向のやりとりの中で展開されてきた。こうした方法は，その時々の状況に応じて必要な知識を伝えることができる半面，客観性を担保しにくいという短所をもつ。一方，新聞・雑誌，テレビ・ラジオなど，活字や電波によってもたらされるマスメディア情報は，相対的に客観性は高い。しかし，伝達方法の多くが間接的・一方向的になるという欠点がある。そのため，情報の受け手は影響を受けやすく，「鵜呑み」にする傾向に陥りやすい。だからこそ，偏向報道や情報操作の可能性を疑うなど，情報をクリティカルに読み解くメディア・リテラシーが不可欠となる[5]。

前項で確認したように，近年急速に普及した携帯電話はスマートフォンへと"進化"を遂げ，コンパクトに持ち運べるコンピュータの端末として多機能化した。いつでも，どこでも，誰もがインターネットに接続できる環境にいると言っても過言ではない。その結果，大量の情報が発信され，活用できる資源としての情報は無限大であるが，ライフスタイルへの影響も計り知れない。生活時間が占有され，公私がボーダレス化し，ネット接続機器のブルーライトによる健康被害も懸念されている[6]。また，ミクシィやツイッター，フェイスブックなどのソーシ

ャル・ネットワーク・サービス（SNS：social networking service）によって，ヴァーチャルなレベルのコミュニティ形成が可能になった。このことは，我々に情報の受信者のみならず，発信者としてのモラルを習得する必要性も求めているといえよう。

情報という生活資源を手に入れる際，何をどれだけ失うか自覚しなければならない。時間，金銭，健康，人間関係，エネルギーなど，代償として失っている生活資源とトレード・オフの関係にあることを忘れてはならない[7]。

（4）消費生活における生活情報のマネジメント

1）高度情報化社会における消費者トラブル

情報システムの高度化に伴って，消費生活上のリスクが増大していることは言うまでもない。インターネット上に企業の顧客情報や銀行の預金者情報が流出するなどの事故も枚挙にいとまがない。スパイウェアによる個人情報の流出や遠隔操作ウイルス感染による「なりすまし」被害，偽装ウェブサイトによる詐欺被害など，インターネット利用者の誰もがトラブルに巻き込まれる可能性がある。

消費生活年報によれば，インターネット関連の相談は増加する一方であり，電子メールによる架空請求，"サクラサイト商法"の被害相談が顕著である[8]。

2）消費者行政の転換

わが国の消費者行政は，関連する法律によって次の3期に大別できる。
・第1期：消費者の保護を目指した【消費者保護基本法】（1968）時代
・第2期：消費者の自立を支援する【消費者基本法】（2004）時代
・第3期：消費者市民社会の担い手を育む【消費者教育推進法】（2012）時代

中でも，消費者基本法の基本理念に，消費者政策の中心的概念として，消費者の権利の尊重と自立の支援が明記されたことは，特筆に値する。当時は，新自由主義経済の下に経済活動のグローバル化が進展し，それに伴って国内の規制改革が進んでいた。同時に自己責任論が台頭し，消費者に対する認識が変化した。消費者は単に保護される存在ではなく，消費者には経済主体としての権利と責任が求められるようになった。この時期には，急激な情報化の進展を背景に消費社会が大きく様変わりし，連動して消費者トラブルのありようもまた，変貌を遂げた[9]のである。

また，消費者教育推進法では，消費者教育を「消費者と事業者の情報の質及び量並びに交渉力の格差等に起因する消費者被害を防止するとともに，消費者が自らの利益の擁護及び増進のため自主的かつ合理的に行動することができるようにその自立を支援する上で重要」と位置づけた。基本理念には，「消費者が消費者市民社会を構成する一員として主体的に消費者市民社会の形成に参画し，その発展に寄与することができるよう，その育成を積極的に支援」することが明記された。

3）消費者市民社会で求められる生活情報のマネジメント

北欧諸国の呼びかけで誕生したCCN（Consumer Citizenship Network, 2005）は，消費者市民を「消費者市民とは，倫理，社会，経済，環境面を考慮して選択を行う個人である。消費

市民は，家族，国家，地球規模で思いやりと責任をもって行動を通じて，公正で持続可能な発展の維持に貢献する。」(Consumer Citizenship Education Guidelines. Vol. 1 Higher Education)と定義した。つまり消費者市民とは，倫理的かつ責任ある行動によって社会を変革・創造する生活主体者である。

消費者市民社会では，生活情報のマネジメントが重要な意味をもつ。シティズンシップをもち，自立し，批判的に思考し，発信し，社会的な自己実現や意思決定ができる消費者市民になるためには，生活情報を的確に収集・吟味し，合目的的に活用するマネジメントスキルが不可欠なのである。

ワークショップ　インターネットの利用状況について把握しよう

【概要】

概　　要	インターネット利用に関する問題点をデータ分析によって自覚的に把握する。
目　　的	自分のインターネット利用状況を省察的に振り返り，失っている生活資源を確認し，課題を明らかにする。
対 象 者	家族生活支援者およびその志望者
所要時間	20〜30分
方　　法	1．データに基づいて，利用状況を確認する。 　①インターネット利用状況が把握できるデータを収集する（事前準備）。 　②データを確認して，利用時間，利用時刻，利用金額などを整理する。 2．時間，金銭，健康，人間関係，エネルギーの観点から利用状況を振り返り，失っている生活資源を把握して課題を明らかにする。
準備物	利用状況がわかる明細書，通信記録などのデータ

●引用文献

1）総務省統計局（2012）：平成24年版　家計調査年報（家計収支編），統計センター，p.41
2）金融広報中央委員会（2013）：家計の金融行動に関する世論調査　平成25年，ときわ総合サービス，p.17
3）東珠実，古寺浩（2012）：第12章　生活情報の活用．生活の経営と経済（アメリカ家政学研究会編著），家政教育社，p.206
4）総務省（2013）：平成25年版　情報通信白書　ICT白書，日経印刷，pp.331-339
5）鈴木真由子（2013）：Ⅲ-2 5 生活資源を生かす．生活主体を育む　探究する力をつける家庭科（荒井紀子編著），ドメス出版，p.165
6）前掲5），pp.165-166
7）前掲5），p.166
8）独立行政法人国民生活センター編（2013）：消費生活年報 2013，国民生活センター，p.3
9）鈴木真由子（2013）：入門ガイド．関西発！　消費者市民社会の担い手を育む（日本消費者教育学会関西支部），p.7

●参考文献

・坂本武人編（1997）：自立と選択の家庭経営，ミネルヴァ書房，pp.153-169
・総務省統計局（2003）：平成13年　社会生活基本調査報告書　第7巻　詳細行動分類による生活時間編，日本統計協会
・総務省統計局（2008）：平成18年　社会生活基本調査報告書　第1巻　全国生活時間編（調査票A），日本統計協会
・総務省統計局：平成20年度　統計局統計トピックスNo30．夫と妻の仕事，家事・育児，自由時間の状況―「男女共同参画週間」にちなんで―（平成18年　社会生活基本調査の結果から）
・内閣府：男女共同参画白書（概要版）平成20年版，平成19年度　男女共同参画社会の形成状況「第1部　男女共同参画社会の形成の状況　第3章　仕事と生活の調和（ライフ・ワーク・バランス）」
・内藤道子・中間美砂子ほか共著（2005）：生活を創るライフスキル，建帛社，pp.17-18
・宮本みち子監修（2005）：家庭総合　自分らしい生きかたとパートナーシップ，実教出版，p.35
・中間美砂子ほか編著（2007）：新家庭総合—生活の創造をめざして，大修館書店，p.47
・Fleming,R. & Spellerberg（1999）：*A Using Time Use Data A history of time use surveys and uses of time use data*
・J.G.ボニス，R.バニスター，小林紀之／宮原佑弘訳（1998）：賢い消費者，家政教育社，pp.10-21
・金融広報中央委員会（2013）：これであなたもひとり立ち
・金融広報中央委員会（2013）：これであなたもひとり立ち　指導書
・金融広報中央委員会（2013）：ビギナーズのためのファイナンス入門
・アルビン・トフラー，徳山二郎監訳（1980）：第三の波，日本放送出版協会
・消費者庁（2013）：平成25年版　消費者白書

索引

●英字
CSR……………………39
DV………………………50
JAS法…………………124
LGBT…………………54
NCFR…………………51
SNS……………………152

●あ
愛着関係………………78
アイデンティティ……61
アイデンティティの確立…34
アサーション………9, 71

●い
生きる力………………92
育児不安………………84
イクメン………………70
遺産分割協議…………42
意思決定………………13
意思決定能力…………17
意思決定プロセス……14
いじめ…………………93
異性愛主義……………54
衣生活…………………129
インターセックス……55
インターネット・リテラシー…150

●う
ウエル・ビーイング…112
内食……………………125

●え
エンディングノート…118, 119

●お
親になる準備…………67

●か
外国人家族……………28
改正高年齢者雇用安定法…109
格差社会…………25, 38
学齢期…………………91
家計……………………143
家事参加………………96
家族機能………………25
家族生活アドバイザー…4
家族生活教育カリキュラム・
　ガイドライン………51
家族生活支援…………5
家族生活の変化………1
家族生活問題の発生…1, 2
家族の孤立化…………26
家族の適応性…………9
学級崩壊………………92
家庭における暴力……50
カミング・アウト……58
からだの性別…………54
関係モデル……………66
感情を表す言葉………71

●き
企業の社会的責任……39
着心地…………………129
基礎的・汎用的能力…103
基本的信頼感…………79
基本的生活習慣………80
虐待的環境……………87
虐待の重症度…………89
キャッシュレス………144
キャリア………………97
キャリア教育……102, 103
キャリアデザイン……99
キャリア発達…………99
ギャング・エイジ…91, 93
協議離婚………………40
凝集性…………………9
寄与分…………………42
近代家族………………24

●く
クレジット……………145
グローバル化…………91

●け
経済生活………………143
傾聴スキル……………6
結婚…………………40, 64
決定の再評価…………15
健康志向………………123
健康の定義……………112

●こ
後期高齢者……………110
合計特殊出生率………77
後見……………………41
肯定的な声かけ………91
公的扶助………………38
行動指針………………39
高度経済成長期………23
高齢期…………………147
高齢者…………………108
高齢者虐待……………2
国際結婚………………27
国連女性差別撤廃委員会…48
国連女性差別撤廃条約…46
国連女性の10年………47
こころの性別…………54
個人化する家族………27
個人差…………………80
子育て支援策…………81
固定的性別役割意識…47
言葉のコミュニケーション…95
子ども虐待……………84
子ども虐待による死亡事例等の
　検証報告……………86
子ども虐待の起こる背景…86
子どもと保護者への支援…88
子どもの権利条約……68
コミュニケーション…7
コミュニケーションのプロセス…8
コミュニケーションの目的…7
雇用労働………………49

●さ
- 在宅介護（ケア）……………… 114
- 裁判離婚…………………………… 40
- 里親…………………………… 41, 69
- 参加型アクション志向学習……… 5
- 三種の神器………………………… 23
- ３色食品群……………………… 125

●し
- ジェンダー・ギャップ指数…… 46
- ジェンダー・ステレオタイプ… 47
- ジェンダー平等…………………… 46
- 自我同一性………………………… 61
- 死生観…………………………… 117
- 自尊心……………………………… 70
- 実践問題アプローチ……………… 5
- シティズンシップ……………… 153
- 児童虐待の防止等に関する法律
  ……………………………………… 84
- 児童相談所………………………… 85
- 死と生…………………………… 117
- 自分年表…………………………… 35
- 社会志向性価値意識……………… 13
- 社会的ネットワーク……………… 3
- 社会保険制度……………………… 38
- 住生活…………………………… 130
- 修繕積み立て金………………… 132
- 循環型社会……………………… 125
- 小１プロブレム………………… 92
- 生涯発達………………………… 111
- 生涯未婚率………………………… 64
- 少子高齢社会…………………… 108
- 情緒の発達………………………… 79
- 消費者基本法…………… 147, 152
- 消費者教育推進法……………… 152
- 消費者行政……………………… 152
- 消費者市民社会………………… 152
- 消費者庁………………………… 124
- 食事バランスガイド…………… 125
- 食生活の安全性………………… 123
- 食品安全基本法………………… 124
- 食品衛生法……………………… 124
- 食品表示法……………………… 124
- 食品ロス………………… 123, 124
- 食文化…………………………… 126
- 所得再分配………………………… 39
- シングル…………………………… 67
- 親権………………………………… 41
- 人口減少社会…………………… 108
- 人生の終わり方………………… 116
- 身体的虐待………………………… 85
- 人的資源…………………………… 19
- 親密性……………………………… 61
- 心理的虐待………………………… 85

●す
- スローフード…………………… 125

●せ
- 生活課題………………………… 147
- 生活協同組合……………………… 38
- 生活時間………………… 136, 138
- 生活時間配分…………… 137, 139
- 生活資源………………… 18, 136, 152
- 生活資源の活用…………………… 19
- 生活情報………………………… 150
- 生活リスク………………………… 20
- 性（的）指向……………………… 54
- 成人教育学理論…………………… 3
- 生前契約………………………… 118
- 性的虐待…………………………… 87
- 性的少数者………………………… 54
- 性同一性障害……………………… 54
- 制度モデル………………………… 66
- 成年後見人制度…………………… 42
- 性別適合手術……………………… 56
- 性別役割分業……………………… 33
- セクシュアリティ………………… 54
- セクシュアル・マイノリティ
  ……………………………… 54, 57
- セルフエスティーム……………… 70
- 洗濯……………………………… 130
- 全米家族関係学会………………… 51

●そ
- 葬儀……………………………… 118
- 相互依存関係……………………… 4
- 総合食料自給率………………… 124
- 相互主観性………………………… 7
- ソーシャル・ネットワーク・
  サービス……………………… 151

●た
- 対人サービス使命………………… 4
- 対人サービス専門………………… 4
- 第24条……………………………… 47
- タイムマネジメント…………… 139
- 台湾の事例（ジェンダー平等）… 51
- 男女共同参画基本法……………… 49
- 男女共同参画社会……………… 138
- 男性の育児参加…………………… 77

●ち
- 地域共同体………………………… 3
- 地域のつながり…………………… 25
- 地域包括ケアシステム………… 114
- 地産地消………………………… 124
- 中学生・高校生の悩み………… 101
- 中期のライフプラン…………… 144
- 長期のライフプラン…………… 146
- 超高齢社会……………………… 116
- 調理学習…………………… 15, 17

●て
- 定常型社会……………………… 108
- ディベート………………………… 29

●と
- 統合性……………………………… 9
- ドメスティック・バイオレンス
  ……………………………………… 50
- トランスジェンダー………… 54, 55
- トレーサビリティ……………… 124

●に
- ニート…………………………… 100
- 日本国憲法………………………… 46
- 日本型食生活…………… 123, 125
- ニューハーフ……………………… 57
- 乳幼児期の理解…………………… 78
- 認知症…………………………… 113
- 認認介護………………………… 113

●ね
- ネグレクト………………………… 85
- ネットワーク……………………… 9

の
- ノイズ……8
- 脳機能……17
- 脳血流……18

は
- パーソナリティ……98
- パーソナリティ・タイプ……98
- パートナー関係……62
- パートナーシップ……67
- パートナー選択……62
- バイオマス……125
- バイセクシュアル……56
- 発生予防……86
- 発達障害……79
- 発達のマイルストーン……31
- バブル経済……24
- バリアフリー……131
- 晩婚……64
- 汎用性技能……21

ひ
- 引きこもり……95
- 非人的資源……19
- ひとり親……71
- 批判的思考力……5

ふ
- フード・マイレージ……124
- フードファディズム……123
- フォース・エイジ……111
- フォビア……55
- 物的資源……18
- 不登校……94
- 父母の共同……68
- フリーター……100
- ブレーンストーミング……29, 30

へ
- ペアレントトレーニング……79
- ペット……119
- ヘテロセクシズム……54

ほ
- 防災……132
- 法的な親……69
- ホモセクシュアル……56

ま
- マスメディアの影響……47
- 間取り……131
- マネジメント……18

み
- 未婚化……65
- 魅力格差……63

む
- 無形文化遺産……125
- 6つの基礎食品群……125

め
- メディア・リテラシー……151

ゆ
- 遺言……42

よ
- 養子……41, 69
- 4つの食品群……125
- 予防教育……2

ら
- ライフイベント……32
- ライフ・キャリア・レインボー……97, 105
- ライフ・キャリアの虹……97
- ライフコース……31, 33
- ライフサイクル……31
- ライフステージ……32
- ライフ・ロール……105

り
- リサイクル……130
- リスク……148
- リスク・アセスメント……20
- リスクマネジメント……20, 148
- リンケージ……3

れ
- レズビアン／ゲイ……54
- 恋愛……62

ろ
- 老化……111
- 老老介護……110

わ
- ワークショップ……6
- ワーク・ライフ・バランス……39, 72, 139

〔編著者〕　　　　　　　　　　　　　　　　　　　　　　　　（執筆分担）

中間美砂子（なかま みさこ）　元 千葉大学教育学部教授　　　　　第1章，第2章1(1)1〜5)

鈴木真由子（すずき まゆこ）　大阪教育大学教育学部教授　　　　　第2章3，第8章3・3（ワークショップ）

〔著　者〕（五十音順）

石渡 仁子（いしわた きみこ）　元 共立女子大学家政学部講師　　　第3章3（ワークショップ）
上村 協子（うえむら きょうこ）　東京家政学院大学現代生活学部教授　第3章3
内野 紀子（うちの のりこ）　元 日本女子大学家政学部教授　　　　第5章1・1（ワークショップ）
大石 美佳（おおいし みか）　鎌倉女子大学家政学部准教授　　　　　第4章3
大山 治彦（おおやま はるひこ）　四国学院大学社会福祉学部教授　　第4章2・2（ワークショップ）
岡本 正子（おかもと まさこ）　大阪教育大学教育学部特任教授　　　第5章2
奥井 一幾（おくい かずき）　兵庫教育大学大学院院生　　　　　　　第6章2（ワークショップ）
尾島 恭子（おじま きょうこ）　金沢大学人間社会研究域学校教育系教授　第8章2(1)(2)(4)
鎌田 浩子（かまた ひろこ）　北海道教育大学教育学部教授　　　　　第8章2(3)・2（ワークショップ）
亀井 佑子（かめい ゆうこ）　愛国学園短期大学家政科教授　　　　　第7章1・1（ワークショップ）
木村 範子（きむら のりこ）　筑波大学人間系（教育）講師　　　　　第5章3・3（ワークショップ）
倉元 綾子（くらもと あやこ）　鹿児島県立短期大学生活科学科准教授　第4章1・1（ワークショップ）
黒川 衣代（くろかわ きぬよ）　鳴門教育大学大学院学校教育研究科教授　第3章1
佐藤 文子（さとう ふみこ）　植草学園大学発達教育学部教授　　　　第2章2
志村 結美（しむら ゆみ）　山梨大学大学院教育学研究科准教授　　　第2章1(1)6)・1（ワークショップ），第5章4・4（ワークショップ）
正保 正惠（しょうほ まさえ）　福山市立大学教育学部教授　　　　　第4章4・4（ワークショップ）
竹田 美知（たけだ みち）　神戸松蔭女子学院大学人間科学部教授　　第3章1（ワークショップ）
得丸 定子（とくまる さだこ）　上越教育大学大学院生活・健康系コース教授　第6章2
内藤 道子（ないとう みちこ）　山梨大学名誉教授　　　　　　　　　第6章1(4)・1（ワークショップ）
中山 節子（なかやま せつこ）　千葉大学大学院教育学研究科准教授　　第8章1・1（ワークショップ）
永田 晴子（ながた はるこ）　大妻女子大学家政学部専任講師　　　　第5章1・1（ワークショップ）
野中美津枝（のなか みつえ）　茨城大学教育学部准教授　　　　　　　第8章1・1（ワークショップ）
細江 容子（ほそえ ようこ）　上越教育大学大学院生活・健康系コース教授　第6章1(1)〜(3)
増田 啓子（ますだ けいこ）　常葉大学保育学部教授　　　　　　　　第3章2
山下いづみ（やました いづみ）　FLEふじ・ホームエコノミスト　　第3章2（ワークショップ）
渡邊 彩子（わたなべ あやこ）　群馬大学名誉教授　　　　　　　　　第7章2・2（ワークショップ）

家族生活の支援 ―理論と実践―

2014年（平成26年）4月15日　初版発行
2015年（平成27年）4月20日　第2刷発行

編　者　(一社)日本家政学会
　　　　　　家政教育部会

発行者　筑　紫　恒　男

発行所　株式会社 建帛社
　　　　　　KENPAKUSHA

〒112-0011　東京都文京区千石4丁目2番15号
　　　　　　TEL (03) 3944-2611
　　　　　　FAX (03) 3946-4377
　　　　　　http://www.kenpakusha.co.jp/

ISBN 978-4-7679-6518-5　C3036　　　　プロスト／常川製本
© (一社)日本家政学会家政教育部会, 2014　　Printed in Japan
（定価はカバーに表示してあります）

本書の複製権・翻訳権・上映権・公衆送信権等は株式会社建帛社が保有します。

JCOPY　〈(社)出版者著作権管理機構　委託出版物〉
本書の無断複写は著作権法上での例外を除き禁じられています。複写される場合は、そのつど事前に、(社)出版者著作権管理機構（TEL03-3513-6969, FAX03-3513-6979, e-mail：info@jcopy.or.jp）の許諾を得て下さい。